2022年西南交通大学学位与研究生教育教学改革项目"研究生思政课'三事三场'教学模式研究"（YJG5-2022-Z020）

精神引领　传承有我
——"中国精神"教学研究论文集

主　编　谢　瑜

副主编　李世敏　章　娟

西南交通大学出版社
·成都·

图书在版编目（CIP）数据

精神引领 传承有我："中国精神"教学研究论文集 / 谢瑜主编. -- 成都：西南交通大学出版社，2024.10. -- ISBN 978-7-5643-9519-3

Ⅰ．G641-53

中国国家版本馆 CIP 数据核字第 20243W2S62 号

Jingshen Yinling Chuancheng Youwo——"Zhongguo Jingshen" Jiaoxue Yanjiu Lunwenji

精神引领 传承有我——"中国精神"教学研究论文集

主　编 / 谢　瑜	策划编辑 / 罗爱林
	责任编辑 / 杨　倩
	封面设计 / 墨创文化

西南交通大学出版社出版发行
（四川省成都市金牛区二环路北一段 111 号
西南交通大学创新大厦 21 楼　610031）
营销部电话：028-87600564　　028-87600533
网址：http://www.xnjdcbs.com
印刷：成都蜀通印务有限责任公司

成品尺寸　170 mm×230 mm
印张　14.25　　字数　207 千
版次　2024 年 10 月第 1 版　　印次　2024 年 10 月第 1 次

书号　ISBN 978-7-5643-9519-3
定价　68.00 元

图书如有印装质量问题　本社负责退换
版权所有　盗版必究　举报电话：028-87600562

前言

习近平总书记指出："人无精神则不立，国无精神则不强。唯有精神上站得住、站得稳，一个民族才能在历史洪流中屹立不倒、挺立潮头。"[①]全面建成社会主义现代化强国和实现中华民族伟大复兴，必须弘扬中国精神。中国精神是"可亲""可信""可用"的，有助于涵育大学生的理想信念，是大学生思想政治教育的重要内容。面对百年未有之大变局，国内外社会思潮纷纭激荡，大学生面临着价值观碎片化、片面化和理想信念虚无化、迷茫化的挑战，中国精神教育有助于大学生坚守价值追求、筑牢理想信念根基。

本书基于"中国精神"课程的教学、研究与思考而成，具有以下特点：

一是秉承"师生共研"的理念。师生共研不仅体现在"中国精神"课堂教学教师的讲授与学生的讨论中，而且体现在本书写作过程教师团队与学生的共同参与中，将对中国精神的思考贯穿课堂内外。

二是秉承"贴近生活"的原则。中国精神既是抽象的，又是具体的。学生围绕着与自己学习息息相关的科学家精神展开思考，或者在参与课题调研的过程中感悟"两路"精神等，都是根据自己的实际有感而发，注重将中国精神与具体实践相结合。

本书的出版，对进一步提高"中国精神"课程的教学和科研具有积极的推动作用，同时也有助于学生活学活用，汲取精神滋养和前进力量。

编　者
2024 年 6 月

[①] 习近平：《在全国抗击新冠肺炎疫情表彰大会上的讲话》，《人民日报》2020 年 9 月 9 日，第 2 版。

目录

全面推进"中国精神"课程育人提质增效初探 …………… 章　娟　001
从政党文化角度把握红船精神的三重逻辑 …………… 李祥瑞　010
伟大建党精神内涵的四重向度 ……………………… 植材华　016
薪火相传：新时代弘扬长征精神的路径探索 …………… 徐　雄　023
马克思主义中国化视域中的长征与长征精神 …………… 宋佳敏　033
长征精神的内涵、现实意义及弘扬路径 ……………… 苏成容　042
伟大长征精神的基本内涵及当代弘扬 ………………… 董　娜　050
弘扬伟大长征精神，走好新时代长征路 ……………… 郭　姣　062
"两弹一星"精神融入研究生创新型人才培养的三重维度 … 卢晓玫　071
"两路"精神融入大学生思想政治教育的价值与实践 …… 罗书琪　079
从"两路"建设看"两路"精神在民族团结中的作用发挥 … 刘京缘　089
论"两路"精神的生成、表现及其时代价值 …………… 李思梦　095
"两路"精神融入当代研究生学习的价值与路径分析 …… 李　雪　107
抗震救灾精神：血浓于水的家国情怀 ………………… 张　芳　118
新时代女排精神的内涵与弘扬路径 …………………… 穆春凤　126
科学家精神锻造时代新人的进路
　　——以曹建猷科技报国为例 ………………… 张耀莹　133
研究生弘扬科学家精神的意义与路径探索 …………… 黄　蓉　142
科学家精神融入研究生学术道德教育实践路径探析 …… 彭　雪　150

科学家精神融入研究生思政课的主体价值探析 …………… 严辉龙　163
论新时代培育研究生科学家精神的价值意蕴和实践理路 …… 丛　琳　174
科学家精神的内涵探析及其价值引领 ………………………… 祝艺丁　184
"一基四场"：科学家精神教育的新范式 ……………………… 李世敏　191
伟大创造精神如何融入研究生学习 …………………………… 李雨婷　200
匠心、匠技、匠魂：工匠精神融入研究生应用型人才
　培养的三重境界 ………………………………… 刘　莹　黄世平　206
基于中国共产党人精神谱系的脉络透视"坚持人民至上"
　历史经验及其传承 ……………………………………… 高　培　213

全面推进"中国精神"课程育人提质增效①

章 娟②

西南交通大学马克思主义学院

【摘　要】"中国精神"是西南交通大学积极响应习近平总书记号召，集全校及校友之力倾力打造的创新型高水平思想政治教育课程，旨在落实立德树人根本任务，培养担当民族复兴大任的时代新人。本课程在建好"大师资"、辅助搭建"大平台"、建设"大课堂"、打造教学研立体化矩阵等方面，取得了一系列成果。但是，"中国精神"课程建设在教学环节、实践环节以及统筹协调等方面也存在一些不足，需不断针对这些问题进行改进和完善。全面推进"中国精神"课程育人提质增效，有利于不断夯实育人质量，弘扬中国精神，为学生注入昂扬的精神力量。

【关键词】　中国精神；课程育人；提质增效

习近平总书记指出："人无精神则不立，国无精神则不强。唯有精神上站得住、站得稳，一个民族才能在历史洪流中屹立不倒、挺立潮头。"③"中国精神"课程正是为传承党史、新中国史、改革开放史、社会主义发展史和中华民族发展史的优秀红色基因，赓续中国共产党人精神血脉而设计录制的思想政治教育慕课课程。

---

① 基金项目：2022年西南交通大学学位与研究生教育教学改革项目"'中国精神'课程育人提质增效研究"，项目编号为YJG5-2022-Y036。
② 章娟，法学博士，西南交通大学马克思主义学院讲师。
③ 习近平：《习近平谈治国理政》第四卷，北京：外文出版社，2022年，第101页。

一、"中国精神"课程定位及开课情况

当前,世界正处于百年未有之大变局,国际形势愈发波诡云谲,国内外各种社会思潮纷纭激荡,研究生的世界观、人生观、价值观面临诸多挑战,亟须以社会主义核心价值观来匡正学生的认知误区,并以中国精神的力量来提振学生的奋斗热情,弘扬自强不息的奋斗精神、爱国主义的民族精神和改革创新的时代精神。习近平总书记在二十大报告中强调:"全党要把青年工作作为战略性工作来抓,用党的科学理论武装青年,用党的初心使命感召青年。"[1] "中国精神"是西南交通大学积极响应习近平总书记号召,集全校及校友之力倾力打造的创新型高水平思想政治教育课程,旨在落实立德树人根本任务,培养担当民族复兴大任的时代新人。

"中国精神"课程是用习近平新时代中国特色社会主义思想铸魂育人,引导学生增强"四个自信",把爱国情、强国志、报国行自觉融入坚持和发展中国特色社会主义、全面建设社会主义现代化国家、全面推进中华民族伟大复兴的奋斗之中的重要路径。同时,"中国精神"也是西南交通大学为全面推进"大思政"建设工作而创设的一门创新型高水平思想政治教育课程。"中国精神"课程建设全力贯彻落实教育部印发的《全面推进"大思政课"建设的工作方案》中所提出的总体要求,坚持开门办思政,充分调动西南交通大学辐射的全部社会力量和资源,建设"大课堂"、搭建"大平台"、建好"大师资",并取得了一系列成果。

"中国精神"课程从2020年年底开始筹划选题和课程录制相关事宜,2021年春季学期全面开始录制。2021年7月,"中国精神"课程录完第一期教学视频,教学内容涉及七种精神:科学家精神、"两弹一星"精神、抗震救灾精神、女排精神、"两路"精神、长征精神、中华民族的创造精神,第一期慕课时长约300分钟。2022年3月,"中国精神"课程第二期七个专题的录制启动,2022年11月初完成第二期慕课的录制,教学内容涉及

---

[1] 习近平:《高举中国特色社会主义伟大旗帜 为全面建设社会主义现代化国家而团结奋斗——在中国共产党第二十次全国代表大会上的报告》,《人民日报》2022年10月26日,第1版。

七种精神：建党精神、五四精神、抗疫精神、抗美援朝精神、载人航天精神、改革开放精神、工匠精神，第二期慕课时长约370分钟。2023年3月启动"中国精神"第三期七个专题的录制，截至2023年年底，"中国精神"课程录制完成二十一个专题，总计1 000分钟的慕课课程内容。2021年9月起，"中国精神"课程已向西南交通大学全体研究生开设，以马克思主义学院必修课和其他学院选修课形式开课，共计1学分16学时。

二、"中国精神"课程建设取得的成果

"中国精神"课程作为一门面向研究生开设的高水平创新型思政选修课，坚持开门办思政，充分调动西南交通大学辐射的全部社会力量和资源，在建好"大师资"、辅助搭建"大平台"，建设"大课堂"、打造教学研立体化矩阵方面，取得了一系列成果。

一是建好"大师资"。西南交通大学调动了全国各行各业的名家大家担任主讲人。例如，科学家精神由沈-赫-叶氏理论的创立者，中国科学院、中国工程院两院院士沈志云讲授；"两弹一星"精神由"中国核工业功勋奖章"获得者中国科学院院士葛昌纯讲授；载人航天精神由西昌卫星发射中心副主任、西南交通大学的杰出校友李本琪讲授；抗震救灾精神由"汶川特大地震抗震救灾精神口述史挖掘整理与研究"国家社会科学重大项目首席专家何云庵讲授；工匠精神的讲解以我们访谈全国示范性劳模和工匠人才创新工作室领衔人李群湛的形式呈现；抗美援朝精神的讲解以我们去到四川省革命伤残军人休养院采访涂伯毅和周全弟两位亲历抗美援朝战争的老战士的形式呈现；等等。"中国精神"课程的主讲人，既有两院院士，又有抗美援朝幸存老战士，他们要么是当前各行各业各领域的名家大家，要么是在相关领域作出过突出贡献或享有崇高声誉的人。他们的讲述，突出了各时期各阶段中国共产党人生动鲜活的理论和实践成就，成功把党的创新理论融入"中国精神"课程。

二是辅助搭建"大平台"。教育部把"大思政课"摆在教育信息化的突出位置，筹建大中小不同学段的国家智慧教育平台。西南交通大学积极响应这一号召，助力教育部搭建这一研究生教育"大平台"。从2022年4月

接到相关通知开始，西南交通大学紧锣密鼓地筹备和开展"中国精神"课程上线工作。2021年5月，"中国精神"课程成功通过国家研究生教育智慧教育平台审核，2022年9月正式上线，目前已在"研究生教育"网开课。"中国精神"课程成为首批在"研究生教育"官方网站开课的课程，我们实现了将集西南交通大学全校之力打造的思政"金课"分享给全国各地的研究生学子的目标。同时，西南交通大学大小平台并建，除了在"研究生教育"上线外，西南交通大学还建设了校内慕课平台，内嵌在西南交通大学研究生院网站供校内IP访问，已于2021年7月1日上线。截至2021年12月12日，"中国精神"线上课程校内总观看人次达24 871人（次）；截至2022年10月12日，"中国精神"线上课程校内总观看人次为63 488人（次），总播放量为294 792次①。这些校内数据说明"中国精神"线上慕课是有一定热度的，也是有"流量"的。

三是建设"大课堂"。"中国精神"课程既进行主渠道教学，也善用社会大课堂。作为一门创新型高水平思政课，"中国精神"课程目前已向西南交通大学全体研究生开设，马克思主义学院研究生培养方案将其列为必修课，其他学院列为选修课。自2021年秋季学期起，马克思主义学院的"中国精神"课程采用线上+线下的方式开展，并设立了社会实践环节，在主渠道教学的基础上，增加社会大课堂的内容。2022年6月，"中国精神"课程组带领部分学生代表到建川博物馆聚落进行课程社会实践，让学生将理论学习和实践活动结合起来，将中国精神内化于心外化于行。

四是打造教学研立体化矩阵。围绕着"中国精神"课程，西南交通大学在教学、科研、社会服务等多方面开展工作，形成教学研立体化矩阵。2022年2月，周仲荣副校长领衔申报的项目"精神指引、名家领衔、铸魂促行，打造'中国精神'思政育人新高地"，获批四川省2021—2023年高等教育人才培养质量和教学改革重点项目。2022年6月，西南交通大学举办"新时代传承和弘扬科学家精神"全国博士后学术论坛，论坛集聚了国内诸多著名专家学者，为坚持和弘扬科学家精神建言献策。2022年11月，

---

① 数据来源于西南交通大学研究生院网站后台服务器数据记录。

依托"交通强国科学家精神教育基地",开展"精神引领,强国有我"科学家精神教育主题展,参观师生云集。2021年10月,马克思主义学院田永秀教授领衔报送课例"'两路'精神及其传承和弘扬",获评"四川百万大学生同上'四史'大课"系列课程优秀课例。2021年10月,体育学院精心打造了"女排精神"的"体育思政大讲堂",课后共收到19 908份心得体会,在省内外反响热烈。

可见,"中国精神"课程建设在课程内容打造、教学科研并进、社会服务扩展等方面取得了一系列丰富的成果。时任四川省副省长的罗强高度肯定该项工作,曾经批示:"这项工作很有意义,请教育厅、社科联研究、支持。"

三、"中国精神"课程建设中存在的问题

"中国精神"课程建设围绕着立德树人这一根本任务而开展,服务于培养担当民族复兴大任的时代新人这一课程育人基本目标。当前课程建设和教学存在着一些不足之处或可改进之处。

一是教学环节存在学时量不足的问题。截至2022年年底,"中国精神"慕课可供学生选择的专题共十四个,教学时长约670分钟,总教学时长尚不够1个学分720分钟的学时量。针对这一问题,马克思主义学院当时通过线下教学的方式进行了课时补充,从而得以解决。但"中国精神"作为选修课在其他学院开设时,仅在线上进行,没有线下课程作为补充,课时量略微欠缺。

二是教材及教辅资料欠缺。当前,"中国精神"课程仅上线了课程讲授内容和拓展阅读链接,没有配套的教材及教辅资料,也没有配套的习题集和其他复习巩固资料。这使得学生在学习慕课的时候没有辅助的学习材料,对学习效果有一定影响。

三是课程教学效果不一。"中国精神"已经在马克思主义学院实现了线上线下相结合进行授课,其他学院以思政选修课的方式进行。目前,马克思主义学院的教学形式和教学评价方式较为丰富,既有学生修完课程之后写观后感,又有学生以视频录制呈现对中国精神的理解。从线上慕课到线下课堂,再到课程考核,马克思主义学院的"中国精神"课程形成了相对完整的教学体系,取得了较好的课程育人效果。但其他学院以选修课的形

式进行，目前学校相关部门还没有搜集到选修课的开课和结课信息，教学基础数据的缺失让教学效果评价暂时无法进行。

四是缺乏课程教学跟踪和评价体系。如上一点问题所呈现的，"中国精神"在其他平台和学院的教学流程尚未理顺，教学体系尚未健全，尤其是缺乏课程教学跟踪和评价体系。目前，"中国精神"课程已在国家研究生教育智慧教育平台"研究生教育（https://www.gradsmartedu.cn）"完成上线，该平台于 2022 年 9 月开课，截至 2022 年 11 月 8 日，选课人数为 45 人[①]。但由于系统运行初期，课程涉及的留言板和讨论版面尚未开放，学生的课后习题完成情况也不能在后台查阅，学校尚不能操作后台课程信息获取和系统维护方面的内容，这使得慕课的教学效果和学生的观看疑问暂时无法呈现出来。此外，学校于 2021 年 7 月将第一期七个专题制作成网页内嵌在西南交通大学研究生院网站中仅供校内 IP 访问，获得了较大的点击率和浏览量。但是这一网站目前仅呈现专题教学内容，没有配套的习题和课程讨论版面，这使得我们只能获取课程观看数据量，不能获取互动类文字信息和学生的答题情况，也不能获取其他开课学院的学生的"课后感"。"中国精神"课程缺乏跟踪和评价体系，使得课程育人效果的评估受到严重阻碍。

五是实践环节存在表面化、形式化的问题。教育部等十部门在《全面推进"大思政课"建设的工作方案》中强调，要善用社会大课堂。"中国精神"课程建设的过程，贯彻了教育部的要求，组织了部分 2021 级硕士研究生前往建川博物馆聚落参观。但实践环节存在流于形式、实践参与人数不够、实践时间不足、实践配套经费欠缺等问题。受实践配套经费欠缺的制约，2021 级硕士研究生的实践只选取了几位代表前往，同时将实践时间从 7 天压缩为 2 天，这使得实践参与人数和实践时间远远低于教育部要求。同时，"中国精神"课程尚没有与相关实践基地进行对接和签订合作协议，实践基地资源的发掘不够。社会大课堂是课程育人提质增效的重要途径，当前课程实践环节存在表面化、形式化的问题。

---

① 数据来源于研究生教育（https://www.gradsmartedu.cn）"中国精神"课程。

"中国精神"课程作为一门年轻的思政课,在开设之初必然有许多不足和待完善的地方,这直接影响了课程育人效果的评估。但显性的效果评估不易取得,并不意味着课程育人效果的缺失甚至失败。反而激励我们进一步健全和完善课程体系,为后续的课程建设指明了方向。

四、"中国精神"课程育人提质增效的路径

提升"中国精神"课程育人效果,一方面,要梳理课程建设已取得的成果和建设经验,为下一步的课程建设提供参考,并致力于发扬课程育人积极效果、扩大课程影响力。另一方面,要对前期课程建设和教学过程中存在的问题进行梳理,以提出应对之道或提升路径。两个方面相结合,优化课程教学效果,才能实现课程育人提质增效。

一是要着力丰富和完善课程资源。当前的慕课内容从专题量和课时量来看,都不足以支撑1个学分16学时的课程要求,应尽快完成课程资源的补充和上传工作。此外,应组织专家学者将"中国精神"课程的讲义进行修改,集结成教材出版,同时组织课程组教师编写课程案例集作为教辅材料和学生的延伸阅读材料,编写习题集作为学生的课后作业,为学生的课程学习提供丰富、多元和坚实的课程资源。

二是要规范课程教学流程和考核评价标准。对马克思主义学院的"中国精神"课程教学和研究生教育平台的慕课教学要区别设计,形成不同的教学流程和考核评价标准。例如,对马克思主义学院的"中国精神"课程应进一步丰富教学流程和完善考核评价标准,强化课程育人效果。适时举办课程相关的研讨、辩论、微视频大赛等活动,丰富课程内容和形式,同时增加考评方式,将写读后感、拍短视频、排情景剧、做问卷访谈、写调研报告等多种方式灵活纳入课程考核体系之中,增强育人效果。对研究生教育平台的慕课教学,要指派专人负责,及时对接平台管理方,密切跟踪平台建设进程,以最快的响应速度开展慕课留言板、讨论版面的日常维护及学生平时及期末作业的测评和分析,同时将以上板块的信息进行汇总,对教学流程进行查漏补缺。进一步丰富题库,并及时更新题库,增强考核

效果。

三是要将课程实践落到实处。课程组应制订完善的课程实践计划,组织开展多样化实践教学,并对课程实践环节进行规范化管理。要尽可能地发动学校相关部门和校友,寻找优质的实践基地资源,积极接洽和建立三至五个实践教学基地,作为"中国精神"课程实践的定点单位。同时,实践基地的选择不应仅限于博物馆、陈列馆,还应选择优秀的社区、乡村、企业、工厂等作为实践基地,让学生真正走入社会"大课堂",感受社会"大课堂",真正将社会实践的功能发挥好。

四是要坚持教学、科研互为促进。科研是教学的源头活水,在"中国精神"的课程建设中,应继续大力加强科研工作的开展。例如,马克思主义学院依托"交通强国科学家精神教育基地",举办了与科学家精神相关的博士后论坛和科学家精神展,取得了较大的反响。这些活动的开展既可以为学科建设服务,也提升了团队的科研水平,还为社会服务和对外交流提供了支撑。因此,围绕"中国精神"开展科研工作,可以从组织项目申报、基地建设、鼓励论文发表、开展学术会议等方面进行,进一步丰富科研工作的内容和形式,更好地服务于课程建设,保障课程育人的质量。

五是要加强学校层面与教学单位层面的统筹协调。"中国精神"是西南交通大学校级领导牵头打造的高水平思政选修课,从课程建设之初就着重进行学校层面的顶层设计,这为课程建设提供了强大的支持。但是,在课程初步建成后,学校层面的督导曾出现松动。开课后,学校层面与教学单位的沟通与互动不够,使得课程在实际的教学流程中存在信息缺漏等问题,学校对课程的实际开课情况等信息掌握不足。因此,应加强学校层面和教学单位层面的统筹协调,指派相关部门的专门人员对"中国精神"课程的教学情况进行跟踪和指导,汇总信息、分析问题并适时调整和改进问题。

综上所述,"中国精神"这门年轻的思政选修课的课程环节和课程体系还不够健全,问题和不足的呈现具有阶段性。以上问题的对策或路径探讨,仅针对当前课程建设和教学过程中存在的问题。

五、结　语

"中国精神"课程的育人效果是一个需要持续进行观察和分析的问题，也是一个需要不定期进行梳理、评估和总结的问题，更是课程建设过程中需要一以贯之地关注、重视和研究的问题。全力打造"中国精神"课程，坚持用习近平新时代中国特色社会主义思想铸魂育人，通过课程建设力求达到弘扬中国精神，传承红色基因，落实好立德树人根本任务的目的。通过不断总结课程建设的经验和不足，不断改进和完善课程体系，夯实教学质量，为学生注入昂扬的精神力量，激励学生投身于全面建设社会主义现代化国家、全面推进中华民族伟大复兴的奋斗之中。

从政党文化角度把握红船精神的三重逻辑

李祥瑞[①]

西南交通大学马克思主义学院

【摘　要】 红船精神,即开天辟地、敢为人先的首创精神,坚定理想、百折不挠的奋斗精神,立党为公、忠诚为民的奉献精神,是我们党的精神坐标,具有本源性的研究意义。从政党文化的角度出发,以政党文化的寻根探索、观念表达、价值呈现三个维度为切入点,把握红船精神的历史逻辑、理论逻辑及实践逻辑,有助于推进广大党员干部对红船精神的情感认同、理性认同和行为认同。

【关键词】 红船精神;政党文化;中国精神

红船精神诞生于浙江嘉兴南湖碧波上的一条游船,传承于建党百年来光辉的奋斗历程,是马克思主义同中国具体实际相结合的最初探索,展现了早期中国共产党人的理想信念、价值追求和精神风貌。作为建党精神的集中体现,红船精神是中国共产党政党文化的基石。

所谓政党文化,即政党在长期发展的过程中不断积淀而形成的稳定的观念体系,体现在政党成员的价值取向、组织心理和行为作风等方面,具有回溯历史本源、凝聚党内共识、彰显政党形象等作用。不同的政党拥有不同的政党文化。中国共产党作为领导着十四亿人口大国、具有重大全球影响力的世界第一大执政党,有着丰富且饱满的政党文化,红船精神也是其中的重要组成部分。因此,从政党文化的角度出发,有助于我们深入梳理和把握红船精神的历史逻辑、理论逻辑和实践逻辑,更好地感悟红船精神的丰富意蕴。

---

① 李祥瑞,西南交通大学马克思主义学院2021级硕士研究生。

一、政党文化的寻根探索：阐发红船精神的历史逻辑

恩格斯曾言，"历史从哪里开始，思想进程也应当从哪里开始"①。红船精神的诞生与党的一大的召开密切相关，红船精神是中国共产党革命精神之源。自1840年鸦片战争以后，中华民族陷入千年未有之痛苦深渊，中国社会各阶级都渴望施展自己的理想和主张，以期实现民族自救。从太平天国运动到洋务运动，从戊戌变法到辛亥革命，无数仁人志士为了挽救中华民族的危亡，不断奋起抗争，提出了各种救国方案。历史证明，这些方案都不能把中华民族从泥潭中拯救出来，丝毫没有改变中国被奴役、被掠夺的现实。十月革命一声炮响，中国先进知识分子从迷惘徘徊中清醒，将救亡图存的目光转向俄国，试图将马克思主义作为观察国家前途命运的工具。

与西方传统哲学不同的是，马克思主义哲学将"改变世界"作为研究重心，无意于构建形而上学的空中楼阁，恰好与中华民族"经世致用""民本"的传统文化相契合。早期马克思主义者杨匏安写道："自马克思氏出，从来之社会主义，于理论及实际上，皆顿失光辉。"②由此可见，马克思主义的传入给当时中国的先进知识分子带来了冲击和震撼。正是由于在文化心理上的亲和性与相通性，马克思主义在中国一开始便能够作为行动指南被接受、理解和运用。早期的共产主义先进分子，将信仰力量转化为实际行动，在嘉兴的小小红船之上，成就了建党的历史伟业。从本质上看，红船精神的诞生，是回应时代特征、指引时代发展、解释时代精神的标志性事件，彰显着中国共产党人的初心与使命。

在新的历史起点上，重新阐释红船精神，绝不是政党文化内容的单纯复盘，而是汲取新的文化价值的自我复归。党的十九届六中全会会议公报指出，我们要从党的百年奋斗中看清楚过去我们为什么能够成功、弄明白未来我们怎样才能继续成功，从而更加坚定、更加自觉地践行初心使命，

---

① 马克思、恩格斯：《马克思恩格斯选集》第二卷，北京：人民出版社，2012年，第14页。
② 林代昭、潘国华：《马克思主义在中国——从影响的传入到传播》下，北京：清华大学出版社，1983年，第68页。

在新时代更好坚持和发展中国特色社会主义①。从"看清楚"到"弄明白",从"更坚定"到"更自觉",中国共产党的政党文化正是在历史长河中不断地寻根探索,才不竭地焕发着生机与活力。红船精神,以其"炽热的理想、不屈的追求、坚定的信念"②,谱写出近代以来中国历史浓墨重彩的一页,吟诵出中国共产党政党文化壮丽恢宏的诗篇。

二、政党文化的观念表达:凝练红船精神的理论逻辑

政党文化是一个政党存在和发展的内在精神力量,是其区别于一切其他政党的显著标志,彰显的是政党软实力。任何政党想要获得目标群体广泛的认同,都离不开政党文化的宣传,都离不开政党文化的稳健发展和内容创新。中国共产党作为一个具有深厚历史脉络、高度文化自觉的马克思主义政党,始终重视历史发展的文化血脉,重视对建党初心的理论发掘,重视政治社会化的科学进程。对红船精神的强调,是一个自然而然、水到渠成的理论建构与时代命题。

南湖红船是中国革命源头的政治坐标,遵循的是历史进程,昭示的是发展方向,启发的是政党文化。从本体论的角度出发,红船精神无疑是客观的历史存在,产生于风雨飘摇、前路未卜的近代中国,产生于中国先进知识分子不懈的实践探索中。从政党文化的角度出发,真实的历史存在需要转化为依托文本叙述的精神表达才能得以广泛传播,因此,话语的介入和表达不可或缺。红船精神从历史存在到文本叙述,是其成为政治话语出场的"跨越式一步"。

习近平总书记对红船精神的诠释有三个重要节点。早在 2005 年,时任浙江省委书记的习近平在广泛调研的基础上,迈出了红船精神凝练表达的第一步,首次阐释红船精神的丰富内涵、历史地位和时代价值,提炼出首

---

① 《中共十九届六中全会在京举行》,《人民日报》2021 年 11 月 12 日,第 1 版。
② 陈梦霖:《红船精神:中国共产党精神谱系的伟大开篇》,《党建研究》2021 第 3 期,第 60-62 页。

创精神、奋斗精神、奉献精神三个要点①，明晰准确地标注出中国革命精神的思想源头，在党的伟大征程中勾勒出坐标起点。2017年10月，习近平总书记带领新一届中央政治局常委前往嘉兴南湖，又一次阐述红船精神的内涵精神，突出红船精神的价值作用，强调"小小红船承载千钧"②，并提出我们要结合新的形势研究好宣传"红船精神"的新命题。在2021年新年贺词中，习近平总书记回望建党百年历程："从上海石库门到嘉兴南湖，一艘小小红船承载着人民的重托、民族的希望，越过急流险滩，穿过惊涛骇浪，成为领航中国行稳致远的巍巍巨轮。"③"红船"从单纯代表着中国共产党成立的地理起点，演变为充满乘风破浪撑劲帆情怀的革命浪漫主义符号。由此可见，红船精神涵养着中国共产党百年奋斗征程中的精神文化世界，这充分显示着一个政党对于自我文化生命力的坚定信念和强大自信，体现了中国共产党对自我文化价值的充分认识和积极肯定。

总而言之，红船精神理论概括的历程，依托于政党文化的观念表达，充分反映了中国共产党构建自身精神体系的文化自觉。

三、政党文化的价值呈现：弘扬红船精神的实践逻辑

现代政党，是指以一定的政治共识为基础，以一定的政治路线为依照，以一定的政治目标为指引，通过一定的组织形式而组织起来的政治组织。因此，政党以政治性为其本质属性，这也是政党文化的成立前提和鲜明特点。丝毫不避讳自己为共产主义事业奋斗终身的毅力和决心，旗帜鲜明讲政治，是中国共产党政党文化的优良传统。

通常情况下，政党都会通过政治仪式和教育活动，使成员对其思想理论、政治主张和文化价值产生认同，即从组织和个人两个层面实施规

---

① 习近平：《弘扬"红船精神" 走在时代前列》，《光明日报》2005年6月21日，第3版。
② 《铭记党的奋斗历程时刻不忘初心 担当党的崇高使命矢志永远奋斗》，《人民日报》2017年11月1日，第1版。
③ 《国家主席习近平发表二〇二一年新年贺词》，《人民日报》2021年1月1日，第1版。

范和指引。从政党文化角度来看,政治仪式并不单单具有形式意义。在一定程度上,政治仪式与弘扬政党文化紧密相连,因为其"必须顺应文化所造之势,迎合文化在形式和内容上的转变,以及凸显文化的政治内蕴和要求"①。但是,与其他政党不相同的是,中国共产党善于发掘政治仪式对于政党文化的反作用,即政治仪式从外在环境中吸纳积极因素反馈给政党文化,以实现政党文化自身的发展。在新的历史起点上,深入开展"不忘初心、牢记使命"主题教育,重提中国共产党人的初心与使命,锤炼忠诚干净担当的政治品格,是红船精神的再学习、再发扬。在建党百年的历史节点上,全面部署党史学习教育,重温中国共产党发展壮大的艰辛历程,把握历史规律和历史动向,也是红船精神的再教育、再实践。由此可见,红船精神作为中国共产党人精神谱系的重要组成部分,起着不可或缺的定位作用。诸如庆祝政治生日、专题学习会等政治仪式,为党员回忆入党动机、重温入党初心、践行入党信念搭建了活动平台,丰富了政党文化的内涵。

共产主义信仰在本质上是实践的,是个人的价值追求与政党的价值取向的有机统一。新形势下,有一些共产党员,因为外部环境的纷扰和自我内心的腐化,逐渐丧失初心、立场和追求。也正因此,党的二十大报告指出,我们要加强理想信念教育,"自觉做共产主义远大理想和中国特色社会主义共同理想的坚定信仰者和忠实实践者"②,所以,以红船精神为代表的优秀政党文化,就更需要在此时此刻彰显其价值作用。以早期共产主义者追求理想信念、实现自我价值的思想力量为指引,用红船精神不断审视内心所想,追回自我的初心,不断提升党性修养和思想境界,是每一个共产党员的"必修课"。弘扬红船精神,弘扬的就是对共产主义坚定的理想信念,弘扬的就是中国共产党的先进性,弘扬的就是建党之初首创、奋斗、奉献的精神源泉。

---

① 王海洲:《政治仪式——权力生产和再生产的政治文化分析》,南京:江苏人民出版社,2016年,第100-101页。
② 习近平:《高举中国特色社会主义伟大旗帜 为全面建设社会主义现代化国家而团结奋斗——在中国共产党第二十次全国代表大会上的报告》,北京:人民出版社,2022年,第65页。

马克思曾言:"一个阶级是社会上占统治地位的物质力量,同时也是社会上占统治地位的精神力量。"①文化作为一个民族和国家的精神根基,体现出这个民族和国家的思想深度、历史厚度、文明程度。政党文化也要适合中国的具体实际,满足中国的具体要求,适应中国的具体发展。红船精神的实质是我们党的理想追求,是我们党内在的文化标签和核心价值。百年奋斗历程多彩且壮阔,回首往昔,正是在红船精神等一系列党的革命精神的鼓舞下,中国共产党人永葆初心,不懈奋斗,带领广大人民群众,不畏艰难险阻,奋力拼搏进取,战胜了一个又一个困难,赢得了一个又一个胜利。任何政党文化的实现都是漫长的实践过程,面对漫漫前路,我们知晓道阻且长,但"志之所趋,无远弗届",我们要在新时代的历史起点上继承和弘扬红船精神,赋予其新的时代内涵,绽放其新的时代光芒。

---

① 马克思、恩格斯:《马克思恩格斯选集》第一卷,北京:人民出版社,2012年,第178页。

伟大建党精神内涵的四重向度

植材华[①]

西南交通大学马克思主义学院

【摘　要】 习近平总书记在庆祝中国共产党成立 100 周年大会上发表的重要讲话，深刻阐述了作为中国共产党精神源泉的伟大建党精神的内涵。伟大建党精神的内涵包括真理向度、历史使命向度、实践向度和党性立场向度四个方面。深入解读这四重向度有利于充分把握伟大建党精神的内涵，有利于推进新时代党的建设新的伟大工程。

【关键词】 建党精神；内涵；四重向度

中国共产党在一百多年的奋斗历程中，形成了一系列伟大精神，构筑了中国共产党人的精神谱系，而伟大建党精神是中国共产党人精神谱系的历史源头和高度凝练。习近平总书记指出："坚持真理、坚守理想，践行初心、担当使命，不怕牺牲、英勇斗争，对党忠诚、不负人民的伟大建党精神，这是中国共产党的精神之源。"[②]

一、伟大建党精神内涵的真理向度

坚持真理、坚守理想，这是伟大建党精神内涵的真理向度。"真理"就是指引中国共产党不断革命、建设和改革的理论，并且被党和人民在实践中证实的理论。"理想"是党自成立以来的奋斗目标。"为中国人民谋幸福，为中华民族谋复兴"[③]既是党的初心和使命，也是中国共产党要坚守的理

[①] 植材华，西南交通大学马克思主义学院2021级硕士研究生。
[②] 习近平：《在庆祝中国共产党成立 100 周年大会上的讲话》，《人民日报》2021年 7 月 1 日，第 1 版。
[③] 习近平：《习近平谈治国理政》第三卷，北京：外文出版社，2020年，第 1 页。

想;"坚持"和"坚守"则表达了中国共产党人永不服输的决心、雄心和信心,只有坚持真理、坚守理想,才能推动中华民族实现伟大复兴。

过去一百多年来的历史经验证明,坚持真理、坚守理想,是中国共产党的真理向度,也是中国共产党的旗帜指引。十月革命一声炮响,给中国送来了马克思主义,也给中国带来了真理的力量。陈望道先生首次翻译了《共产党宣言》中文全译本、陈启修先生首次翻译了《资本论》第一卷第一分册中文译本,一大批真理性的著作不断传入中国。以李大钊、陈独秀为代表的中国先进知识分子创立《新青年》,提出"民主"与"科学"的口号,在传播过程中坚持真理、捍卫真理。1921年,中国共产党一成立就把马克思列宁主义作为全党的指导思想。虽然中间经历许多波折,但以毛泽东同志为核心的党的第一代中央领导集体,充分运用辩证唯物主义和历史唯物主义考察革命运动,准确分析和把握了中国的革命特点和发展趋势,使中国的新民主主义革命取得伟大胜利。党的十一届三中全会高度评价了实践是检验真理的唯一标准问题的讨论,重新确立了解放思想、实事求是的思想路线,准确把握了真理向度,实现了党和国家历史发展中的伟大转折。

如今,中国共产党团结带领人民在向第二个百年奋斗目标进军的新征程中更要坚持真理、坚守理想。真理的力量是无穷的,新时代中国共产党要坚持马克思主义基本原理同中国具体实际相结合,在实践的过程中充分发挥真理的力量。坚持马克思主义理论的指导,同时也要坚持将马克思主义基本原理同中华优秀传统文化相结合。中华优秀传统文化是中国人民勤劳奋斗的智慧和结晶,只有将中华优秀传统文化与马克思主义相结合,才能使马克思主义深入人心,植根中国大地;才能用马克思主义中国化最新成果引领复兴伟业。

"中国共产党为什么能,中国特色社会主义为什么好,归根到底是因为马克思主义行!"[1]坚持真理向度,有利于马克思主义在中国大地上的赓续发展,有利于提升中国共产党的执政能力和执政水平。坚持真理向度是做

---

[1] 习近平:《在庆祝中国共产党成立100周年大会上的讲话》,《人民日报》2021年7月1日,第1版。

好工作的理论基础。练好理论"内功",有利于提升广大人民群众的马克思主义理论素养,深化人民群众对党的认识和理解。

二、伟大建党精神内涵的历史使命向度

践行初心、担当使命,这是伟大建党精神的历史使命向度。"初心"和"使命"就是为中国人民谋幸福,为中华民族谋复兴。[1]中国共产党始终代表最广大人民的根本利益,只有坚持以人民为中心,才能体现中国共产党人的初心和使命。中国共产党实现中华民族伟大复兴的初衷,则是建立在中国特色社会主义共同理想与共产主义远大理想的基础上的。

为中国人民谋幸福,为中华民族谋复兴,是中国共产党自成立以来始终不渝的奋斗目标。一百多年来,中国共产党领导人民取得了新民主主义革命、社会主义革命、社会主义建设、改革开放和社会主义现代化建设的伟大胜利,开创了中国特色社会主义新时代,扎实推进了脱贫攻坚、乡村振兴、共同富裕等,这些都是党为中国谋发展、为人民谋幸福的实践,也是党践行初心、履行使命担当的伟大举措。践行初心、担当使命始终是中国共产党人坚持的历史使命向度。中国共产党在接续奋斗中,带领人民自立自强,取得了举世瞩目的成就,办成了许多过去想办而没有办成的大事,都是党践行初心、担当使命的见证。中国共产党人践行初心就是要在新的时代条件下为人民谋取更多的幸福。在全面建成小康社会的基础之上,向全面建成社会主义现代化强国迈进。

坚持践行初心、担当使命的历史使命向度有利于广大党员同志铭记历史。"我们必须把党的历史学习好、总结好,把党的成功经验传承好、发扬好。"[2]传承和发扬党的历史经验是实现中华民族伟大复兴的必然要求。这有利于中国共产党在执政过程中把握历史主动,把历史中的经验教训作为党的宝贵财富,以史为鉴,开创未来。

---

[1] 习近平:《习近平谈治国理政》第三卷,北京:外文出版社,2020年,第1页。
[2] 习近平:《在党史学习教育动员大会上的讲话》,《人民日报》2021年2月20日,第1版。

三、伟大建党精神内涵的革命向度

不怕牺牲、英勇斗争,这是伟大建党精神的革命向度。"不怕牺牲"就是中国共产党面对困难时始终不畏艰险,始终冲在最前面。"英勇斗争"就是党在面对各种敌人时顽强拼搏,同敌人展开各种斗争。

不怕牺牲、英勇斗争,这一伟大建党精神的革命向度是在历史实践中形成的。中国共产党在成立之初就同各种敌对势力进行斗争。新民主主义革命时期,中国革命的主要敌人是帝国主义、封建主义和官僚资本主义。面对帝国主义,党坚决反对任何帝国主义势力瓜分中国,坚决捍卫中国的领土主权。面对封建主义,党团结带领广大农民"打土豪、分田地",例如1929年毛泽东主持制定《兴国土地法》,坚持"没收一切公共土地及地主阶级的土地归兴国工农兵代表会议政府所有,分给无田地及少田地的农民耕种使用"的原则①。面对官僚资本主义,由于他们勾结帝国主义势力,因此党对他们采取的也是坚决斗争的策略。中华人民共和国成立初期,党通过"三反""五反"的斗争运动,稳定了中华人民共和国成立初期的社会和经济发展,为社会主义建设奠定基础。改革开放之后,尤其是党的十八大以来,我国发展又面临着具有许多新的历史特点的伟大斗争,无数共产党员投入脱贫攻坚的重任之中。"现行标准下9 899万农村贫困人口全部脱贫,832个贫困县全部摘帽,12.8万个贫困村全部出列"②,这举世瞩目的成绩背后,充分彰显了党不怕牺牲的精神以及同贫困作斗争的精神。

伟大精神可以推动革命的发展,革命之中也能产生伟大精神。坚持不怕牺牲、英勇斗争的伟大建党精神就是要将现实社会的发展置于未来发展的视野中,以强化现实斗争精神抵御未来风险。"社会是在矛盾运动中前进的,有矛盾就会有斗争。"③深刻认识我国当前的社会主要矛盾,才能在斗

---

① 《毛泽东农村调查文集》,北京:人民出版社,1982年,第38页。
② 习近平:《在全国脱贫攻坚总结表彰大会上的讲话》,北京:人民出版社,2021年,第1页。
③ 习近平:《习近平谈治国理政》第三卷,北京:外文出版社,2020年,第12页。

争中保持方向与定力；在遇见困难时，不怕牺牲、英勇斗争，勇于战胜一切风险挑战。

坚持不怕牺牲、英勇斗争的革命向度有利于党在实践中敢于斗争、善于斗争、勇于斗争，扫除前进路上的阻碍，推动党和国家的事业发展。有利于中国共产党人在实践中不怕牺牲、不畏艰险，为党和人民奉献自己的一切，形成一种无私奉献的大无畏精神。同时也有利于党在全面建成社会主义现代化强国的奋斗征程中勇往直前，经受住一个又一个的生死考验，带领人民取得更加辉煌的成就。

四、伟大建党精神内涵的党性立场向度

对党忠诚、不负人民，这是伟大建党精神的党性立场向度。"对党忠诚"就是坚持中国共产党的领导，这是对每一位共产党员的基本要求，也是充分发挥基层党组织战斗堡垒作用的必要保证。"不负人民"就是坚持人民立场，与人民群众时刻保持联系，密切联系群众，这是中国共产党人站在人民立场的政治誓言与政治担当。"对党忠诚"所涵盖的党性与"不负人民"所包含的人民性在本质上是相一致的。"中国共产党是用马克思主义武装起来的政党，党性和人民性从来都是一致的、统一的。"根据《中国共产党章程》规定，党的立场就是人民立场，党的利益就是人民利益。从整体性的角度出发，党性与人民性在任何时候都是相统一的，这也是新时代中国共产党人的政治本色[①]。

对党忠诚、不负人民，伟大建党精神的党性立场向度是在党的百年历史之中形成的。从党成立开始，中国共产党人始终坚持对党忠诚的原则，以杨开慧、江竹筠等为代表的一大批中国共产党人在面对敌人迫害时，从容就义，保守了党的秘密。在社会主义革命和建设时期，前有钱学森历经艰辛，回到祖国，投身祖国的建设之中，后有邓稼先为祖国核物理事业做出杰出贡献，这一个个伟大的成就都是对党忠诚的现实表现。

---

① 陈曙光、刘小莉：《坚持党性和人民性的统一》，《前线》2019年第5期，第38-40页。

"无产阶级的运动是绝大多数人的、为绝大多数人谋利益的独立的运动。"① 党团结带领中国人民进行革命、建设、改革,归根到底是为中国人民谋幸福。党的十一届三中全会召开以后,中国全方位实行改革开放政策,从而推动中国开启社会主义现代化建设,让人民过上幸福生活,真正富起来。

中国特色社会主义进入新时代,在新的历史条件下,对党忠诚首先是对党中央忠诚,在思想上政治上行动上同以习近平同志为核心的党中央保持高度一致,坚决维护习近平总书记的核心地位,坚决维护党中央权威和集中统一领导。这种政治忠诚是全面建设社会主义现代化国家的政治保障,也体现着中国共产党人鲜明的政治品格。不负人民在新的历史条件下,就是要把人民的利益作为首要的利益,"江山就是人民、人民就是江山,打江山、守江山,守的是人民的心"②。党的任何举措都离不开人民,回顾当下,就是要扎实推进共同富裕,努力实现乡村振兴,实现好、维护好、发展好最广大人民的根本利益。总之,党是推动社会主义事业发展的领导核心,人民是促进社会主义事业发展的主体力量。在新的历史条件下,坚持对党忠诚、不负人民是发展中国特色社会主义事业重要的前提与基础。

坚持对党忠诚、不负人民的党性立场向度,一方面,有利于保持党自身的忠诚性,增强党员同志的党性修养和政治素养。在新时代推进党的建设新的伟大工程中,坚定"四个自信",做到"两个维护",不断提高政治思考和行动能力,从而实现好、维护好、发展好最广大人民的根本利益。另一方面,有利于党与人民群众保持血肉联系,将党的事业与人民的事业结合起来,使党的基业永葆青春。

---

① 马克思,恩格斯:《马克思恩格斯文集》第二卷,北京:人民出版社,2009年,第42页。
② 习近平:《在庆祝中国共产党成立100周年大会上的讲话》,《人民日报》2021年7月2日,第2版。

五、结　语

精神是社会发展实践之中形成的信念支柱,在新时代的征途中,坚持和弘扬伟大的建党精神,从不同的向度来阐释"坚持真理、坚守理想,践行初心、担当使命,不怕牺牲、英勇斗争,对党忠诚、不负人民"[①]的伟大建党精神的内涵,能够更加深刻地理解伟大建党精神的丰富意蕴。

---

① 习近平:《在庆祝中国共产党成立 100 周年大会上的讲话》,《人民日报》2021年7月2日,第2版。

薪火相传：新时代弘扬长征精神的路径探索

徐 雄[①]

西南交通大学马克思主义学院

【摘 要】 长征精神源于新民主主义革命时期的伟大实践，是中国共产党人的宝贵财富。身处新时代，长征精神具有为国家发展提供精神指引、为党的建设凝聚精神动力、为文化自信赓续精神血脉和为当代青年补足精神之"钙"的重要价值。在学习中认识长征精神、在创作中弘扬长征精神，以及在平台中宣传长征精神，即立足于理论教育、文化作品与网络媒体是新时代弘扬长征精神的实践路径。

【关键词】 新时代；长征精神；弘扬路径

长征精神举世齐颂、亿民共赞，是中国共产党人的精神瑰宝，是中国共产党人凝心聚力和攻坚克难的强大支撑。当今世界，国际形势错综复杂、变幻莫测，中华民族在向着实现第二个百年奋斗目标前进的新征程上，也必将会面临更大的风险、困难和考验。新时代具有新任务、新挑战，长征精神作为中国共产党人的红色基因，对坚持和发展中国特色社会主义、走好新时代的长征路具有重要的指导意义。

一、长征精神的科学内涵

1934年10月，第五次反"围剿"失败后，中央主力红军为摆脱国民党军队的包围追击，被迫实行战略性转移，退出中央根据地，进行长征。两万五千里的长征孕育了伟大的长征精神，它凝聚了红军将士"革命理想

---

① 徐雄，西南交通大学马克思主义学院2021级硕士研究生。

高于天"的坚定信念、"风雨侵衣骨更硬,野菜充饥志越坚"的非凡毅力,是中国共产党人顽强斗争和无惧生死的生动写照。在新的历史发展阶段,长征精神更是一种理想信念和矢志坚守,传承和弘扬长征精神是全面建设社会主义现代化国家这一新征程中的"灯塔",为我们持续保驾护航、指引方向。

习近平总书记在纪念长征胜利80周年的讲话中指出:"伟大长征精神,就是把全国人民和中华民族的根本利益看得高于一切,坚定革命的理想和信念,坚信正义事业必然胜利的精神;就是为了救国救民,不怕任何艰难险阻,不惜付出一切牺牲的精神;就是坚持独立自主、实事求是,一切从实际出发的精神;就是顾全大局、严守纪律、紧密团结的精神;就是紧紧依靠人民群众,同人民群众生死相依、患难与共、艰苦奋斗的精神。"[①]这是新时代对长征精神的生动诠释。长征精神是人类历史前进过程中留下来的精神财富,是中华民族屹立于世界民族之林的重要保证,更是走好新时代长征路的不竭动力。

(一)精神根基:坚定革命的理想和信念,坚信正义事业必然胜利

中国共产党人能够战胜千难万险,取得一次又一次的胜利,归根到底是我们党具有坚定的理想信念以及对理想信念的执着追求。中国共产党自成立以来,就深深地印刻着马克思主义信仰和坚定的共产主义信念,历经艰苦磨难,始终初心不改,顽强拼搏。行程达两万五千里的长征,红军将士走过了赣、闽、粤、湘等十余省,跨越了万水千山,这都离不开革命理想和信念的支撑,离不开中国共产党人坚毅的品格和执着的追求。红34师师长陈树湘率领全师与十几倍于自己的敌人在湘江边激战四天五夜,最后因弹尽粮绝、腹部受伤被俘,在押解途中,躺在担架上的他撕开伤口、拧断肠子,慷慨就义,用革命信念绘就了属于自己的英雄史诗。正是因为中国共产党人始终坚定理想、坚定信念、坚信正义,才

[①] 习近平:《在纪念红军长征胜利80周年大会上的讲话》,《人民日报》2016年10月22日,第2版。

铸就了人类历史上无与伦比的革命壮举，不断从胜利走向胜利。

（二）精神实质：救国救民，不怕任何艰难险阻，不惜付出一切牺牲

李大钊同志曾指出："牺牲永是成功的代价。""高尚的生活，常在壮烈的牺牲中。"[①]救国救民、不怕困难和不怕牺牲是中国共产党人的宝贵品质。湘江战役，红军将士视死如归、向死而生、一往无前，浴血奋战7个昼夜，战士马革裹尸，湘江之上，流血漂橹，在这条血色之路上，中国共产党人为了国家和人民勇往直前、无坚不摧，用行动证明了"虽九死其犹未悔"的英勇与坚贞。在进入草地后，面对恶劣的气候和环境，红军将士张思德积极响应朱德总司令的号召，抢"尝百草"，不畏生死，寻找无毒且可以食用的野草野菜，帮助大家渡过饥饿难关。"宁可牺牲自己，也要保全大家"的精神品质，形成了红军将士钢铁般的顽强意志，是长征取得胜利的重要保证，也为后来抗日战争的胜利和新民主主义革命的胜利奠定了坚实的基础。

（三）精神特色：坚持独立自主、实事求是，一切从实际出发

长征是一次检验真理的伟大远征，通过长征，中国共产党人明确了中国革命应该坚持怎样的革命道路以及走好这条革命道路应该坚持怎样的革命理论。第五次反"围剿"的失败以及遭受的严重伤亡是红军内部"左"倾错误思想笼罩导致的必然结果，中国革命必须要结合中国的实际才能取得胜利，必须要独立自主地解决中国问题。在毛泽东的引领下，中国共产党人冲破教条主义的束缚，坚持在实践中检验真理和发展真理，重塑防御军事路线，修正战略方向，成功开辟出川西北革命根据地。[②]中国共产党人凭借自身的力量，处变不惊、遇险不惊，从实践中懂得了要夺取中国革

---

① 李大钊：《李大钊文集》第三卷，北京：人民出版社，1999年，第84页。
② 杨晶、姚春曲、张在金：《遵义会议精神的品质蕴含与赓续》，《学校党建与思想教育》2021年第21期，第13-15页。

命的伟大胜利必须坚持走自己的道路，开辟了中国革命的新局面。坚持独立自主、实事求是和立足实际是在艰苦卓绝的环境中激发、凝聚而成的精神特色，诞生于中国共产党人筚路蓝缕的革命时代，也始终扎根于中国共产党人的心灵深处。

（四）精神体现：顾全大局、严守纪律、紧密团结

英勇的红军四渡赤水、飞夺泸定桥、征服雪山草地等一系列伟大事迹的创造离不开中国共产党人"顾全大局"的集体主义观念，离不开中国共产党人"严守纪律"的政治规矩，也离不开中国共产党人"紧密团结"的组织作风。中央红军抵达陕北时，面对物资极度匮乏的情况，红军战士仍然严格遵守纪律，从而获得了广大人民群众的帮助和支持；红二、红六军团木黄会师之际，红六军团抽出大量干部协助红二军团，红二军团团长贺龙也为红六军团营以上干部每人准备一匹战马，两个军团融为一体，互帮互助，完美诠释了生动的长征精神。在张国焘大搞分裂主义，执意进行"西进"计划时，毛泽东同志保持冷静、顾全大局，用自己的行动维护了全党全军的团结。伟大的长征精神是"坚持全国一盘棋、集中力量办大事"的真实体现，也正是在这一精神的指导下，才形成了许多令人震撼和折服的场景典范。

（五）精神内核：紧紧依靠人民群众，同人民群众生死相依、患难与共、艰苦奋斗

国际共产主义运动史昭示我们，无产阶级政党的最大政治优势是密切联系群众，"最严重最可怕的危险之一，就是脱离群众"[1]。红军长征途中，即使受尽磨难，也时时刻刻不会忘记为中国人民谋幸福的初心，始终坚持全心全意为人民服务。党和红军与人民群众同甘共苦、患难与共，把群众路线切切实实地贯穿到实际工作中去，积极宣传党的政治主张，铲除贪官污吏，为人民群众解决一切能解决的生活问题，即使自己

---

[1] 列宁：《列宁选集》第四卷，北京：人民出版社，2012年，第626页。

挨饿,也不动用老百姓的一粒粮食。红军在长征途中践行着中国共产党人的初心使命,坚持一切为了人民,一切依靠人民,把人民群众放在至高无上的位置,始终保持党和人民群众的血肉联系。红军与人民群众同呼吸、共命运的实际行动,是红军长征途中得到群众全面支持,获得群众拥护的根本原因之一,也正如毛泽东同志所指出的一样,"真正的铜墙铁壁是什么?是群众,是千百万真心实意地拥护革命的群众"①。

二、新时代长征精神的价值意蕴

长征精神是党和红军面对各种严峻考验、克服重重苦难的不竭动力源泉,历史也证明长征精神经久不衰,是前人留给后辈们最宝贵的精神财富。当前全球化趋势突出、科技发展迅速,我国正处于社会转型时期,面临着多元社会思潮的冲击等问题,因此立足新时代,追寻历史,大力弘扬长征精神,无论是在政治文化方面,还是在青年培育方面都仍然具有重大的意义。

(一)为国家发展提供精神指引

长征精神展现了中国共产党人将小我融入大我,与人民同命运的精神品质,是中国共产党领导人民进行革命、建设、改革和坚持走中国特色社会主义道路的强大精神武器。党的十九届六中全会通过的《中共中央关于党的百年奋斗重大成就和历史经验的决议》指出:"党的十八大以来,中国特色社会主义进入新时代,党面临的主要任务是,实现第一个百年奋斗目标,开启实现第二个百年奋斗目标新征程,朝着实现中华民族伟大复兴的宏伟目标继续前进。"②未来,在坚持和发展中国特色社会主义的伟大实践中,国家的发展还会面临许多像"雪山""草地"一样的阻碍和挑战,这无一不要求我们继续传承和弘扬长征精神。"只要还活着,就总有盼望",红军战士跋山涉水、九死一生,用血汗和生命绘就了改变中国前途命运的英

---

① 毛泽东:《毛泽东选集》第一卷,北京:人民出版社,1991年,第139页。
② 《中共中央关于党的百年奋斗重大成就和历史经验的决议》,《人民日报》2021年11月17日,第1版。

雄史诗，用迎难而上的决心和战胜困难的毅力铸就了伟大的长征精神，其背后所衍生出来的绵延不绝的精神力量也正是国家发展过程中所追求的精神目标。因此，新时代弘扬长征精神，坚定理想信念，坚持实事求是，紧密联系群众，能够为国家的发展和民族的复兴提供强大的精神指引。

（二）为加强党的建设凝聚精神动力

新时代，中华民族在政治、经济、军事、文化方面，都取得了巨大的成就和丰硕的成果，这些成功都离不开中国共产党的领导。中国共产党的领导是中国特色社会主义最本质的特征，中国共产党人为实现中华民族复兴伟业劈波斩浪、奋勇争先，为中华民族的跨越式发展贡献出磅礴力量。因此，新时代要继续坚持中国共产党的领导，加强党的建设，为迎接新征程中的新挑战凝聚精神动力。伟大长征的胜利是以毛泽东同志为主要代表的中国共产党人，从中国的具体实际出发，坚持马克思列宁主义，在伟大实践中所创造的伟大壮举。正因为以毛泽东同志为核心的党的第一代中央领导集体，坚持中国革命的实际问题由中国自己解决，才能在重要关头及时化解危机，挽救了中国共产党、中国红军和中国革命，才得以形成了伟大的长征精神。党的建设仍然是百年不变的重大课题，只有坚持中国共产党的领导，坚持全心全意为人民服务的宗旨，国家的发展才不会脱离重点，才不会脱离人民群众。全党、全国各族人民团结一致是走好新时代长征路的先决条件，党的建设需要长征精神的融入，更需要长征精神提供不竭的精神动力。

（三）为坚定中国特色社会主义文化自信赓续精神血脉

"文化是一个国家、一个民族的灵魂。文化兴国运兴，文化强民族强。没有高度的文化自信，没有文化的繁荣兴盛，就没有中华民族伟大复兴。"[1]长征精神彰显了红军不怕牺牲、勇往直前的英雄气概，是对红船

---

[1]《中国共产党第十九次全国代表大会文件汇编》，北京：人民出版社，2017年，第33页。

精神、井冈山精神的继承与升华,其所表现出来的精神风貌,是对中华优秀传统文化的最好诠释,是中国特色社会主义文化自信的生动体现。学习长征精神,我们会洞悉为什么出发、向何处而行;弘扬长征精神,我们会收获一种现实力量和文化自信心。

面对波谲云诡的国际形势和纷繁复杂的国内形势,坚定中国特色社会主义文化自信,事关国运、文化安全和民族精神独立性,构建具有国际影响力的核心价值既是长远战略又是当务之急。①继承和弘扬长征精神,有助于打牢中国特色社会主义文化自信的基础,是科学把握红色文化体系的需要,是为共产党人提供不断前进动力的需要,更是实现中华民族伟大复兴中国梦的需要。新时代的文化发展离不开长征精神的融入,必须从长征精神中汲取力量,必须将长征精神发扬光大。

(四)为当代青年培育补足精神之钙

习近平总书记在党的十九大报告中指出:"青年兴则国家兴,青年强则国家强。青年一代有理想、有本领、有担当,国家就有前途,民族就有希望。"②毛泽东也曾把青年比作"早晨八九点钟的太阳"。青年的未来和发展直接关系到国家的长治久安,积极培育青年人的理想信念,帮助其树立正确的世界观、人生观和价值观显得至关重要。伟大的长征精神是经过历史积淀而形成的民族精神的集中体现,对青年人确立正确的人生目标,发扬艰苦奋斗的精神品质有着重要的指导意义。当代一些不良社会思潮在不断干扰青年人的身心发展,使得青年人在面对各种困难和挫折时以及在做出各种价值判断的过程中常常感到迷茫。同时当代青年本身还存在心智不够成熟,是非判断能力不强,生活经验不足等问题,其价值观念、行为方式和心理状态在新鲜事物层出不穷的当代社会中极容易遭受干扰和影响。因此,新时代弘扬长征精神有着不可替代的作用,可以引导青年摆脱众多

---

① 何淼:《中国共产党文化自信的生成逻辑与推进路径》,《东岳论丛》2021年第12期,第20-25页。
② 习近平:《决胜全面建成小康社会 夺取新时代中国特色社会主义伟大胜利——在中国共产党第十九次全国代表大会上的报告》,北京:人民出版社,2017年,第70页。

的错误思潮，使得青年不忘革命历史，补足精神之"钙"，为实现中华民族的伟大复兴而不懈奋斗。

三、新时代长征精神的弘扬路径

回望长征，探索长征精神的弘扬路径，既是对这段划时代征途的纪念，也是发扬长征精神，走好新时代"长征路"的根柢。充分借助理论教育、文化作品创作和网络媒体宣传大力弘扬长征精神，对新时代赓续红色血脉具有重要意义。

（一）理论教育：在学习实践中认识长征精神

长征精神是历史发展进程中积淀下来的宝贵财富，新时代的青年对于长征精神的认识往往局限于书籍或新闻，缺乏对理论知识的广泛认识和挖掘，因此需要加强对长征精神等相关内容的理论教育，在学习中认识长征精神，从而更好地弘扬长征精神。

将长征精神融入大学生思想政治教育。在全社会呼吁传承红色基因、学习红色文化的时代背景下，高校应在大学生中大力弘扬长征精神。首先，在思想政治理论课中可设置长征精神学习专题，同时教师在教学过程中转变传统的教学方式，通过选取经典的案例，与学生进行互动交流，加强学生学习的主动性。其次，高校应加强校园文化建设。如通过宣传海报、宣传栏等方式展现长征精神；在食堂、宿舍等区域布置与长征精神内容相关的横幅等；在校园内设置校园文化角和校园文化景观，建造以长征精神为主题的人物雕像；等等。最后，在校园文化活动中体现长征精神，如开展学术讲座和竞赛活动、成立学生社团或学习小组等，加强对学生的理论教育。

将长征精神融入社会实践活动。各单位和学校可组织参观革命纪念馆，亲身感受革命文化，在实践中提升对长征精神的理论认识。通过纪念馆里展现的模型和图片，体会长征途中中国共产党人和红军的艰苦，从而更加珍惜现在来之不易的幸福生活，坚定理想信念，发扬长征精神。同时，可组织志愿服务活动，帮助有困难、有需要的人，如义务清扫街道等公共场所、到敬老院孤儿院奉献爱心以及义务进行交通安全值班等，在活动中弘扬长征精神。

（二）文化作品：在创作中弘扬长征精神

文化载体具有较强的渗透性和价值导向性，孕育在文化作品中的革命精神更能融入时代血脉，成为时代基因，焕发出全新的光彩。"对中国人民和中华民族的优秀文化和光荣历史，要加大正面宣传力度，通过学校教育、理论研究、历史研究、影视作品、文学作品等多种方式，加强爱国主义、集体主义、社会主义教育"①。长征精神作为革命文化的重要组成部分，具有丰富的文化价值和底蕴，理应在文化作品创作中得到弘扬。

长征精神的相关歌曲《四渡赤水出奇兵》《过雪山草地》，电视剧《红色护卫》《万里长征》，电影《马蹄声碎》《我的长征》《金沙江畔》，等等，都以不同的形式和内容展现了长征精神。未来，增加文化作品的创作，使文化作品更贴合时代特征和时代环境，能够让更多的人了解和认识长征精神并大力弘扬长征精神。当今世界，各类亚文化喷薄而出，甚至出现不良文化扰乱社会风气的现象。新时代应充分弘扬长征精神，推动主旋律作品创作，推动社会主义文化健康发展。

当然，文化作品的创作也并非局限于现有的文化形式，可增强文化作品的创新性，比如利用文物、自然景观等进行创作，弘扬主旋律、提倡多元化。文化作品的创作还要贴合历史背景，实事求是，避免在文化创作中扭曲长征精神，背离文化事实。只有当长征精神真实地被人们所感知、体会，才能实现文化作品与思想情感等方面的融合，进一步凝聚共识，真正发挥长征精神鼓舞人心的作用。

（三）网络媒体：在平台中宣传长征精神

现代传媒中，不管是党报党刊、通讯社，还是电视台、门户网站等，

---

① 习近平：《习近平谈治国理政》第一卷，北京：外文出版社，2018年，第162页。

都是中国共产党的舆论载体，承担着营造正确的舆论导向的职责[①]。今天，数字化时代已经到来，互联网已经成为意识形态斗争的新阵地，长征精神的宣传应充分借助互联网和新媒体，只有适应新时代社会环境的变化，转变传统的传播形式，才能更好地弘扬长征精神。

首先，政府部门可创建"长征精神"相关媒体账号，如微博、微信公众号等。在相关账号中定期发布图片、文字、视频等，讲述长征途中精彩动人的故事，用人民喜闻乐见的方式分享长征精神的内容信息，提升长征精神在媒体平台中的宣传度。同时设置互动交流窗口，让群众可以参与讨论，发表自己对相关内容的看法或提出相关改进措施，让社会成员在双向互动中加深对长征精神的认识和感悟，从而弘扬长征精神。

其次，短视频也是现代大众传媒中很为火热的宣传形式，尤其是在大数据时代，短视频的传播较其他形式更为迅速与广泛。政府机构可定期上传短视频，还原长征故事，展现长征精神风貌，让网民在潜移默化中接受长征精神的熏陶，感受长征精神的魅力。同时可根据短视频的特点，开展短视频的征集活动，将"弘扬长征精神"设定为活动主题，让群众积极参与进来，使其发挥自身的想象力和创造力设计作品，以扩大长征精神的影响力。

---

① 郑永廷：《思想政治教育学原理》第二版，北京：高等教育出版社，2018年，第242页。

马克思主义中国化视域中的长征与长征精神

宋佳敏[①]

西南交通大学马克思主义学院

【摘　要】　迄今为止，马克思主义中国化的进程离不开各种因素的影响，除了诸多物质因素，还包括多种精神动力的助推。精神动力在不同的历史环境下有不同的表现形式，长征精神就被视为新民主主义革命时期最为重要的精神动力之一，有着特殊的历史意义与现实意义，对于助推马克思主义中国化进程发挥了重要作用。

【关键词】　马克思主义中国化；长征；长征精神；中国共产党

长征是一次艰苦卓绝、不容置疑的伟大历程，其孕育出的长征精神对中国乃至世界都产生了重大影响。在长达二万五千里的长征途中，环境之险恶，战争之激烈，前无古人。"苦不苦，想想中国红军两万五"[②]，在长征途上，红军经历了六百多次战役、跨过了近百条江河、攀越四十余座高山险峰，损失异常惨重，到达陕北的人数不及出发时的十分之一[③]。这组令人震惊的数字背后，是红军在绝境中对自己理想信念的坚定执守。由此可见，这也是一次理想信念的长征。习近平总书记指出："伟大长征精神，是中国共产党人及其领导的人民军队革命风范的生动反映，是中华民族自强不息的民族品格的集中展示，是以爱国主义为核心的民族精神的最高体现。"[④]从新民主主义革命到中国特色社会主义新时代，长征以及长征精神

[①] 宋佳敏，西南交通大学马克思主义学院2021级硕士研究生。
[②] 李斌：《拿出点长征"吃苦"的劲头来》，《人民日报》2016年8月2日，第5版。
[③] 罗平汉等：《中共党史知识问答》，北京：人民出版社，2021年，第61页。
[④] 习近平：《在纪念红军长征胜利八十周年大会上的讲话》，《中共党史研究》2016年第10期，第7页。

始终在马克思主义中国化的进程中扮演着举足轻重的角色。

一、国内研究综述

国内学者对长征精神的研究最早可以追溯到1986年,在中国知网上以长征精神为关键词可检索到两千余篇文献。在长征中以及后续长征精神的发展中,马克思主义中国化的实践得到了很大发展。为深入探究长征精神与马克思主义中国化的关联,笔者以马克思主义中国化与长征精神为关键词搜索近五年的期刊文献并作综述。

素履认为红军长征过程中形成了成熟的中国革命领导核心,锻造了马克思主义理论家与实干家,并铸就了伟大长征精神,整体上推动了马克思主义中国化的新飞跃。[①]韩洪泉从中共党史、中国革命史和马克思主义进程等角度出发探究长征的重要地位,认为长征在政治、军事以及政策等多领域取得重大成果,呈现多个鲜明特征,其丰富的理论与实践经验以及宝贵的精神财富都对马克思主义中国化产生深远影响。[②]金民卿、马成瑶通过论述长征后中国共产党的独立自主性、领袖主体以及理论创新机制等多方面所取得的丰富成果与重大进展,认为长征在马克思主义中国化思想史上具有重大特殊价值。[③]张静、余安龙探究了长征作为重要精神动力在马克思主义中国化进程中所起到的作用,论述了长征及长征精神在马克思主义中国化的进程中指明前进方向、激发持续动力、筑牢思想根基与提供组织保障的重要意义,并奠定了深厚的群众基础。[④]

在中国知网,以长征为关键词可检索到一千多篇期刊文献;以长征精神为关键词可检索到两千余篇期刊文献;以马克思主义中国化为关键词可

[①] 素履:《长征:马克思主义中国化的新篇章》,《红旗文稿》2016年第20期,第39页。
[②] 韩洪泉:《长征与马克思主义中国化》,《苏区研究》2018年第4期,第81-83页。
[③] 金民卿、马成瑶:《长征在马克思主义中国化思想史上的特殊价值》,《长白学刊》2016年第6期,第1-7页。
[④] 张静、于安龙:《马克思主义中国化的精神动力探析——兼论长征精神的历史意义与时代价值》,《理论学刊》2016年第4期,第35-40页。

检索出一万余篇期刊文献。以上数据说明，学界对长征的研究主要围绕长征精神展开，对马克思主义中国化的研究也取得了一定的成果。但将长征、长征精神和马克思主义中国化关联起来进行研究的文献较少，仅有寥寥可数的二十余篇，研究多从本学科角度出发，较为单一，跨学科交流稀少，不具有全面的分析，研究广度和研究深度都需拓展。习近平总书记曾经指出："观察当代中国哲学社会科学，需要有一个宽广的视角，需要放到世界和我国发展大历史中去看。"①

二、长征：马克思主义中国化的转折点

在长征前包括长征途中，部分从莫斯科留学回国的人认为毛泽东不懂外语，读不懂俄文原著，只会在山沟沟中打转。但毛泽东认为在学习马克思主义这个问题上，重要的并不是对俄文原版的熟悉程度，而是这种科学理论应该怎么用的问题。②要把马克思主义当作工具对待，工具就是用来解决中国实际问题的。长征前，马克思主义中国化的进程总体是在曲折中艰难前进的，而在长征的过程中，特别是遵义会议，促使我们在马克思主义中国化认识上不断升华，极大地推进了马克思主义中国化的历史进程。

1934 年 10 月始，中央红军撤离中央根据地，开始长征。此时的毛泽东凭借对中国革命实际情况深入了解，带领着中国共产党，逐步完成长征的壮举。正如习近平总书记指出，长征是"人类为追求真理和光明而不懈努力的伟大史诗"③。长征时期，马克思主义中国化的进程在推进和巩固群众基础两个方面，均有了与此前不同的新成就，进一步充实和发展了马克思主义中国化的内容，并铸就了伟大的长征精神④。

---

① 习近平：《在哲学社会科学工作座谈会上的讲话》，北京：人民出版社，2016 年，第 3 页。
② 郭伟涛等：《毛泽东战争指导艺术》，北京：解放军出版社，1997 年，第 121 页。
③ 习近平：《在纪念红军长征胜利八十周年大会上的讲话》，《中共党史研究》2016 年第 10 期，第 7 页。
④ 韩洪泉：《长征与马克思主义中国化》，《苏区研究》2018 年第 4 期，第 81-83 页。

（一）长征有力推动了马克思主义中国化的历史进程

马克思主义中国化关键在党和党的正确领导。长征在为中国共产党确立正确领导集体的伟大事业上，有着不可替代的地位和作用，为中国建立了一支有威望、有本领、有坚定信仰的领导队伍。有了正确的方向才会有成功的道路，这对马克思主义中国化的顺利推进极为重要，为长征胜利乃至革命胜利奠定了重要基础。第一次国内革命战争失败后，中国共产党相继发动了南昌起义、秋收起义、广州起义等多次武装起义，但均以失败告终。在总结失败的经验后，中国共产党逐渐组建起完全属于自己的革命武装力量。1927 年 10 月，毛泽东带领革命队伍毅然挺进井冈山，创建了中国第一块红色革命根据地，并在这里首次提出了"工农武装割据"的重要思想，为中国共产党在农村积聚和发展革命力量奠定了重要基础。但随着王明与博古的相继上台，毛泽东被解除了对党和军队的领导权。背离了中国实际情况的"左"倾教条主义长期处于主导地位，使得红军遭受到巨大损失。在不断遭遇失败与损失的情况下，党中央的一些领导成员开始反思失败的原因。而这时，"左"倾领导者还未扭转其错误的思想，仍然坚持贯彻错误的行军计划。从通道会议到黎平会议再到猴场会议，毛泽东多次在会议上批评错误的军事计划，要求改变"左"倾教条主义在军事上的错误指挥，并展开激烈争论。[①]值得庆幸的是，毛泽东的正确意见日渐得到中央大部分领导人的支持，避免了红军遭受更大的损失，并在 1935 年 1 月初成功占领遵义。战局短暂稳定的夹缝中，1935 年 1 月 15 日至 17 日，中共中央政治局在遵义组织召开了扩大会议，迎来了中国共产党革命道路生死攸关的一大转折。会议集中解决了党内面临的最紧急的军事和组织问题，结束了"左"倾教条主义在中央的统治，重新确立了毛泽东在中共中央和中央红军中的核心领导地位。这次会议是中国共产党第一次独立自主地运用马克思主义基本原理解决自己路线、方针和政策的会议。长征前期的惨痛教训使得中国共产党认识到马克思主义中国化的紧迫性和必要性，并将其上升到新的历史高度。

---

① 闻君宝：《红军长征与马克思主义中国化领袖主体的重塑》，《佳木斯大学社会科学学报》2018 年第 36 卷第 6 期，第 55-58 页。

马克思主义揭示了人类社会发展规律、社会主义建设规律和共产党执政规律，既是世界观，也是方法论。长征中，红军坚定地以马克思主义为信仰，在中国共产党的领导下攻克诸多艰难险阻，形成了一支素质优良、吃苦耐劳的革命队伍。同时，在这支革命队伍中也涌现出一批马克思主义理论家和实干家，加速了马克思主义在中国的传播。例如邓小平在亲历长征后，积累了工作经验，并通过中国共产党的宣传工作、群众工作以及政治教育工作，有力地推动了马克思主义中国化的发展。长征的历程对于一支骨干队伍的形成与建立功不可没，乃至中华人民共和国成立初期的抗美援朝战争中，团级以上的大多数干部都是走过草地雪山的红军。可以说，长征有力推动了马克思主义中国化的进程。

（二）长征为马克思主义中国化巩固了群众基础

长征中的群众工作，如发展群众、动员群众以及保卫群众等为红军夯实了群众基础。在长征路上，粮食物资非常缺乏，冻死饿死的红军战士极多，毛泽东曾经指出："经过长征，这三十万人缩小到两万多人。"[1]在如此极端的情形下，中央红军紧密依靠人民群众，同人民群众生死相依、患难与共，同恶劣形势艰苦斗争。在途经湖南省郴州市沙洲瑶族村时，三名女红军借宿在徐解秀老人家中，老人家徒四壁连一条完整的棉被也没有，只有一块早已破烂不堪无法御寒的棉絮。第二天临走时，三名女红军坚持把自己仅有的一床被子剪下一半给老人。老人说："什么是共产党？共产党就是自己有一条被子，也要剪下半条给老百姓的人。"红军战士谢益先将自己所有干粮给了迷路在草地里的母子三人充饥，自己宁死也不肯吃战友的粮食，每天只吃草根草叶充饥，最终永远地倒在了在草地上。[2]在长征路上这样的感人故事不胜枚举，这种坚持人民群众的根本利益高于一切的革命初心，让广大人民群众深切地体会到中国共产党与人民群众间的鱼水深情，确保了中国共产党最终夺取了长征的胜利。

---

[1] 毛泽东：《毛泽东著作选读》下册，北京：人民出版社，1986年，第825页。
[2] 陈鲁民：《半条被子与一袋干粮》，《资源导刊》2020年第20期，第39页。

在群众实践方面，主要是对群众路线和长征文化的广泛发展。之前党受"左"倾教条主义影响，认为群众路线只是指根据地的群众，党中央纠正了这种片面理解。一方面，在长征途中积极开展土地革命，团结群众，尊重群众，并发动群众为革命做贡献；另一方面，注重处理民族问题，在长征途中与少数民族群众建立密切联系，例如红军在经过黔东南时，红军总政治部下达了《关于注意与苗民关系的指示》以缓和与当地少数民族群众的关系①。

三、长征精神：马克思主义中国化的重要动力源泉

中国精神是马克思主义中国化的宝贵精神财富，在马克思主义中国化的历史进程中形成了包括长征精神在内的一系列精神成果。长征精神中坚定正义事业必然胜利的精神，不畏牺牲的精神，一切从实际出发的精神，顾全大局、严守纪律、紧密团结的精神以及同人民群众同生死共命运的精神，都极大地丰富了马克思主义中国化的内涵，成为世界精神宝库的重要组成部分。长征精神是中国共产党在实事求是的基础上将马克思主义基本原理与中国具体实际相结合的产物。长征精神同样也是中华民族百折不挠、自强不息的民族品格的集中展现，是新时代条件下建设具有中国特色的精神家园不可忽略的重要动力源泉。自改革开放以来，中国与世界的交流不断增加，中西方文化不断交融，长征精神以其自身的感召力与感染力不断被越来越多的来自世界各地的人所熟悉与认可。近几年来，不断有人加入"重走长征路"的活动中，亲身体验当年红军艰苦卓绝的长征路。例如，来自英国的历史学家李爱德以及来自以色列的退役军官武大卫，他们都在以不同的方式重走长征路，对曾经在更加艰苦的条件下进行长征的红军很是崇拜。在当下这个科技飞速发展的时代，更是有由观海网联合共青团中央打造的一款名为"重走长征路"的大型冒险类游戏，给予青少年以及没有

---

① 高凤林、马启民：《长征是马克思主义中国化的转折点》，《社会科学家》2007年第1期，第26-29页。

条件亲临现场的人们一种全新的体验。

（一）长征铸就长征精神，为马克思主义中国化带来持续动力

从时间上来讲，长征时期在中国革命史上是比较短暂的，但长征的胜利对中国革命、中国共产党以及马克思主义中国化的发展具有重大意义。

伟大实践锤炼伟大精神。在长征中，红军的形势不容乐观，除了敌人的"围剿"，红军自身也面临装备落后以及后勤补给不足的问题，每前进一步都会有红军战士倒下。在恶劣形势下，红军以坚定的共产主义理想与革命必胜的信念为精神支柱，不怕艰难险阻、不怕牺牲，激发了马克思主义中国化发展的持续动力。在长征中，中国共产党在与共产国际失去联系的情况下，第一次独立自主地解决党内的重大问题，对马克思主义中国化有了更深刻的认识。这种独立自主、一切从实际出发的精神，为马克思主义中国化筑牢了思想根基，同时创造了宝贵的历史机遇。

中央红军长征胜利到达陕北后，需要正确认识过去的失败与胜利，总结长征中的经验。这对于坚持党的领导，增强革命信心以及推动马克思主义中国化的进一步发展具有重要意义。同时，党的内部也存在着思想不统一的问题，具体表现为把马克思主义教条化、把共产国际指示神圣化和绝对化等。为解决这些问题，毛泽东在总结历史经验以及开展延安整风运动的过程中，多次倡导长征精神，使实事求是的马克思主义思想路线深入人心。

习近平总书记指出："长征这一人类历史上的伟大壮举，留给我们最可宝贵的精神财富，就是中国共产党人和红军将士用生命和热血铸就的伟大长征精神。"[1]长征铸就的长征精神，由一代又一代共产党人不断传承。面临复杂多变的国内外形势，我们更要紧跟中国实际，坚持问题导向，不断推进对马克思主义中国化的纵深展拓，并在新的历史条件下为党和人民的事业发展提供科学的理论指导与不竭的动力源泉。

---

[1] 习近平：《在纪念红军胜利八十周年大会上的讲话》，《中共党史研究》，2016年第10期，第5-11页。

(二)继承与弘扬长征精神,新时代走好新长征路

长征虽然已经过去近 90 年了,但其孕育出的长征精神依旧被一代代中国人所继承与弘扬。长征结束后,中国共产党人不断总结历史经验,将长征精神发扬光大,并在中国革命、建设及改革的实践中陆续形成了延安精神、女排精神、抗疫精神等,创造性地把马克思主义中国化的事业推向新的境界,取得了中国革命、建设和改革在理论上和实践上的新成果。

一方面,长征精神是在中国共产党的实践基础上,以马克思主义为指导而产生的正确思想,是可以作为理论方法来指导经济建设的精神财富。另一方面,长征精神为我国经济建设提供了强大的精神动力。当前,全球进入新的动荡变革期,面对百年未有之大变局,我们更加需要发挥长征精神中艰苦奋斗、不怕任何艰难险阻的精神,勇于突破,勇于创新。在政治建设的过程中,长征精神更是提供了深厚的实践基础。中国共产党人一直将最广大人民的利益放在心中最高位置,这一点在长征过程中体现得淋漓尽致。长征途中,中央工农红军,不拿群众一针一线,军民一家亲。也正因为如此,中国共产党受到了人民群众的高度信任与爱戴。当前,有些党员干部的革命理想名存实亡,存在着信仰动摇的危险,并利用手中的权力为自己牟取不正当利益,严重损害了党和国家的光辉形象,使人民与国家利益遭受重大损失。因此,需要大力弘扬长征精神,深入贯彻习近平新时代中国特色社会主义思想,把党的政治建设放在首位。长征途中的红军干部以其自身的行为举止为当下提高干部素质提供了实践模板。[①]在文化建设方面,长征精神推动着思想道德素质以及科学文化素质的建设,使社会主义核心价值观深入人心。长征精神的内涵本身就与社会主义核心价值体系的内核相一致。它们都体现了中华民族的传统美德与道德风尚,都反映出强烈的爱国主义精神和民族精神,都反映着马克思主义的世界观、人生观、价值观。[②]例如在科学文化素质的建设中,新一代人才发扬长征精神

---

① 冯丽娟、秦尧:《长征精神的形成逻辑与当代传承》,《理论观察》2019 年第 5 期,第 88-90 页。
② 孙宝华:《论长征精神与社会主义核心价值观》,《党政干部论坛》2016 年第 8 期,第 45-48 页。

中不怕苦不怕累的优良品质，创造出了一批批优秀的文化成果，同时形成了激励人心、可歌可泣的科学家精神，进一步丰富了中华民族精神宝库，有力地推动了马克思主义中国化的纵深展拓。

四、结　语

毛泽东曾经指出，长征是宣言书，是宣传队，是播种机[①]。长征的胜利，为马克思主义中国化的持续推进提供实践动力；长征精神为马克思主义中国化提供了源源不断的精神动力，例如提出了"马克思主义行""中国共产党能"等信念层面的标志性话语。长征中运用的革命工作经验以及团结群众的具体方法为马克思主义基本原理在中国的具体运用提供了方法示范，为持续推进马克思主义中国化提供了策略。从辩证唯物主义的矛盾观来看，矛盾的普遍性决定了矛盾无处不在，无时不有，只有旧矛盾与新矛盾之分，这就意味着旧的任务完成了，还会有新的任务出现。我们要继续坚持"新长征"，发扬长征精神，继续为各方面的工作任务做准备，追求新的胜利以开创中国革命的新态势。[②]因此，在新时代背景下，我们必须充分发挥长征精神在激发人心方面的重要作用，以坚定的理想信念和价值追求，完成马克思主义中国化进程中的每一个挑战。

[①] 刘秉荣：《中国工农红军全传》，北京：人民出版社，2007年，第4360页。
[②] 刘益涛等：《红色铁流》，北京：中共党史出版社，2006年，第800页。

长征精神的内涵、现实意义及弘扬路径

苏成容[①]

西南交通大学马克思主义学院

【摘　要】 长征这一人类历史上的伟大壮举，留给我们最可宝贵的精神财富，就是中国共产党人和红军将士用生命和热血铸就的伟大长征精神。[②]长征精神作为中国共产党人精神谱系的重要内容，内涵丰富，因此在新时代的今天，传承和弘扬长征精神对于坚定理想信念、克服环境考验、构建和谐党群关系具有现实意义。新时代新青年要在树立坚定的理想信念、锤炼勇于奋斗的意志、投身服务于人民的实践中传承和弘扬伟大长征精神。

【关键词】 长征精神；青年；理想信念

21世纪初，美国《时代》周刊编辑部召集全世界的34位专家，以深刻影响人类文明发展过程为标准，评选了人类1 000年中的100件大事，中国火药武器的发明、成吉思汗帝国的建立和红军长征赫然在列。长征带给中国的不仅仅是胜利，而且还有流传至今的长征精神。习近平总书记指出："我们党之所以历经百年而风华正茂、饱经磨难而生生不息，就是凭着那么一股革命加拼命的强大精神。"[③] 艰苦卓绝的长征之路锻造的伟大长征精神，内涵丰富、意义深远，值得我们传承和弘扬。

一、长征精神的内涵

中国共产党对长征精神内涵的提炼和概括经历了一个漫长的过程。

[①] 苏成容，西南交通大学马克思主义学院2021级硕士研究生。
[②] 习近平：《在纪念红军长征胜利80周年大会上的讲话》，北京：人民出版社，2016年，第8页。
[③] 习近平：《在党史学习教育动员大会上的讲话》，《求是》2021年第7期。

1938年，在红军长征胜利之后，张闻天提出："为什么二万五千里长征能够有这样伟大的影响呢？原因就在于中国共产党在这次长征中充分表现了他为自己的理想而牺牲奋斗与坚持到底的精神，没有这种精神，就是一千里的长征也是不可能的事。"①中共中央在红军长征胜利40周年时第一次公开地对长征精神进行系统概括："要继承和发扬红军坚定不移地贯彻执行毛主席革命路线的光荣传统，要继承和发扬红军团结战斗的光荣传统，讲路线、讲大局、讲党性、讲团结、讲纪律，认真落实党的各项无产阶级政策，促进安定团结。"②之后，党和国家领导人多次在红军长征胜利周年纪念日提出要弘扬伟大长征精神。2016年，习近平总书记在纪念红军长征胜利80周年大会上明确指出："伟大长征精神，就是把全国人民和中华民族的根本利益看得高于一切，坚定革命的理想和信念，坚信正义事业必然胜利的精神；就是为了救国救民，不怕任何艰难险阻，不惜付出一切牺牲的精神；就是坚持独立自主、实事求是，一切从实际出发的精神；就是顾全大局、严守纪律、紧密团结的精神；就是紧紧依靠人民群众，同人民群众生死相依、患难与共、艰苦奋斗的精神。"③

二、长征精神的现实意义

伟大长征精神，是鼓舞和激励中国人民不断攻坚克难、从胜利走向胜利的强大精神动力。④长征精神是民族精神的重要组成部分，没有过时也永不过时。弘扬长征精神在新时代仍然具有现实意义。

（一）长征精神为坚定理想信念提供精神资源

理想信念是中国共产党人精神上的"钙"。共产党员的社会主义和共产

---

① 《张闻天文集》第二卷，北京：中共党史出版社，1993年，第397页。
② 《纪念长征胜利40周年》，《人民日报》1975年10月19日，第2版。
③ 习近平：《在纪念红军长征胜利80周年大会上的讲话》，北京：人民出版社，2016年，第8-9页。
④ 习近平：《在纪念红军长征胜利80周年大会上的讲话》，北京：人民出版社，2016年，第9页。

主义理想信念将会直接影响国家民族的前途命运。一些党员往往存在着组织上入党思想上却没有入党的问题。有的党员同志，嘴上说着以马克思主义为指导，但是行动上却以自由主义为标杆；有的党员同志精神空虚，认为共产主义是虚无缥缈的东西；有的党员同志打着学习"传统文化"的幌子，实际上却迷信"气功大师"，到处看相求神拜佛。理想信念的缺失是这些现象产生的主要原因。

弘扬长征精神就要回忆革命先辈们经历的长征岁月。长征途中，中国共产党领导的红军突破了三道封锁线，在第四道封锁线时，国民党共投入兵力约16个师77个团近30万人，想要在湘江与中央红军决战。处于劣势的红军战士们凭借着对革命事业必然胜利的信心和勇气，不怕困难，最终突破了国民党的第四道封锁线，以大无畏的牺牲精神抵御住了敌人的围追堵截和生死绞杀，粉碎了蒋介石围歼红军于湘江以东的企图。"我们不为胜利者，即为战败者。人人要奋起作战的最高勇气，不顾一切牺牲……"[①]正是怀着对正义事业必然胜利、共产主义必然实现的理想信念，无数红军战士前赴后继，用鲜血和生命铸就铜墙铁壁，阻止并击退敌人一次又一次的进攻，这种理想信念是击退敌人的前提和基础。

在敌人围追堵截、生死绞杀的情况下，革命先辈们都能秉持着正义事业必然胜利的信念坚持战斗，最终取得长征的伟大胜利。那么在不需要冲锋陷阵的今天，更需要传承长征精神，坚定理想信念。心中有了理想信念，脚下才会有力量，才能清楚知道"要去哪里"和"去干什么"这样深厚的哲学问题的答案。新时代的今天，以先辈们用理想信念铸就的长征精神指引党员同志们坚定理想信念是具有现实意义的。

（二）长征精神是克服困难的动力

马克思主义认为，人的意识和观念不过是外部客观环境影响的结果，强调了环境的变化对人的影响。诚然，环境对人的影响是客观的，但是人具有主观能动性，能适应自然环境，甚至能根据自己的需要改造环境。长

---

① 中国人民解放军历史资料丛书编审委员会：《红军长征·文献》，北京：解放军出版社，1995年，第161页。

征途中，为了抢占战争先机，红军战士们经常需要翻越悬崖峭壁。比如著名的川西北到达甘南的天然屏障腊子口。下面是水流湍急的腊子河，右岸是绝壁，左岸是蜿蜒曲折的小路。这种峭壁约80米高，几乎成直角的仰角，人如何能徒手爬过去呢？"走过腊子口，像过老虎口"是当地人对腊子口险恶地理环境的形象的描述。但是红军战士们发挥人的主观能动作用，不畏牺牲，借助绳子、藤蔓等工具硬是闯出一条血路通过了这个"老虎口"。

如今党员同志们不再需要爬雪山、过草地、翻越悬崖峭壁，自然环境带来的考验较小。弘扬长征精神，忆往昔艰难环境，有利于让人抵御舒适环境带来的诱惑，时刻谨记今日的美好生活来自先辈们的浴血奋战。

（三）长征精神是构建和谐党群关系的支撑

长征途中，中国共产党及其领导的红军不拿人民群众一针一线，真正关心人民群众的生活，解决人民群众的难题。中国共产党领导的红军到达若尔盖巴西长安寨之前，整个寨子的人听闻"沙玛"（红军一度被称为"沙玛"，译为"吃光一切的兵""什么都吃的兵"）要来，全部躲到深山老林里面去了，而阿楚因为腿受伤导致跑得慢和家里母牛突然生产两个因素耽误了行程，被路过红军发现。阿楚一家人以为会凶多吉少。没想到，红军不仅没有打骂他们，还礼貌地向他问路，希望他能带领红军前往上包座。红军搀扶着腿瘸的阿楚翻山越岭到达上包座后，红军领导专门来看望阿楚，说着阿楚听不懂的汉语，并给了阿楚5个铜币和一个多层军用饭盒表示感谢。[①]阿楚用他的亲身经历告诉整个寨子的人，"沙玛"不是土匪、不抢粮食、不打人，是穷人的救星。这样的事情数不胜数，比如在赣南，红军种的玉米全部分给了穷苦老百姓；在黔东南，红军在自己都穿不暖的情况下还把棉衣分给百姓过冬。正是在中国共产党一心一意为人民群众服务，真正关心群众的实践中，人民群众自发向党和红军靠拢，主动捐赠物资、搬运伤员，这种良好的党群关系为长征的胜利奠定了基础。弘扬长征精神，

---

① 该故事参见中共若尔盖县委党史研究室：《三军过后——巴西的记忆》，成都：四川人民出版社，2006年，第34页。

有利于新时代的党员干部破除官僚主义、形式主义、贪污腐败等问题，坚持以人民为中心的发展思想，构建和谐的党群关系。

三、新时代弘扬长征精神的路径

长征精神不仅是昨天的，也是今天的，更是明天的。它需要一代又一代的青年同志赓续和弘扬。

（一）弘扬长征精神要树立坚定的理想信念

"风雨浸衣骨更硬，野菜充饥志更坚；官兵一致同甘苦，革命理想高于天。"①这是红军长征的真实写照。80多年前，中国工农红军靠着对正义事业必然胜利的坚定信念冲破了敌人的围追堵截，取得了长征的伟大胜利，可以说坚定的理想信念是长征胜利的基础。"青年的理想信念关乎国家未来。"②弘扬长征精神，培养具有坚定理想信念的青年同志至关重要。

一是要用"党的科学理论武装青年"③。马克思主义是科学的世界观和方法论，是指导中国共产党和红军在长征过程中克服重重困难的科学理论。因此，青年同志只有掌握马克思主义的基本立场、观点和方法，深刻理解马克思主义的思想精髓，才能树立坚定的理想信念。

二是要用中华优秀传统文化浸润青年。中华优秀传统文化是中华文明的结晶，是所有中华儿女的共同基因，讲信修睦、民为邦本的思想对中国共产党在长征过程中践行初心使命产生了积极影响。红军战士们体现出的坚定理想信念、不畏牺牲的顽强意志又是中华优秀传统文化在长征途中的生动表达。因此，青年同志要树立坚定的理想信念，就要继承和弘扬中华

---

① 胡中华：《论红军长征过雪山草地精神》，《重庆科技学院学报》（社会科学版），2017年第1版，第79-83页。
② 习近平：《在纪念五四运动100周年大会上的讲话》，《人民日报》2019年5月1日，第2版。
③ 习近平：《高举中国特色社会主义伟大旗帜 为全面建设社会主义现代化国家而团结奋斗——在中国共产党第二十次全国代表大会上的报告》，《人民日报》2022年10月26日，第1版。

优秀传统文化。

三是要用中国共产党的百年历史教育青年。中国共产党在党的第二次代表大会中就确立了最高纲领，那就是实现共产主义，并在之后的百年不断为之奋斗。长征是中国共产党面对敌强我弱的形势实施的战略转移，是中国共产党百年历史中浓墨重彩的一笔。长征精神是中国共产党人精神谱系的重要组成部分。所以，青年同志树立坚定的理想信念，不要仅仅着眼于长征及长征精神，而应该把视野扩大到中国共产党的百年历史中去。

（二）弘扬长征精神要锤炼勇于奋斗的意志

中国工农红军长征的历史，是中国共产党领导军民群众不懈奋斗的历史。习近平总书记多次在党的二十大报告中提到"奋斗"，并指出新时代的伟大成就是党和人民一道拼出来、干出来、奋斗出来的[1]。弘扬长征精神，要锤炼勇于奋斗的意志，努力成为可堪大用、能担重任的栋梁之材。

一是青年人要敢于奋斗。在"躺平""摆烂"盛行的今天，青年同志要把奋斗作为青春的主题，因此，面对学业和生活中的困难，青年人要以长征精神为指引，永不放弃，敢于奋斗。例如，刚刚进入职场，在学生和职员的身份切换不及时的时候，青年同志就应鼓励同学和自己不怕碰壁、大胆求职。

二是青年人要抵御诱惑。长征过程中，红军所经历的是弹尽粮绝，极限求生，国民党甚至多次以丰厚的福利待遇对红军战士招降，但是收效甚微。随着时代的发展，当今青年人面对的诱惑多种多样。因此，弘扬长征精神，青年同志要抵御住诱惑，增强自我定力，坚守原则、坚持真理、坚定初心。

三是青年人要砥砺意志。长征过程中，广大红军战士历经重重考验——无尽的沼泽和陷阱、无边的寒冷和饥饿，但是他们始终以顽强的意

---

[1] 习近平：《高举中国特色社会主义伟大旗帜 为全面建设社会主义现代化国家而团结奋斗——在中国共产党第二十次全国代表大会上的报告》，《人民日报》2022年10月26日，第1版。

志和险恶的地理环境作斗争，战胜了困难，取得了长征的胜利。弘扬长征精神，青年同志应磨砺意志，如可以通过重走长征路的方式深刻领悟先辈们长征的艰难，从思想和行动两方面砥砺意志。

（三）弘扬长征精神要投身服务人民的伟大实践

人民群众永远处于中国共产党人心中最高的位置。长征途中，红军战士纪律严明，爱护人民群众，始终与人民群众心连心，最终得到了广大人民群众的支持和拥护。一部红军长征史，就是一部反映军民鱼水情深的历史。[①]

一是要充分尊重群众。长征途中，党和红军战士路过少数民族地区时，充分尊重当地的风俗习惯，提出了有关少数民族问题的主张和建议，并提出在实践中要具体问题具体处理，获得了少数民族同胞的支持。因此，弘扬长征精神，青年同志要充分尊重群众，尤其是"重走长征路"或者外出调研的时候，一定要尊重当地的风俗习惯。

二是要积极联系群众。长征途中，面对不认识的中草药，红军战士积极向群众提问学习，最终得到了人民群众的真心帮助。弘扬长征精神，青年同志就一定要主动向人民群众学习。只有虚心向广大人民群众学习，才能清楚知道人民群众希望得到解决的问题是什么，才能及时对这些问题作出回应。这种联系和互动才能使青年同志从群众中来，到群众中去。

三是要主动服务群众。长征途中，中国工农红军始终把人民群众放在心上，急人民之所急，帮助人民群众收割麦子，打扫卫生。今天弘扬长征精神，青年同志也应积极投身志愿服务活动，如在平时的党日活动中，青年党员进入社区、养老院和幼儿园开展"长征精神永铭记"等志愿活动，用自己的实际行动帮助他人，在服务群众中弘扬长征精神。

历史是不断向前的，要达到理想的彼岸，需要付出难以想象的努力。长征是艰苦和漫长的，长征精神是宝贵和永恒的，不仅要学习其主旨内涵、

[①] 习近平：《在纪念红军长征胜利 80 周年大会上的讲话》，北京：人民出版社，2016 年，第 14 页。

现实意义，还要将继承和弘扬长征精神落到实处。新时代的青年党员，只有"用脚步丈量祖国大地，用眼睛发现中国精神，用耳朵倾听人民呼声，用内心感应时代脉搏"[①]，坚守共产党员的初心，勇当使命，才能将长征精神一代又一代地传承下去，走好新时代属于青年的长征路。

---

① 《习近平在中国人民大学考察时强调 坚持党的领导传承红色基因扎根中国大地 走出一条建设中国特色世界一流大学新路》，《人民日报》2022年4月26日，第1版。

伟大长征精神的基本内涵及当代弘扬

董 娜[①]

西南交通大学马克思主义学院 成都工贸职业技术学院

【摘 要】 伟大精神来源于伟大实践，伟大长征精神来源于中国红军长征的伟大实践，在中国共产党领导中国人民进行伟大的革命、建设和改革实践中不断发展。伟大长征精神是推动长征走向胜利的精神动力，是中国共产党人精神谱系的有机组成部分，是推动中国特色社会主义事业从胜利走向新胜利的强大精神支撑。伟大长征精神是体系完整、逻辑周严、内涵深刻的科学的体系。弘扬长征精神，要将其融入全方位的思想政治教育体系、全媒体传播体系以及中国特色社会主义伟大实践中。

【关键词】 长征精神；内涵；价值；弘扬

长征是中国革命史上的一次伟大壮举，是中国共产党领导中国革命走向胜利的重要革命实践，铸就了"把全国人民和中华民族的根本利益看得高于一切，坚定革命的理想和信念，坚信正义事业必然胜利的精神""为了救国救民，不怕任何艰难险阻，不惜付出一切牺牲的精神""坚持独立自主、实事求是，一切从实际出发的精神""顾全大局、严守纪律、紧密团结的精神""紧紧依靠人民群众，同人民群众生死相依、患难与共、艰苦奋斗的精神"[②]的伟大长征精神。深刻理解伟大长征精神的基本内涵，探索其在当代的弘扬途径，对走好新时代的长征路，推进党和国家事业不断从胜利走向新胜利，实现中华民族伟大复兴中国梦具有重要意义。

[①] 董娜，西南交通大学马克思主义学院2021级硕士研究生。
[②] 习近平：《在纪念红军长征胜利80周年大会上的讲话》，《人民日报》2016年10月22日，第2版。

一、伟大长征精神的基本内涵

伟大长征精神是中国共产党人在革命探索中积累的宝贵精神财富，蕴含了五个方面的重要内容，各个方面相互联系、相互促进、相互补充，以独有的精神内核、外在表征、突出特质、鲜明特点、价值导向勾勒出伟大长征精神理论内涵。

（一）坚定的革命理想信念是伟大长征精神的精神内核

对马克思主义的信仰，对共产主义的信念是红军能够在血与火、生与死的考验中始终忠诚于革命事业的强大精神支撑。红军战士以坚定的理想信念为帆，在极端恶劣的环境下，与敌厮杀、与时间赛跑，用共产党人的臂膀掌舵中国革命艰难航行的船。中国共产党人在坚定理想信念的思想武装下，书写出"红军不怕远征难，万水千山只等闲"①的壮丽画卷。

（二）为救国救民不怕任何艰难险阻，不惜付出一切牺牲是伟大长征精神的外在表征

不怕牺牲、不怕吃苦的精神气质，是红军在长期的革命斗争中基于理想信念所铸就的革命英雄主义气概和自强不息的战斗品格。物资匮乏、人迹罕至、围追堵截是中国共产党人和红军战士在长征中必须面对的客观事实，其艰难程度超出人类所能忍受的极限。即便如此，工农红军仍前仆后继、舍生忘死，涌现出以邓萍喋血娄山关、吴焕先血洒四坡村、陈树湘掏腹断肠等为代表的可歌可泣的英雄事迹，生动阐释了伟大长征精神中不怕牺牲、不惧困难的深刻内涵。

（三）独立自主、实事求是，一切从实际出发是伟大长征精神的突出特质

独立自主、实事求是在长征中具体表现为批判教条主义、本本主义，

---

① 郭永文：《毛泽东诗词故事》，北京：中央文献出版社，2013年，第77页。

摒弃照抄照搬苏联经验，自觉将马克思主义基本原理同中国具体实际相结合，根据革命形势变化确定战略转移方向、改组中央领导机构、解决内部矛盾、独立作战指挥，等等。长征途中的遵义会议是党独立自主解决中国革命实际问题的良好开端，是马克思主义方法论的实践应用，"事实上确立了毛泽东在党中央和红军的领导地位"[①]，是中国共产党坚持"一切从实际出发，具体问题具体分析"的伟大革命创造，它证明"独立自主、实事求是"是解决中国革命问题的重要原则，也进一步证明了中国共产党人有能力独立自主地解决中国革命实践中的突出问题、化解重大危机。

（四）顾全大局、严守纪律、紧密团结是伟大长征精神的鲜明特点

中国共产党领导的工农红军具有严格的组织纪律性，能够自觉做到讲政治、顾大局、守纪律、谋团结。长征是中国革命中的一次集体大配合，无论是北上抗日的红军，还是留守南方的红军和游击队以及白区地下党组织，虽然分散各处，但能紧密配合，自觉服从大局，协同作战，互助友爱，以强大的凝聚力和战斗力夺取革命的胜利。譬如，无论是对王明"左"倾错误的批判纠正，还是对张国焘另立中央、分裂红军的处置，都坚持从大局出发、维护党中央集体利益，努力维护党内安定团结，以最小的损失化解矛盾。

（五）紧紧依靠人民群众，同人民群众生死相依、患难与共、艰苦奋斗是伟大长征精神的价值导向

"革命战争是群众的战争，只有动员群众才能进行战争，只有依靠群众才能进行战争。"[②]长征是一场依靠人民群众的伟大实践活动。长征途中，红军部队坚持走好群众路线，躬身践履人民至上的政治品格，心系群众、深入群众、团结群众、武装群众，帮助穷苦百姓"打土豪、分田地"，竭力维护群众利益，赢得了人民群众的拥护与支持。老百姓也争相担当起红军

---

① 《中国共产党简史》编写组：《中国共产党简史》，北京：人民出版社，2021年，第59页。
② 毛泽东：《毛泽东选集》第一卷，北京：人民出版社，1991年，第136页。

部队的"千里眼""顺风耳",主动为红军部队放哨、送信、当向导、做翻译、抬担架等,不少群众更是亲自将儿女送上前线以充实红军力量。"中央红军在遵义地区,十多天就扩大红军 4 000 余人,其他各路红军也在人民群众的积极支援下,渡过难关。"① 这也是"红军打胜仗,人民是靠山"②的有力印证。

二、伟大长征精神的价值析理

伟大长征精神象征光明、凝聚力量、引领未来,是推动长征走向胜利的精神动力,是中国共产党人精神谱系的有机组成部分,是推动中国特色社会主义事业从胜利走向新胜利的精神支撑。

(一)伟大长征精神是推动长征走向胜利的精神动力

马克思主义认为,社会存在决定社会意识,社会意识对社会存在具有能动的反作用。伟大长征精神作为一种先进的、革命的、科学的社会意识,在长征的伟大实践中能够激发工农红军致力于实现民族独立、人民解放的主观能动性,助力长征走向胜利。

崇高的理想、坚定的革命信念,为长征走向胜利奠定信仰之基。长征是中国共产党人理想信念的远征,中国共产党自成立之初就把实现共产主义确定为远大理想目标,并带领中国人民在百年峥嵘岁月中朝着这个伟大理想目标奋力前行。中国共产党人以及红军战士在二万五千里的行军途中面对凶狠的敌人、惨烈的战斗、艰苦的环境,仍然能保持顽强意志、昂扬斗志以及乐观态度,取得一个又一个的胜利,靠的就是对共产主义的崇高理想和对革命事业必胜的坚定信念。

救国救民、不畏险阻、不怕牺牲的革命英雄主义气概,是推动长征走

---

① 《红军不怕远征难》编写组:《红军不怕远征难》,北京:人民出版社,2004 年,第 143 页。
② 习近平:《在纪念红军长征胜利 80 周年大会上的讲话》,《人民日报》2016 年 10 月 22 日,第 2 版。

向胜利的巨大力量。长征中涌现出许多可歌可泣、不惧牺牲的感人故事，既表现在战役方面，也表现在克服恶劣的自然环境方面。中国共产党领导的工农红军在面对军队数量、武器弹药数倍于自身的敌人的围追绞杀时仍然选择前仆后继。譬如，长征途中血战湘江、强渡大渡河、飞夺泸定桥、奋战嘉陵江等，英勇的红军冒着枪林弹雨，在惊涛骇浪中与敌军顽强激战，用血肉之躯抵挡敌人的飞机大炮，仅湘江一战，"中央红军和中央机关人员由长征出发时的8.6万余人锐减至3万余人"①。红军在徒步行军中以钢铁般的意志与超人的勇气克服空气稀薄的冰山雪岭，穿过渺无人烟的草地沼泽，野菜充饥、栉风沐雨，历尽千难万苦。毛泽东指出："长征前红军三十万，到陕北剩下二万五千人。中央苏区八万，到陕北只剩下八千人。"②

独立自主、实事求是的创新胆略，是推动长征走向胜利的重要法宝。遵义会议之前，处于幼年时期的中国共产党对共产国际过度依赖，"左"倾错误使工农红军屡屡受挫；遵义会议之后，中央红军在毛泽东同志的正确领导下，独立判断革命形势，灵活调整作战方向与策略，取得了战略转移中具有决定意义的胜利。正如毛泽东所说："真正懂得独立自主是从遵义会议开始的。"③

顾全大局、严守纪律、紧密团结的团结精神，是推动长征走向胜利的重要保证。列宁指出："无论是为了尽快实现无产阶级的最终目的，还是为了在现存的社会基础上坚定不移地进行政治斗争和经济斗争，战斗的无产阶级最亲密无间的团结是绝对必要的。"④在红军长征中，面对张国焘分裂党和红军、破坏党纪的恶意行径，党中央一方面既坚持原则，批评其错误；另一方面又坚持从大局出发，因势利导，创造条件促其转变，最大限度地维护党的集中统一，为红军继续北上对敌保存了有生力量，升华了党和红

---

① 中共中央党史研究室：《中国共产党历史：第一卷（1921—1949）》上，北京：中共党史出版社，2011年，第384页。
② 中共中央文献研究室：《毛泽东著作专题摘编》下，北京：中央文献出版社，2003年第2332页。
③ 中共中央文献研究室：《毛泽东文集》第八卷，北京：人民出版社，1999年，第339页。
④ 列宁：《列宁全集》第七卷，北京：人民出版社，1986年，第227页。

军"自觉遵守党的纪律,坚决维护党的团结"①的觉悟与精神,为红军长征走向胜利提供了纪律保证和组织保证。

密切联系群众、与人民群众生死相依的优良作风,是推动长征走向胜利的重要基础。"一部红军长征史,就是一部反映军民鱼水情深的历史。"②在长征中,红军严格执行党的群众路线、民族政策,切实为人民利益而奋斗牺牲,让人民群众深切感受到工农红军就是老百姓的子弟兵。在此基础上,广大人民群众积极加入红军,不断扩充红军数量,为红军部队筹款运粮、烧水做饭,为红军提供后勤物资保障;救护照顾伤病人员、革命遗孀,为红军保留革命火种;等等。人民群众的大力支援是红军长征取得胜利的重要保证。

（二）伟大长征精神是中国共产党人精神谱系的有机组成部分

伟大长征精神是伟大建党精神、井冈山精神和苏区精神后的又一精神升华和革命实践的精神总结,它是中国共产党人精神谱系的重要组成部分,它与伟大建党精神、井冈山精神、苏区精神历史同根、精神同源、价值同向、实践同行,都在中华优秀传统文化的滋养下发展壮大,都源自实现共产主义的远大理想信念,都体现了革命为民、以人民为中心的价值取向,都形成于伟大的革命实践中。伟大长征精神是在环境极其艰苦、局势极其复杂的条件下形成的,长征中所表现出来的英雄气概和革命精神,是对伟大建党精神、井冈山精神和苏区精神的继承与发展。

伟大长征精神内涵丰富,意蕴深远,为中国共产党人后续各种精神的形成绘就了革命底色。伟大长征精神是中国共产党人带领中国人民应对风险挑战、解决问题困难、增强创新活力、创造革命奇迹的精神动力,是强国、强军、强民的重要思想保证。在革命、建设和改革的实践中,伟大长征精神鼓舞着中国共产党人自强不息、百折不挠,坚定革命必胜信心;激励和鞭策着中国共产党人埋头苦干、砥砺奋进。

---

① 黄宏:《长征精神》,北京:人民出版社,2006年,第201页。
② 习近平:《习近平谈治国理政》第二卷,北京:外文出版社,2017年,第52页。

（三）伟大长征精神是推动中国特色社会主义事业从胜利走向胜利的强大精神支撑

立足百年大党新起点，置身百年未有大变局，接力百年奋斗新征程。伟大长征精神是推动中国特色社会主义事业从胜利走向胜利，最终实现中华民族伟大复兴中国梦的强大精神支撑。

理想信念为中国特色社会主义事业从胜利走向胜利提供信仰力量。"长征是一次理想信念的伟大远征。崇高的理想，坚定的信念，永远是中国共产党人的政治灵魂。"[①]在推动中国特色社会主义事业从胜利走向新胜利的进程中，以伟大长征精神为指引，坚定共产主义信仰，始终保持对共产主义远大理想的执着追求，不断探索马克思主义中国化前进道路上的新方法、新路径，在顺境时不骄傲不浮躁，在逆境时不畏惧不动摇。

不怕吃苦，不怕牺牲的精神为战胜伟大斗争中的一切艰难险阻提供精神力量。"发展中国特色社会主义是一项长期的艰巨的历史任务，必须准备进行具有许多新的历史特点的伟大斗争。"[②]在应对重大挑战，抵御重大风险，克服重大阻力，解决重大矛盾的伟大斗争中，伟大长征精神中"敢于压倒一切困难而不被任何困难所压倒"[③]的顽强意志和决心勇气将为夺取新时代中国特色社会主义新胜利积蓄力量。

独立自主、实事求是为推动中国特色社会主义事业走向新胜利提供基本原则。红军长征的过程是根据革命形势而不断探索新出路、寻找新方法的过程，这是一条符合中国国情，具有中国特色的军事之路、思想之路、胜利之路。实事求是和独立自主经不断发展成为毛泽东思想活的灵魂的两个重要方面，指导着中国共产党人不断追求走自己的路，这也为新时代中国特色社会主义事业的发展提供基本遵循。

顾全大局，严守纪律，紧密团结为中国特色社会主义事业走向新胜利

---

① 习近平：《在纪念红军长征胜利 80 周年大会上的讲话》，《人民日报》2016 年 10 月 22 日，第 2 版。
② 习近平：《习近平谈治国理政》第一卷，北京：外文出版社，2018 年，第 16 页。
③ 张立、金新亮等：《红色基因：传承机制变迁与当代建构》，北京：人民出版社，2020 年，第 50 页。

凝聚力量。严明的纪律和规矩是长征胜利的重要保证,"讲政治、顾大局、守纪律"的政治认同与自觉关乎中国特色社会主义事业的根本与全局,可以汇聚全国之力紧紧团结在党中央的周围,自觉承担历史使命,始终与党和国家事业发展同频共振。

联系群众、革命为民的精神为推动中国特色社会主义事业从胜利走向胜利提供价值导向、力量之源。人民群众是历史的主体和创造者。伟大长征精神中所蕴含的以人民为中心,相信人民、依靠人民的崇高思想,启迪着中国特色社会主义实践要始终坚持以人民为中心的发展思想,充分尊重人民群众的历史地位,调动人民群众投身中国特色社会主义事业的积极性与主动性,把"人民满不满意、高不高兴、答不答应"作为判断各项工作成败得失的最高标准。

三、新时代弘扬伟大长征精神的基本路径

伟大长征精神历久弥新,伟大长征精神催人奋进。在长征胜利 30 周年之际,习近平总书记指出:"伟大的长征精神是中国共产党人革命风范的生动反映,我们要不断结合新的实际传承好、弘扬好。推进中国特色社会主义事业的新长征要持续接力、长期进行,我们每代人都要走好自己的长征路。"[①]新时代,中国共产党人必须牢牢把握伟大长征精神的时代价值,深刻领会伟大长征精神的基本内涵,将伟大长征精神融入全方位思想政治教育体系,融入全媒体传播体系,融入中国特色社会主义伟大实践中。

(一)坚持"大思政"视野,将伟大长征精神融入全方位思想政治教育体系

伟大长征精神内涵丰富,对塑造理想信念、提高思想道德水平、树立正确价值观、深化爱国情感等具有跨越时空的感染力和说服力。将伟大长征精神融入全方位的思想政治教育体系,要从大中小一体化"大思

---

① 晓琳:《我们仍在长征路上》,《人民日报》2016 年 9 月 11 日,第 6 版。

政课"建设、思政课程与课程思政互融共进、日常思想政治教育三个方面下功夫。

第一，要将伟大长征精神融入大中小学思政课一体化建设，构建联动式、链条化的弘扬体系。应根据不同学段学生的特点选取适宜的融入内容和融入方式。在幼儿、小学阶段，家庭、学校可以通过讲述长征小故事、诵长征诗词、唱长征歌曲等方式进行先锋榜样启蒙。在中学阶段，通过讲授长征历史、重温长征经典、重走"长征路"等形式，帮助学生理解中国共产党和中央红军的初心使命，树立正确的价值观和道德观。在大学及以上的阶段，要进行伟大长征精神的理论内涵和时代价值教育，帮助学生坚定理想信念。大中小各学段的融入内容要从简单到复杂，从具体到抽象，注重各学段的有序衔接、循序渐进；融入形式要紧贴时代需求，用接地气、聚人气的学生喜闻乐见的方式进行有温度、有深度、有高度的融入。

第二，要将伟大长征精神融入思政课程与课程思政，构建多学科协同弘扬的格局。思想政治理论课要发挥主渠道作用，推动伟大长征精神进大纲、进讲稿、进头脑，使其在思想政治理论课教学过程中落地生根。同时，要"紧紧围绕坚定学生理想信念，以爱党、爱国、爱社会主义、爱人民、爱集体为主线，围绕政治认同、家国情怀、文化素养、宪法法治意识、道德修养等重点优化课程思政内容供给"①。深入挖掘各学科、各专业课程中的长征元素，采用丰富多彩的呈现形式，推动课程思政与思政课程形成协同效应。

第三，要将伟大长征精神融入各级各类学校的日常思想政治教育活动全过程。教育者要"结合日常学习、生活和实践，以校园文化、社会实践、党团组织、社团管理、日常管理等为载体"②开发挖掘伟大长征精神中的育人资源，创新融入方式，将伟大长征精神的科学内涵、品格特征、时代要求全方位地渗透到受教育者日常生活学习中，融入成长成才的各个阶段、各个方面。

---

① 《教育部关于印发〈高等学校课程思政建设指导纲要〉的通知》（教高〔2020〕3号）。
② 沈壮海：《新编思想政治教育学原理》，北京：中国人民大学出版社，2022年，第191-192页。

（二）抓好舆论宣传，将伟大长征精神融入全媒体传播体系

党的十九届四中全会强调"构建网上网下一体、内宣外宣联动的主流舆论格局，建立以内容建设为根本、先进技术为支撑、创新管理为保障的全媒体传播体系"①。伟大长征精神是凝聚中国力量的伟大航标，良好的舆论环境氛围对长征精神的传承与弘扬具有潜移默化、深远持久的影响，要优化传播主体、创新传播载体、丰富传播内容、精准聚焦传播客体。

第一，优化党和政府、社会团体、企业、自媒体在内的传播主体。"长征是宣言书，长征是宣传队，长征是播种机"②，若对伟大长征精神的宣传仅局限于党政媒体的话，势必会削弱伟大长征精神的影响力。因此要坚持以党政媒体为主导，充分发挥各类传播主体的宣传力量，构建全方位、多层次的宣传格局，推动伟大长征精神深入千家万户。

第二，创新传播载体。"传承弘扬长征精神必须坚持辩证思维和创新意识，在推动长征精神时代化、具体化、大众化上下功夫。"③全媒体时代，要结合大众需求将伟大长征精神融入纸质图书、电子书籍、VR 场景、影视作品、音乐、短视频、动漫游戏中，让伟大长征精神的宣传弘扬工作便捷起来、生动起来、活泼起来。

第三，丰富传播内容。传播伟大长征精神不仅仅依靠理论文章，更需要结合新时代特点和受众需求推动伟大长征精神内容进行创造性转化、创新性发展。将伟大长征精神的丰富内涵与人民群众的生产生活紧密相连，更具"生活化""场景化""时代化"，真正让人民群众看得懂、听得进、学得会、悟得深，乐于接受，易于传播。

---

① 《中共中央关于坚持和完善中国特色社会主义制度 推进国家治理体系和治理能力现代化若干重大问题的决定》，《人民日报》2019 年 11 月 6 日，第 1 版。
② 习近平：《在纪念红军长征胜利 80 周年大会上的讲话》，《人民日报》2016 年 10 月 22 日，第 2 版。
③ 赵伟程：《长征精神新媒体传播面临的困境及路径建构》，《红色文化学刊》2019 年 4 期，第 83-89、112 页。

第四，应精准聚焦传播客体。要通过现代化技术手段和大数据分析精准识别不同年龄、不同职业、不同地域的受众，根据不同的受众选取不同的传播时段、传播形式和传播内容，提升伟大长征精神传播的实效性。

（三）注重实践养成，将伟大长征精神融入中国特色社会主义伟大实践

马克思主义认为，社会生活在本质上是实践的。正确的认识来源于实践，弘扬伟大长征精神，要坚持实践导向，在中国特色社会主义伟大实践中充分融入伟大长征精神。中国共产党带领和团结全国各族人民要在新时代推进社会主义现代化建设、实现祖国完全统一、维护世界和平与促进共同发展就必须把伟大长征精神融入其中，推动长征精神在实践中发展、在实践中弘扬。

第一，在社会主义现代化建设的实践中必须始终坚持党的领导，维护党的团结统一，发扬百折不挠、艰苦奋斗的优良传统解决社会主义现代化建设中的困难，遵循实事求是的原则，从中国国情出发，坚定不移地走中国特色社会主义道路，积极贯彻执行好党的群众路线，充分发挥人民群众的创造伟力。

第二，要在推进祖国统一的实践中把爱党、爱国、爱社会主义的意识与责任扎根于中华儿女的心中，把独立自主、实事求是、一切从实际出发的工作原则融入推进祖国统一的方针政策中，坚持"中国的事情按照中国的情况来办，要依靠中国人自己的力量来办"[①]，坚定不移反对外部势力的干涉。

第三，要坚决做维护世界和平与安全的中坚力量，包容各国文化差异，尊重各国社会制度和发展道路，坚定做好国际公平正义的拥护者、捍卫者，积极构建人类命运共同体，为推动世界和平、促进共同发展贡献中国方案、中国智慧、中国力量。

---

① 邓小平：《邓小平文选》第三卷，北京：人民出版社，1993年，第3页。

四、结 语

伟大长征精神是中国共产党领导中国人民铸就的精神丰碑。弘扬伟大长征精神，讲好长征故事，需要一代又一代中华儿女继续躬身力行，学思践悟，自觉扛起担子，挑起责任。

弘扬伟大长征精神，走好新时代长征路

郭姣[①]

西南交通大学马克思主义学院

【摘　要】 第五次反"围剿"斗争失败后，红军被迫进行大规模战略转移，开始了行程约二万五千里的长征，红军战士不畏艰难，英勇斗争，用生命和热血铸就了伟大的长征精神。长征精神内涵丰富，其精神内核包括坚定理想信念、艰苦奋斗、实事求是、严守纪律和团结协作等内容。长征精神的深刻内涵为党和人民提供了诸如人民至上、一切从实际出发、纪律严明和密切联系群众的宝贵历史经验。弘扬长征精神具有凝聚思想共识和夯实文化根基的时代价值，为实现中华民族伟大复兴提供精神食粮。因此，从理论与实践、守正与创新、显性教育与隐性教育三个层面阐述伟大长征精神的弘扬路径，有助于长征精神在新时代的新征程上发挥更大的力量，助力实现中华民族伟大复兴的中国梦。

【关键词】 长征精神；中国力量；新时代

一、伟大长征精神的深刻内涵

（一）坚定的理想信念与价值追求

伟大长征精神，就是把全国人民和中华民族的根本利益看得高于一切，坚定革命的理想和信念，坚信正义事业必然胜利的精神。长征途中红军战士们面临着各种艰难险阻，要跨越汹涌奔腾的激流，翻越一座座高耸雪山，穿越看不到尽头的大草地，自然环境极端恶劣，红军战士时时刻刻都面临着生死考验。红军战士在斗争形势十分严峻，行军作战困难重重，生活极

[①] 郭姣，西南交通大学马克思主义学院2021级硕士研究生。

其艰苦的情况下，怀着对革命的无限热忱以及对党的顽强信念，战胜了无法想象的艰难困苦，顺利实现战略大转移。"长征向全中国、向全世界庄严宣告，中国共产党及其领导的人民军队，是用马克思主义武装的、以共产主义为崇高理想和坚定信念的。长征路上的苦难、曲折、死亡，检验了中国共产党人的理想信念，向世人证明了中国共产党人的理想信念是坚不可摧的。"[1]

（二）不畏艰难、不怕牺牲的英雄气概

伟大长征精神，就是为了救国救民，不怕任何艰难险阻，不惜付出一切牺牲的精神。长征途中，红军将士同敌人进行了600余次战斗，跨越近百条江河，攀越40余座高山险峰，其中海拔4 000米以上的雪山就有20余座，穿越了茫茫草地，行程约二万五千里[2]。每一段艰难的路程都有红军战士不幸牺牲，可以说，长征的胜利是无数红军将士流血牺牲换来的。党领导下的红军战士始终坚定救国救民的革命信念，不畏任何艰难险阻，不惜付出一切，哪怕牺牲自己也在所不惜。正是有这种一往无前、不畏牺牲的革命精神，长征最终才取得胜利，中国革命才得以转危为安。

（三）独立自主、实事求是的思想作风

伟大长征精神，就是坚持独立自主、实事求是，一切从实际出发的精神。在第五次反"围剿"斗争中，博古、李德等人在没有掌握中国实际的情况下就采取冒险主义的军事进攻，全然不顾敌军装备先进而红军粮草弹药吃紧的实际情况，盲目同敌人拼消耗，错误的军事路线使革命力量遭受了巨大挫折。尽管红军最终经受住了长征的生死考验，但牺牲人数之多令人悲痛，革命斗争中的经验教训使我们党更进一步认识到，盲目听从共产国际的指挥是行不通的，中国应该走符合自身实际的革命道路，必须一切从实际出发，实事求是地调查分析国情，独立自主地解决

---

[1] 习近平：《在纪念红军长征胜利80周年大会上的讲话》，《人民日报》2016年10月22日，第2版。
[2] 《弘扬长征精神，走好新的长征路》，《中国民族报》2021年11月26日，第4版。

革命斗争中的关键问题,这是从无数流血牺牲和残酷斗争考验中得出的颠扑不破的真理。

(四)严守纪律、顾全大局的集体主义精神

伟大长征精神,就是顾全大局、严守纪律、紧密团结的精神。红军之所以艰难奋战而不溃散,是因为它有严格的组织纪律,强烈的大局意识,始终团结互助,具有非凡的凝聚力和战斗力。如红十五军团长徐海东得知中央刚到陕北物资紧缺时,主动将军团所剩无几的经费上交中央来支援根据地的建设,还把大批军用物资拿去援助红一军团①,极大地支援了中央、维护了红军的团结统一。在中国革命危急关头,只有所有人心往一处想,力往一处使,才能一步步取得胜利。与此同时,严明的纪律是政令军令畅通的重要保证,如此才能确保革命任务的顺利完成。尽管战斗环境极端恶劣,行军条件极其艰苦,红军部队始终坚持"三大纪律八项注意"的纪律红线。严守军队纪律,服从命令听指挥,这些优良传统和作风,也是中国共产党最终赢得人民的拥护,取得革命胜利的重要法宝。

(五)密切联系群众的优良作风

伟大长征精神,就是紧紧依靠人民群众,同人民群众生死相依、患难与共、艰苦奋斗的精神。古语有云:"水能载舟,亦能覆舟。"红军长征的历史是反映军民鱼水情深的历史,如长征途中涌现出"半条被子"的故事,充分体现出红军爱护群众,密切团结群众的优良作风。还有这样一个故事:1934年10月在江西于都,中央红军主力8.6万余人面临着渡河的任务,乡亲们在这次渡河任务中发挥了巨大作用。夜里,百姓划着船、扛着木材为红军架桥开路;等到天明,乡亲们又如往常一般辛勤劳作,不让敌军察觉。②直至红军战士顺利渡河,敌人丝毫没起疑心,由此可见,红军的胜

---

① 武国友:《长征精神的历史意义与现实启示》,《社会科学战线》2015年第6期,第89-92页。
② 《弘扬长征精神 走好新的长征路》,《中国民族报》2021年11月26日,第4版。

利，人民群众功不可没。我们的军队是人民的军队，只因它来自人民，为了人民。

二、伟大长征精神提供的历史经验

（一）坚定理想信念，坚持人民至上

心中有信仰，脚下有力量。①为什么要坚定理想信念呢？革命先烈在面对敌人残酷的刑讯逼供时依然选择忠诚于党，绝不叛变，就是因为有坚定的精神追求，才能不惧敌人的严刑拷打。习近平总书记在多个场合多次强调："理想信念就好比共产党人精神上的'钙'，若是理想信念不坚定，精神上就会'缺钙'，容易得'软骨病'。"②当下人民丰衣足食，像革命战争年代流血牺牲的生死考验少了，但仍然面临许多新的风险挑战。今天，在新的长征路上，我们要战胜来自国内外的一系列重大风险挑战，夺取新时代中国特色社会主义伟大胜利，就必须要坚定理想信念，自觉做共产主义远大理想和中国特色社会主义共同理想的坚定信仰者、忠实践行者。必须要坚持人民至上，依靠人民开创新的历史伟业。

（二）坚持独立自主，一切从实际出发

只有中国人自己最了解中国的国情，只有依据客观实际的党情、国情、军情才能做出最有利于革命的正确决策。中华人民共和国成立以来，我国奉行独立自主的和平外交政策，始终坚持走和平发展道路。历史是最好的老师，红军长征的成功实践有力证明：只有坚持实事求是，才能兴党兴国。"坚持独立自主"作为我们党百年奋斗的一条宝贵经验，必须珍惜并坚持。

---

① 习近平：《在纪念红军长征胜利80周年大会上的讲话》《人民日报》，2016年10月21日，第2版。
② 中共中央文献研究室：《十八大以来重要文献选编》上，北京：中央文献出版社，2014年，第80页。

不忘初心，继续前进。

（三）坚持大局意识，严守党的纪律

实现第二个百年奋斗目标、实现中华民族伟大复兴的中国梦是我们这一代人的长征，我们所有的行动，都要紧紧围绕这一目标。走好今天的长征路，必须把握好总方向，统筹协调各项工作。回顾中国共产党成立以来所取得的重大成就，其中一个重要原因就是严格的纪律约束。无规矩不成方圆，回顾历史，长征的胜利离不开铁的革命纪律。党在革命时期严格执行"三大纪律八项注意"，为革命的胜利打下了坚实的基础。新时代针对党员干部制定的各项纪律条例，为营造一个风清气正的政治生态提供了制度保证。历史实践证明：只有靠着铁的纪律，才能赢得人民的拥护，进而取得最后的胜利。

（四）坚持团结群众，时刻艰苦奋斗

在革命、建设、改革长期实践中，我们党始终坚持保持同人民群众的血肉联系，马克思主义执政党的最大危险就是脱离群众，最大的法宝就是密切联系群众。在长征中，人民群众不计个人得失地帮助红军筹措米粮、挑水煮饭，冒着生命危险搜集情报、照顾伤员，有的乡亲为了掩护红军作战甚至付出了生命的代价。历史和实践反复证明：得民心者得天下，失民心者失天下，人民拥护和支持是党执政的牢固根基。我们党来自人民、植根人民、服务人民，党的根基在人民、血脉在人民、力量在人民，在任何时候、任何情况下，与人民同呼吸共命运的立场不能变，全心全意为人民服务的宗旨不能忘。人民群众对美好生活的向往，就是我们党为之奋斗的目标。坚定理想信念，坚持人民至上，矢志不渝地奋斗，共产主义远大理想终将实现。

三、伟大长征精神蕴含的时代价值

（一）弘扬长征精神，凝聚思想共识

人无精神则不立，国无精神则不强。在一望无际的征途上，到底是什么支撑着红军战士克服艰难险阻走完全程？有人问邓小平是怎样坚持走完全程的？他回答道："跟着走！"①虽然只是一句简单的"跟着走"，却隐含着崇高而又坚定的信念和不畏生死的勇气，长征中还有无数的红军战士同样选择坚定地"跟着大部队走"。伟大长征精神是中国共产党人红色基因和精神谱系的重要组成部分，已经深深融入中华民族的血脉和灵魂，是鼓舞和激励中国人不断攻坚克难的强大精神动力。

红军长征虽然已经过去八十多年，但是红军长征留给我们的宝贵精神财富却永不过时，它已经深深融入中华民族的精神血脉之中，成为走好新时代长征路的精神支柱。新时代的合格青年，必须跟着党和国家的大政方针走，坚定理想信念，将青春热血挥洒在祖国大地上，到祖国最需要的地方去，为国家的繁荣昌盛做出更大的贡献。

（二）发扬革命传统，赓续红色血脉

民族精神，万古留香。有人曾访问过一些老红军：你们在前线作战时，怎么看待生死问题？他们回答说："当时顾不得那么多，如果我们现在吃苦，子孙后代可以不再吃苦。我们牺牲能够让全天下的穷苦人得到解放，这种牺牲值得，所以我们不怕死，打仗个个奋勇当先。"②这种甘于奉献、毫不利己的精神，让人心生敬畏。在长征的两年多时间里，红军将士损失10万多人，他们的鲜血洒遍漫漫长征路。红军战士不畏艰难困苦，不怕流血牺牲，英勇抗争、一往无前的英雄气概永远是激励我们

---

① 王厚明：《维护核心就要看齐跟随》，《思想政治工作研究》2017年第1期，第58页。
② 石仲泉：《红军长征和长征精神》，《中共党史研究》2007年1期，第55-63页。

前进的不竭精神动力。新时代，我们要弘扬伟大长征精神，必须继承和发扬红军长征的光荣革命传统，深入挖掘其中的价值内涵，为中华民族伟大复兴中国梦提供强大精神力量。

（三）牢记历史使命，担当复兴大任

深刻了解过去，才能全面把握现在。我们党在革命、建设、改革的进程中，形成了许多宝贵的历史经验。在新时代的长征路上，我们仍然面临着许多具有不确定性的风险考验和困难，这就需要我们从长征精神中汲取智慧和力量，并将其转化为走好新时代长征路的实际行动和前进动力。伟大长征精神，是党和人民付出巨大代价、进行伟大斗争获得的宝贵精神财富。每一代人有每一代人的长征路，每一代人要走好每一代人的长征路。新的长征路上，仍然充满各种难以预见的风险挑战，我们只有发扬革命战争年代那种敢于战斗、不怕困难的奋斗精神，才能夺取新时代中国特色社会主义的伟大胜利。

四、新时代长征精神的弘扬路径

（一）理论与实践相统一

首先，深化关于长征精神的理论研究。理论研究是大力弘扬长征精神的基础前提。深入挖掘长征的历史资料，收集亲历长征的老红军的口述材料，通过整合资料以实现对长征的全面了解，进而充实关于长征精神的理论研究。丰富的理论往往蕴含着强大的精神动力，为有效弘扬长征精神打下坚实的基础。其次，弘扬长征精神不能仅仅停留在理论上，可以广泛开展与长征精神相关的实践活动，例如重走长征路、参观长征遗址、访问老红军等，以使人民群众在亲身体会和研究中，感受长征精神的难能可贵。坚持理论与实践相统一，既有理论的宣讲，又有亲身的实践，长征精神的学习弘扬必定会事半功倍。

（二）守正和创新相统一

守正创新，既要守正恪守传统，又要创新开拓未来。长征是无数红军战士用青春与热血完成的伟大壮举，在弘扬长征精神的过程中必须尊重这一客观历史事实。例如，在进行有关长征的文艺活动创作时，应当密切关注历史，还原事件的真实情况，做到实事求是，不虚构、不篡改，保持对历史的敬畏之心。一方面守住创作的原则底线，另一方面又要鼓励创新，结合时代特点和需求来讲述长征精神与长征故事。例如，可将长征中的各种素材加工成歌曲、电影、动漫等，创作出群众喜闻乐见的文艺作品，通过这些文化作品的深远影响力把长征文化的精髓传播给人民群众。同时，要善于运用新媒体宣传新时代长征精神。随着近些年信息技术的不断发展，微信、微博、抖音等新媒体逐渐取代了传统媒体如报纸、广播等，成为最流行、传播范围最广、影响力度最大的宣传方式，因此，弘扬长征精神的方式也要与时俱进。

（三）显性教育和隐性教育相统一

弘扬长征精神，充分发挥学校加强长征精神宣传教育的主阵地作用，使长征精神走进校园、走进课堂、走进学生。长征精神融入思政教育课堂，以课本内容的形式出现在大众的视野中，这是一种显性的宣传方式，还有座谈、讲座、开会等学习形式。除此之外，润物无声的隐性教育也不可或缺，塑造弘扬长征精神的社会文化，营造一个具有正确导向的社会氛围，使人民群众的灵魂受到净化、思想受到熏陶、觉悟得到提高，逐渐增强对长征精神的认知与认同，在潜移默化中接受长征精神教育，坚定理想信念，凝聚思想共识。

五、结　语

长征是一部艰苦卓绝的战争史诗，更是一部历尽万难的奋斗史。伟大长征精神，是党和人民付出巨大代价、进行伟大斗争获得的宝贵精神财富。每一代人有每一代人的长征路，每一代人要走好每一代人的长征路。新的长征路上，仍然充满各种难以预见的风险挑战，必须弘扬紧紧依靠人民群众，同人民群众生死相依、患难与共、艰苦奋斗的长征精神，从人民群众中汲取治国理政的智慧和力量，为社会主义现代化建设提供强大的精神动力。蓝图已绘就，奋进正当时。我们要以长征精神引领党的事业创新发展，大力弘扬长征精神，为实现中华民族伟大复兴的中国梦而继续奋斗。

"两弹一星"精神融入研究生创新型人才培养的三重维度

卢晓玫[①]

西南交通大学马克思主义学院

【摘　要】"两弹一星"精神是中国共产党人精神谱系的重要组成部分，孕育于"两弹一星"伟大事业。"两弹一星"精神中蕴藏的理论智慧、实践智慧和精神力量不仅为新时代研究生创新型人才的培养提供了精神养料，也为创新型人才的培养指明了前进的方向。将"两弹一星"精神融入新时代研究生创新型人才的培养需要着眼于情怀、意志以及能力三个维度，培养他们的爱国情怀、坚韧意志、创新能力。

【关键词】"两弹一星"精神；研究生；创新型人才

一、"两弹一星"精神的内涵及其当代价值

（一）"两弹一星"精神的生成及其内涵

1999年9月18日，江泽民同志在表彰为研制"两弹一星"作出突出贡献的科技专家大会上发表讲话，将"两弹一星"精神概括为"热爱祖国、无私奉献，自力更生、艰苦奋斗，大力协同、勇于登攀"[②]。"两弹一星"精神孕育于"两弹一星"伟大事业，具有严密的生成逻辑，是历史、理论与实践三大逻辑维度的有机统一。"两弹一星"精神生成的历史逻辑源于国家发展困境与实现民族复兴的交互融合。在中华人民共和国成立之初，我

[①] 卢晓玫，西南交通大学马克思主义学院2021级硕士研究生。
[②] 江泽民：《在表彰为研制"两弹一星"作出突出贡献的科技专家大会上的讲话》，《人民日报》1999年9月19日，第1版。

们党基于维护国家安全、助力国家发展的考虑，毅然做出了研制"两弹一星"的战略决策，最终在党的坚强领导之下、在无数科技工作者的艰辛探索之下，成功研制出"两弹一星"，并孕育出了彰显中国力量的"两弹一星"精神。"两弹一星"意指导弹、核弹（原子弹、氢弹）和人造卫星，是维护国防安全的强有力武器，在"两弹一星"的支撑下，我国不仅成功占领了科技制高点，维护了国防科技安全[①]，而且使我国的国际地位显著提升，推动了中华民族伟大复兴的历史进程。"两弹一星"精神生成于"两弹一星"科技工作者长期的科学实践，要理解"两弹一星"精神生成的理论与实践逻辑必须要结合科学家们的思想和行为进行分析。首先，马克思主义的指导是"两弹一星"精神生成的理论逻辑，"两弹一星"科技工作者们是坚定的马克思主义者，他们坚持用辩证唯物主义和历史唯物主义的世界观与方法论来指导科学研究，用伟大的科研成就证明了马克思主义理论的科学性，身体力行地引导新时代的科技工作者在马克思主义的指导下开展科学研究。其次，"两弹一星"精神生成的实践逻辑源于"两弹一星"科技工作者始终以坚韧不拔的意志直面困境、探寻真理。在研制"两弹一星"的过程中，无数的科技工作者扎根在祖国西北荒漠，在物资极度匮乏、生活环境极其恶劣的情况之下开展科学研究，他们不畏艰辛、直面挑战，克服了一个又一个科研难题，成功研制出了"两弹一星"。

（二）"两弹一星"精神融入研究生创新型人才培养的时代意义

2020年9月11日，习近平总书记在科学家座谈会上对广大科技工作者提出了殷切的期盼，他指出，广大科技工作者要弘扬"两弹一星"精神，主动肩负起历史重任，把自己的科学追求融入建设社会主义现代化国家的伟大事业中去[②]。科学成就离不开精神支撑，研究生作为推动国家科技发展的主力军，是国家重点培养的科技人才，要将其培养成国家所需的创新

---

① 何亮：《"两弹一星"精神：自主创新的惊世奇迹》，《科技日报》2021年8月24日，第1版。
② 习近平：《在科学家座谈会上的讲话》，《人民日报》2020年9月12日，第2版。

型科技工作者，需要以"两弹一星"精神为指引，将"两弹一星"精神融入研究生创新型人才的培育。探究"两弹一星"精神融入研究生创新型人才培育的时代价值需要站在国家发展的战略高度去思考①。首先，"两弹一星"精神融入研究生创新型人才的培养是直面现实困境的必然之势，当前，我国在关键核心领域受到西方国家的技术封锁，要解决"卡脖子"的难题，必须要引导广大科技工作者在"两弹一星"精神的引领下攻坚克难。其次，"两弹一星"精神为新时代研究生创新型人才的培养指明了前进的方向，对"两弹一星"精神内涵的深入分析是探究"两弹一星"精神融入创新型人才培养方向的前提与基础。"热爱祖国、无私奉献"是"两弹一星"研制工作者的精神支撑，强调科技工作者要厚植爱国情怀，立足于国家和人民的需求选择研究方向；"自力更生、艰苦奋斗"是"两弹一星"研制工作者的意志品质，强调科技工作者既要坚定对科研的追求，对待科研要"沉下来、钻进去"，又要以坚韧不拔的意志直面科研中的困境，以真理的精神追求真理②；"大力协同、勇于登攀"是"两弹一星"研制工作者的能力彰显，集中表现为创新能力，内在地要求科技工作者要提升创新能力，既要在原有科研成就的基础上追求进步，又要注重提升原始创新、理论创新的能力。通过对"两弹一星"精神内涵进行深入分析可以发现，其主要从情怀、意志以及能力三个不同维度指明了新时代研究生创新型人才培养的方向。研究生创新型人才作为高层次创新型人才的典型代表，是国家培养的科学家队伍的后备军，承担科技攻关、引领世界科技发展的重大使命。"两弹一星"精神不仅彰显了"两弹一星"科技工作者们科研报国、追求卓越、坚韧不拔、无私奉献的价值追求，也展现了时代对创新型人才培养的要求。研究生创新型人才要从后备军转变为先锋队必须要以"两弹一星"精神为指引，以坚定的爱国情怀服务于党和国家发展之需，以坚韧不拔的意志直面研究中的困境，在学习与实践中培养创新意识、提升合作能力与水平。

---

① 骆郁廷、余晓霞：《科学家精神融入思想政治教育刍议》，《思想理论教育》2021年第1期，第98-102页。
② 本报评论部：《以真理的精神追求真理》，《人民日报》2021年5月25日，第5版。

二、情怀之维:培养有"底色"的研究生创新型人才

爱国"底色"是"两弹一星"精神的核心要义,新时代将"两弹一星"精神融入研究生创新型人才的培养首先要培养具备爱国"底色"的科研人才。爱国是"两弹一星"精神的第一要义,也是"两弹一星"科技工作者们矢志报国、抵御各类诱惑的根本原因。在获得"两弹一星"功勋奖章的23位科学家中,就有21人是海归科学家,其中有11人是在中华人民共和国成立后,冲破重重障碍,辗转回归祖国的。钱学森就是其中具有代表性的一位科学家。为了阻止钱学森回国效力,美国当局不仅试图以丰厚的薪资动摇其回国的决心,甚至对钱学森进行监禁、审讯、软禁、监视等迫害与折磨。但是美国当局的诱惑与威胁丝毫没有阻挠钱学森回国的意志,最终在党和国家的支持和帮助以及钱学森本人的不懈努力之下,钱学森冲破重重阻力,于1955年10月回到祖国。

科学没有国界,但科学家有祖国,一个合格的创新型人才需要有强烈的家国情怀。爱国不是抽象的,而是具体的,要培养研究生创新型人才的爱国情怀,首先要让他们明晰何谓爱国,如何爱国。虽然在不同的历史时期爱国有不同的内涵、不同群体爱国的表现方式也有所不同,但是忠于国家、忠于人民是爱国最本质的要求①,研究生创新型人才作为国家培养的科技工作者必须着眼于党和国家发展所需,把自己的科学追求融入建设社会主义现代化国家的伟大事业中去②,推动科技创新战略目标的实现。思想政治理论课(以下简称思政课)具有政治引领与价值导向的作用,是培育研究生爱国情怀的重要场域。高校思政课教师作为教学的组织者与主导者,必须要主动担负起培育研究生爱国情怀的使命。高校思政课教师应该坚持言传与身教相统一,在课堂教学之中,思政课教师要善用"两弹一星"元勋们爱国报国的事迹激励鼓舞学生,要将党史知识融入思政课,让学生

---

① 习近平:《在北京大学师生座谈会上的讲话》,《人民日报》2018年5月3日,第2版。
② 习近平:《在科学家座谈会上的讲话》,《人民日报》2020年9月12日,第2版。

在党史的学习中感悟中华民族伟大复兴的历史进程、感知国家的繁荣昌盛对于个人的意义，增强学生对党和国家的信任感、归属感、依赖感，从而积极主动地投身社会主义现代化建设。立学生之德必先立己之德，在课堂之外，思政课教师也需要严于律己，以实际行动展现爱国情怀，给学生以行为的引领。专业课教师作为育人的另一主体不仅肩负着提升学生专业能力的责任，而且承担着对学生研究方向进行引导的使命，这内在地要求专业课教师要将学生爱国情怀的培育纳入教学目标体系。矛盾的特殊性原理要求在实际工作时要坚持具体问题具体分析，不同学科门类的专业课教师在引导学生树立爱国情怀时要采取不同的方式。文科类专业的学生本身就具有一定的政治敏锐性，因此这类专业出身的教师在对学生进行知识讲授时要注意结合最新的时事热点，既要讲清楚当前我国的战略布局与大政方针，又要讲清楚我国的发展形势与国际局势，帮助学生理解我国的发展方向，直面现实困境，从而结合自身的专业属性，从不同的层面服务于国家的发展。以马克思主义理论专业的学生为例，该专业的学生可以发挥自身的专业优势，通过政治宣讲向大众传达党和国家的政策。理工科专业更加强调理性思维的运用，专业课教师在课堂上大多只进行公式定理的讲解，较少涉及价值观的传输，这就需要专业课教师在专业知识讲授时有意识地对学生进行价值观方面的引导。专业课教师可通过向学生讲述知识点的发展演变以及历史脉络，帮助学生了解当前我国在这一领域的发展现状，引导学生在此基础之上寻求突破。

三、意志之维：培养有"底气"的研究生创新型人才

"底气"是意志的彰显，是"两弹一星"精神的价值传达，集中表现为"两弹一星"科技工作者们以坚定的信心和坚强的意志直面研究困境、追求真理。坚韧不拔的意志是支撑科技工作者不畏艰难、迎难而上的力量之源。1960年，赫鲁晓夫撕毁中苏协议，断绝对我国分离膜的供应，这使我国的核发展面临几乎夭折的境地，葛昌纯院士临危受命，不仅自学多国语言以此探寻其他国家的研制经验，而且敢于直面未知领域主动学习电化学知识，

从电化学"小白"成长为"专家",最终克服了"防腐蚀"的难关,成功研制出了复合分离膜①。事物发展是前进性与曲折性的统一,科学研究的过程是极其复杂的,不仅对科技工作者科研能力提出了要求,而且是对科技工作者意志的磨炼,要克服重重困难,获得真理性的认识,科技工作者必须要以坚定的信心、刚强的毅力克服前进道路上的阻碍,达到追求真理的目标。一个有"底气"的研究生创新型人才不仅能够以大无畏的勇气与信心直面世界科技难题,而且能够以坚韧不拔的意志在反复的试验中破解难题,这内在地要求要从信心培养与意志塑造两个方面来培养研究生创新型人才的意志品格。学生科研信心的培养既离不开内源性支撑,也离不开外源性鼓舞,我国在"一穷二白"的局势之下仍然创造了"两弹一星"的伟大奇迹,如今我国已经发展成为世界第二大经济体,不仅经济实力显著增强,科技创新能力也逐步提升,5G通信技术、水稻培育、高速铁路建设等方面处于世界领先水平,这一系列重大的科研成果以无可辩驳的事实展现了中国共产党领导的正确性、展现了社会主义制度集中力量办大事的优越性、展现了我国科技工作者强大的科技创新实力。教师是学生成长的引路人,要让学生以更加自信的态度面对科研难题是教师应尽的责任,正如习近平总书记所言:"广大院士要在创新人才培养中发挥识才、育才、用才的导师作用。"②这就意味着教师既要承担起丰富学生知识储备,提升学生科研能力的责任,又要用我国取得的重大科技突破增强学生的自信心。

要引导学生以百折不挠的意志品质对待科技难题首先要让学生在失败中经受磨炼,教师应该给予学生一定的科研自主性,让学生独立地思考问题、解决问题,引导学生在反复的失败中继续前行,让学生意识到曲折性乃是事物发展的规律之所在,从而正确地看待失败,在失败中总结经验教训、继续前进。其次,教师要把握好时机对学生进行激励与引导,并不是所有人都能够直面挫败,适当进行提点与鼓励在一定程度上可以帮助学生

---

① 曹钰、周瑞娟:《葛昌纯:咬定青山不放松 千磨万击还坚劲》,《中国科学报》2018年5月21日,第8版。
② 习近平:《加快建设科技强国,实现高水平科技自立自强》,《求是》2022年第9期。

开阔思维、拓宽视野，从而走出研究困境。最后，教师要善于激发学生的担当意识，研究生创新型人才是推动科技创新的主力军，势必要在各自的研究领域中啃下"硬骨头"。当前我国正面临西方国家的技术封锁，"卡脖子"的问题十分严峻，教师需要用这些现实困境来激发学生的内生性精神动力。

四、能力之维：培养有"底蕴"的研究生创新型人才

"底蕴"是实力的彰显，是创新能力与合作能力的统称，培养有"底蕴"的研究生创新型人才是"两弹一星"精神融入创新型人才培养的题中应有之义。创新能力是一个综合了学习、分析、想象、批判、创造等多重能力的集合体，这就意味着要培养和提升科技工作者的创新能力必须要坚持全员、全程、全方位育人，既要注重多元主体协同共育，又要注重多维度育人。首先，要构建多元主体协同共育的格局，导师、专业课教师、公共课教师要各司其职，形成育人合力。导师作为学生研究方向的引领者与科研能力的培养者，必须要结合学生的个性特征、知识储备为学生推荐适当的研究方向，同时根据学生研究方向的不同有针对性地制定培养方案，在科学研究中鼓励学生大胆创新。专业课教师承担着对学生进行专业知识"灌输"的责任，要让学生尽可能地理解掌握专业知识就需要专业课教师有意识地运用教学技巧，进行深入细致的讲解，既要用浅显易懂的语言讲清楚晦涩难懂的知识点，又要给学生提供实际操作的平台，在实践中检验理论，从而深化对理论知识的认识，培养学生理论创新的能力。"新时代中国特色社会主义理论与实践"和"自然辩证法"是研究生的公共课程，开设这两门课程既是为了培养研究生运用最新的创新理论观察时代、分析和解决实际问题的本领，也是为了帮助研究生树立正确的价值观，在正确的世界观与方法论的指引之下开展科研活动，这就要求公共课教师既要用习近平新时代中国特色社会主义思想武装学生的头脑，帮助学生认清新时代新阶段新要求，从而在准确把握社会发展趋势与主要矛盾的基础之上认识问题、分析问题、解决问题；又要通过透彻的说理讲清楚辩证唯物主义和历史唯物主义所蕴含的理论智慧与实践智慧，引导学生在马克思主义的世界观与

方法论的指导下开展科学研究。其次，要将创新能力的培养融入人才培育的全过程，这就意味着要培养研究生创新型人才不仅需要发挥课堂教学显性教育的功能，也要注重隐性教学的协同并进。优秀文化对人的影响是润物细无声的，要注重发挥校园文化对人的熏陶作用，营造良好的创新氛围。学校党委要为创新创造活动的开展扫清体制机制的障碍，提供良好的政策环境支持；各学院的各个专业要结合各自的学科属性与专业发展方向，着眼于国家发展大局与学科领域的前沿问题开展竞赛，以问题为导向激发学生的创新潜力；学校社团要紧扣创新人才培养这一主题，在结合社团性质的基础上，既可开展前沿知识问答活动，也可通过打造校园文化长廊的方式，分享"两弹一星"科技工作者们创新创造的案例，在潜移默化中培养学生的创新意识。最后，要延伸和拓展研究生创新型人才培养的途径，既要推动实现实践教学、网络教学与课堂教学的有机融合，又要注重各类课程的协同共育，达到培养学生学科交叉思维的目标，提升学生的创造性思维能力。

合作能力是研究生创新型人才必须具备的重要能力，良好的团队合作能力能够集中智慧、形成合力，高效快速地完成任务。合作能力的培养离不开合作意识的培养，从本质上来看，意识是客观世界的主观映像，意识的生成离不开客观存在，这就意味着要培养研究生创新型人才的合作意识必须要让学生在团队协作中感知集体的智慧与力量，在合作中提升沟通协调能力、锻炼参与能力，有效将自身所学转换为团队所需。

综上所述，推动"两弹一星"精神融入研究生创新型人才的培养必须要在深入分析"两弹一星"精神生成逻辑与丰富内涵的基础之上把握研究生创新型人才培养的方向，充分发挥高校思政课立德树人主渠道、主阵地作用，培养出堪当民族复兴重任的科技工作者。

"两路"精神融入大学生思想政治教育的价值与实践

罗书琪[①]

西南交通大学马克思主义学院

【摘　要】 "两路"精神是"一不怕苦，二不怕死"的艰苦奋斗精神、"顽强拼搏，甘当路石"的奉献精神和"军民一家，民族团结"的团结精神的辩证统一。"两路"精神具有丰富的思想政治教育价值，将"两路"精神融入大学生思想政治教育，有利于涵养大学生艰苦奋斗的精神、塑造大学生无私奉献的品质和增强大学生民族团结的意识。思政课教师需要充分发挥主导作用，尊重学生的主体地位，充分挖掘"两路"精神中的教育资源，借助新媒体技术多方位展示"两路"精神，并鼓励学生在实际行动中践行"两路"精神，使大学生将"两路"精神内化于心，外化于行。

【关键词】 "两路"精神；思想政治教育；现实路径

"两路"指的是川藏公路和青藏公路，川藏公路原名康藏公路，起于雅安，止于拉萨，长 2 255 千米，1955 年 10 月 1 日，因西康省建制撤销，经交通部决定改用今名，以成都为起点，全长 2 416 千米。青藏公路起于青海省西宁，止于拉萨，全长 2 100 千米，后经改建现长 1 948 千米。[②] 青藏公路于 1954 年 5 月 10 日开始试修，仅用 7 个月的时间于 1954 年 12 月 25 日与川藏公路同时通车。在川藏公路和青藏公路建成通车 60 周年之际，

---

① 罗书琪，西南交通大学马克思主义学院 2021 级硕士研究生。
② 纪念川藏青藏公路通车三十周年筹委会办公室文献组、西藏自治区交通厅文献组：《纪念川藏青藏公路通车三十周年文献集》第一卷文献篇，拉萨：西藏人民出版社，1984 年，第 316 页。

习近平总书记作出重要批示："60年来，在建设和养护公路的过程中，形成和发扬了一不怕苦、二不怕死，顽强拼搏、甘当路石，军民一家、民族团结的'两路'精神。"[①]"两路"精神具有丰富的科学内涵，其精神实质永不过时，至今仍指引社会主义现代化建设的前行道路。大学生弘扬"两路"精神关键在于发挥思政课的主阵地的作用，使年轻一代的大学生深刻领会"两路"精神的科学内涵与实质并自觉践行"两路"精神。

一、"两路"精神的科学内涵和精神实质

"两路"精神的实质是艰苦奋斗精神、奉献精神和团结精神的辩证统一。在川藏公路和青藏公路的建设与养护过程中，正是由于全体人员艰苦奋斗，团结一心，无私奉献，才实现了这两条意义非凡的公路的成功修筑和持续运行。

（一）"一不怕苦，二不怕死"的艰苦奋斗精神

"两路"精神中的"一不怕苦，二不怕死"实质是一种为祖国的统一与发展大业而艰苦奋斗的精神。艰苦奋斗的精神伴随着中华民族建设家园的全过程，在不同的历史时期，艰苦奋斗精神具有不同的具体内涵。建党时中国共产党人的奋斗精神，是一种不怕艰难困苦，奋发图强，艰苦创业，为党的事业永不懈怠的英勇顽强的斗争精神，是中国共产党的鲜亮底色。[②] 在修建"两路"的过程中，党的奋斗精神有了这一时期的特点，为了修建公路，贯彻党的民族政策和维护祖国的边疆安全，筑路战士们面临空气稀薄、地质状况复杂、气候寒冷等恶劣的自然环境条件以及中华人民共和国成立初期物资匮乏、经济技术落后的社会环境，不畏艰难险阻，不怕流血牺牲，用他们的青春和热血融化冰雪，用生命筑成川藏公路、青藏公路的

---

① 《习近平就川藏青藏公路建成通车60周年作出重要批示》，《人民日报》2014年8月7日，第1版。
② 刘昀献：《从"两个务必"到"两个永远"：续写"赶考"的新篇章》，《学习月刊》2016年第17期，第30-32页。

艰苦奋斗精神。"一不怕死，二不怕苦"主要体现在川藏公路和青藏公路的踏勘和修建的过程中。在踏勘的过程中，踏勘员们在恶劣的自然环境、身体状况每况愈下和缺少地理资料等情况的考验下，凭借"一不怕苦，二不怕死"的艰苦奋斗精神，发挥革命英雄主义和革命乐观主义精神，克服重重困难，最后顺利完成踏勘任务，成功绘制地图、选定修路线路，为川藏公路和青藏公路的修建奠定了基础。在川藏公路和青藏公路的修建过程中，面对大自然的考验，筑路战士们并没有就此屈服，而是通过利用科学技术与坚持不懈地试验解决问题。在毛泽东同志为修建康藏公路的题词"为了帮助各兄弟民族，不怕困难，努力筑路"①的激励下，涌现出了一大批敢于牺牲、不畏艰险的筑路英雄，例如打通雀儿山而光荣牺牲的模范共产党员张福林、探路英雄崔锡明、渡江英雄李文炎等。正是由于全体筑路大军一不怕苦，二不怕死，发扬艰苦奋斗的精神，才克服了修路过程中的重重困难，最终成功建成川藏公路和青藏公路。

（二）"顽强拼搏，甘当路石"的奉献精神

1954年川藏公路和青藏公路通车时，只是"粗通"，根据两条公路的实际运营状况和国家财政状况，两条公路在通车后进行了多次的改造、改建和养护。"顽强拼搏，甘当路石"的"两路"精神的精神实质是一种舍己为人，甘愿默默牺牲自己，献了青春献终身，献完终身献子孙②的奉献精神。在"两路"的建设过程中，无数军民为了修筑这两条"幸福桥"和"彩虹路"奉献了自己的生命，以甘愿牺牲的精神铸成两条公路的"路魂"，展现了中华民族无私奉献的精神品质。"顽强拼搏，甘当路石"的奉献精神在一代又一代的养护者和改建工人勤勤恳恳地努力工作，将自己的青春与热血贡献在川藏公路和青藏公路的维护中得到了淋漓尽致的体现。在川藏公路和青藏公路建成通车的初期，为了防止反动分子破坏

---

① 中共中央文献研究室、中共西藏自治区委员会、中国藏学研究中心：《毛泽东西藏工作文选》，北京：中国藏学出版社，2001年，第87页。
② 西藏自治区党委党史研究室：《首批进军西藏的女兵们》，拉萨：西藏人民出版社，2001年，第291页。

公路，筑路战士们"一手拿枪，一手拿铲"用自己的生命保卫公路。在养护过程中，养护工人不畏唐古拉山的高寒，不惧雀儿山的险峻，始终无私奉献、扎根两路。养护工人中有参与过道路修筑的退伍军人，有公路沿线地区的少数民族群众，也有外来又扎根下来的交通人，不少养路工人一干就是一辈子。①他们坚守在自己的岗位上，精心养护着川藏公路和青藏公路，将自己一生全部奉献在"两路"的养护中。在改建过程中，改建工人们坚持不懈、接续奋斗，不断改善两条公路，提升两条公路的质量。正是由于无数改建工人用他们的身躯作为川藏公路和青藏公路的路石，才有了今天这两条高质量公路的畅通无阻。如今的川藏公路和青藏公路已经由最初的砂石路变成了柏油沥青路，路面更加宽敞平整，桥梁和隧道更加坚固，这都是无数参与改建的军民"顽强拼搏，甘当路石"的奉献精神的真实写照。

（三）军民一家，民族团结的团结精神

"军民一家，民族团结"的"两路"精神的精神实质是"两路"修建过程中展现出来的解放军战士与人民群众之间的鱼水之情以及藏族汉族两族人民齐心协力、共同筑路的团结精神。人民军队自诞生以来就始终坚持全心全意为人民服务的宗旨，密切联系人民群众，与人民群众之间相互关心，军民之间保持着鱼水之情。在修建"两路"的过程中，军民鱼水之情体现在解放军战士们帮助藏族人民修路，克服艰难困苦，即使是自己饿肚子，也坚决执行"进军西藏，不吃地方"②的指示，而人民群众真心关爱战士们，帮助他们修补衣物、做饭和运输物资等。"军民一家，民族团结"的团结精神对于克服川藏公路和青藏公路修建过程中的各种艰难险阻具有重要意义。人民群众和解放军相互关心，汉族和藏族以及藏族人民内部高度团结，为了西藏的发展共同努力、共克时艰，是对党和国家的高度认同，是

---

① 任思奇、李后强：《学习"两路"历史 弘扬"两路"精神》，《四川日报》2021年8月30日，第12版。
② 中华人民共和国国务院新闻办公室：《西藏和平解放60年》，北京：人民出版社，2011年，第19页。

爱国主义情感的高度体现。川藏公路和青藏公路的修建、改建和养护的过程不仅体现着汉族和藏族人民的团结互助，而且体现了全国各民族为祖国的建设与发展紧紧拥抱在一起的团结精神，全国各族人民都为川藏公路和青藏公路的修建捐献物资，高度关注"两路"的修建状况，真切盼望"两路"胜利建成，真心希望藏族人民过上好日子。

二、"两路"精神融入大学生思想政治教育的价值省察

在马克思主义哲学中，价值是指事物客体的某种作用、变化与一定主体需要及其发展的一致性关系状态。[1]省察"两路"精神的思想政治教育价值，需要找到"两路"精神（客体）本身的实际功能与大学生（主体）的需要之间的一致性关系，并通过思政课教学（实践）来实现"两路"精神的价值，使"两路"精神入脑入心，并在实际行动中展现出来。"两路"精神中，"一不怕苦，二不怕死"的艰苦奋斗精神与今天大学生不怕困难、吃苦耐劳，勇敢迎接各种挑战的精神具有一致性；"顽强拼搏，甘当路石"的奉献精神与当代大学生勇于担当使命，奉献自己的意志品质具有一致性；"军民一家，民族团结"的团结精神与大学生的齐心协力，共同推动祖国繁荣发展的意识具有一致性。将"两路"精神融入大学生思想政治教育，能够涵养大学生艰苦奋斗的精神、塑造大学生无私奉献的品质和增强大学生民族团结的意识。

（一）涵养大学生艰苦奋斗的精神

在川藏公路和青藏公路的修建过程中，筑路战士们虽然面临恶劣的自然环境和落后的经济技术及身体素质每况愈下等挑战，但是他们并没有就此放弃，而是凭借"让高山低头，叫河水让路"的英雄气魄克服了重重困难与挑战。历时4年多，川藏公路和青藏公路在世界屋脊上建成通车，彻

---

[1] 李尚宸、李心记：《脱贫攻坚精神之于大学生思想政治教育的价值》，《学校党建与思想教育》2022年第4期，第7-10页。

底结束了西藏没有现代公路的落后历史，创造了人类筑路史上的伟大奇迹。将"两路"精神融入大学生思想政治教育，让大学生深刻感受先辈们为建设祖国不惜牺牲一切的艰苦奋斗精神，有利于涵养其艰苦奋斗的精神，使其在面临学习和生活中的各种困难和挫折时，有藐视困难的心境和坚决克服困难的意志。青年一代大学生成长于祖国和平发展的时代，其为祖国建设添砖加瓦的奋斗意识更加强烈。让大学生深刻体会"两路"精神更能使其坚定为祖国发展和实现人生价值而奋斗的信念，在人生道路上艰苦奋斗，最终既促进社会进步又成就出彩人生。

（二）塑造大学生无私奉献的品质

在"两路"的建设与养护过程中，无数筑路战士为了祖国统一和民族大义将自己的青春甚至生命奉献在了两条公路上。养护工人为了"两路"的畅通无阻，将自己的青春和热血抛洒在川藏公路和青藏公路上；为了筑路战士们能吃到有营养的饭菜，炊事员们不畏艰险去采野菜、捕野物，在此过程中甚至奉献了自己宝贵的生命。正是由于全体人民无私奉献的宝贵品质，"金桥"与"幸福路"筑成了。作为中华民族美德和中国共产党优良传统的无私奉献精神也在当代大学生身上得到了传承与发展。新时代的大学生，责任意识和奉献意识更加强烈，越来越多的大学生深入边远山区支教、驻守祖国的边疆，为祖国教育事业的发展和边疆安全、社会稳定奉献了自己的力量。将"两路"精神融入思想政治教育，能够让学生更全面、深刻地体会到先辈们无私奉献的精神，从而更广泛地塑造大学生无私奉献的品质，使无私奉献的精神内化于心、外化于行，将无私奉献的品质转化为无私奉献的行为。

（三）增强大学生民族团结的意识

从民族团结的性质来讲，社会主义的民族团结是社会主义社会各民族之间的团结，是以中国共产党的领导和党的凝聚力为核心的，是以社会主义制度和祖国统一为基础的。①修建川藏公路和青藏公路，一方面是为了改变西藏贫穷落后的面貌，另一方面是维护祖国的统一与边境稳定。修建"两路"的过程中，广大的藏族人民积极与汉族人民、中国人民解放军的战士们一起努力，修建通往幸福生活的"金桥"。为了大力帮助西藏地区的发展，国家投入了大量资金②，在这个过程中形成的"两路"精神不仅体现着修路过程中藏族、汉族的深厚情谊，还一直延续到今天，昭示着民族团结的客观事实。目前，大学生思想政治教育中的民族团结教育，主要是从党的民族政策等理论层面开展教育，使学生初步具备了民族团结的意识。将"两路"精神融入思想政治教育，讲述川藏公路和青藏公路修建过程中，民族团结一心、互帮互助的生动事例，帮助学生深刻理解民族团结的内涵，有利于大学生铸牢民族共同体意识，坚决反对藏独势力和西方某些势力企图分裂中国的不当言论和行为，维护祖国统一。

三、"两路"精神融入大学生思想政治教育的现实路径

将"两路"精神融入大学生思想政治教育，机遇与挑战并存。一方面，随着科学技术的发展，以互联网为载体进行授课的方式越来越成熟，同时由于当代大学生是互联网的"原住民"，因此以互联网为媒介进行"两路"精神教育，更容易让大学生接受，思想政治教育的亲和性和实效性也会增强。另一方面，当代大学生成长于中国快速发展的时期，其政治意识与爱国主义情感更强烈，"两路"精神中展现出的强烈的爱国主义情怀更容易被当代大学生接受。互联网的发展与当代大学生独特的思想行为特点给"两路"精神融入思想政治教育带来机遇的同时也带来了挑战。第一，随着互联网的发展，西方社会的一些错误思想，例如拜金主义、享乐主义、奢靡

---

① 严庆：《中国民族团结的意涵演化及特色》，《民族研究》2019年第1期，第24-34、138-139页。
② 纪念川藏青藏公路通车三十周年筹委会办公室文献组、西藏自治区交通厅文献组：《纪念川藏青藏公路通车三十周年文献集》第一卷文献篇，拉萨：西藏人民出版社，1984年，第126页。

之风等通过互联网的广泛传播，荼毒大学生的思想，给大学生思想政治教育带来了挑战。第二，当代大学生虽然乐于接受新事物，但缺少主动实践的意识，这给"两路"精神内化于心、外化于行带来了挑战。因此，将"两路"精神融入大学生思想政治教育需要抓住机遇、克服挑战，思政课教师要发挥主导作用，积极主动挖掘"两路"精神中丰富的教育资源来丰富思政课的内容，借助新媒体技术丰富教学形式，坚持学生的主体地位，引导学生在实际生活中践行"两路"精神。

（一）利用"两路"精神的教育资源，充实思政课的课程内容

"两路"精神内容丰富，包含不怕流血牺牲、敢于直面困难的艰苦奋斗精神，勤勤恳恳、坚守岗位的奉献精神和各民族齐心协力、共克时艰的团结精神。因此，思政课教师将"两路"精神作为教学资源时，需要挖掘并选择"两路"精神的内容。第一，在挖掘"两路"精神的教育资源时，思政课教师可以根据课程的内容，选择"两路"精神中的具体精神，挖掘其背后的感人故事作为课程资源。挖掘课程资源时，可以参考相关政策文件、筑路工人和养护者的访谈记录、新闻报道和筑路工人以及解放军战士们写的回忆录等，收集感人故事和影视作品并筛选出适合课程内容的资源。第二，在选择"两路"精神的教育资源时，思政课教师要仔细甄别和选择正确的内容。所谓正确的内容包括两方面的内涵：一是要与客观事实相符合，绝不能在网络上随意搜索和下载未经考证的资料，而必须选择官方确定的与"两路"精神有关的资料，这就需要思政课教师增强辨别能力和选择能力；二是要与课堂教学相关，"两路"精神中包含有革命英雄主义精神、革命乐观主义精神、艰苦奋斗精神、无私奉献精神、民族团结精神等内容，这就需要思政课教师根据实际的授课内容或计划选取相关内容在课堂上展示。除此之外，思政课教师要按照因材施教的原则，考虑到学生的身心发展特点、专业背景和教学内容，针对不同专业的学生选取合适的与"两路"精神相关的教学素材。

（二）借助新媒体展示"两路"精神，丰富思政课的教学形式

新媒体已经成为现在教学中不可缺少的工具，通过图片、影视资料的展示可以使学生生动直观地理解授课内容。在借助新媒体讲授"两路"精神时，一方面，充分发挥多媒体技术的优势，营造良好的教学氛围。利用网络展示两条公路修筑时的视频、照片以及亲历者及其后代接受访谈的视频等，展现筑路与养护的艰苦过程以及在此过程中形成的伟大精神，营造学习"两路"精神的氛围，带动学生的情绪，引起学生的情感共鸣，推动"两路"精神入脑入心，增强思政课的吸引力。另一方面，思想政治教育是教师与学生双向互动的过程，在思政课上，教师需要利用网络选取正确的"两路"精神的素材融入课堂教学，利用新媒体技术进行展示来引起学生的共鸣，学生作为思想政治教育的客体也需要向教师反馈学习效果。因此，在讲授"两路"精神时，思政课教师可以让学生提前准备相关内容，例如制作课件、拍摄视频等，并在课堂上进行展示，在教学互动中，借助新媒体技术来加深对"两路"精神的理解。

（三）在实践中践行"两路"精神，提升思政课的教学效果

习近平总书记强调，思政课不仅应该在课堂上讲，也应该在社会生活中来讲[1]。"两路"精神具有丰富的内涵和强大的精神力量，教师在讲授时，绝不能照本宣科。在课堂上，生动形象的图片展示可以促进"两路"精神内化于心。要检验"两路"精神是否真正地存在于学生的思想观念中，还需要将"两路"精神外化于行，在实践中巩固课堂教学的成果。青少年是祖国的未来、民族的希望。2022年全国共有各级各类学校51.85万所，学历教育在校生2.93亿人[2]。要将"两路"精神继承发展下去，青年学生起着关键的作用。思政课教师要积极引导学生在实际生活中践行"两路"精神，要发扬"一不怕苦，二不怕死"的艰苦奋斗精神，直面苦难，挑战困

---

[1] 杜尚泽：《"大思政课"我们要善用之》，《人民日报》2021年3月7日，第3版。
[2] 吴丹、蔡华伟：《2022年教育事业成绩单公布，各级各类教育取得显著进展 在"上好学"上迈出坚实步伐》，《人民日报》2023年3月24日，第7版。

难,为祖国建设添砖加瓦。发扬"顽强拼搏,甘当路石"的奉献精神,坚持不懈,坚守岗位,勤奋工作、努力学习。发扬"军民一家,民族团结"的团结精神,坚决同分裂国家的言行作斗争,热爱祖国,维护国家统一和民族团结。

综上所述,"两路"精神形成于川藏公路和青藏公路的建设与养护中,其丰富的科学内涵和永不过时的精神实质鼓舞了一代又一代的社会主义建设者为祖国统一和发展奉献自己的力量。将"两路"精神融入大学生思想政治教育,能够涵养大学生的艰苦奋斗精神、奉献精神和团结精神,鼓励大学生向先辈学习,为实现中华民族伟大复兴接续奋斗。

从"两路"建设看"两路"精神在民族团结中的作用发挥

刘京缘[①]

西南交通大学马克思主义学院

【摘　要】　一不怕苦、二不怕死，顽强拼搏、甘当路石，军民一家、民族团结的"两路"精神生成于川藏、青藏公路的建设中。川藏、青藏"两路"的建设，不仅展现了中国共产党民族政策的优越性，推动了平等、团结、互助、和谐社会主义民族关系的形成，而且形成的"两路"精神为新时代的民族团结提供了精神动力。

【关键词】　川藏公路；青藏公路；民族团结；"两路"精神

中华人民共和国成立不久，英、美等帝国主义国家对西藏虎视眈眈，试图将西藏分裂出去。为捍卫国家统一，以毛泽东同志为核心的党的第一代中央领导集体发出"进军西藏宜早不宜迟"的指示。然而，解放西藏面临两大问题：一是交通问题，二是民族问题。为解决此问题，党中央下达"一面进军，一面修路"的指令，同时，在修路过程中要求人民军队严格遵守民族政策，团结少数民族同胞。由此，川藏公路、青藏公路开始建设。

在川藏、青藏公路的建设过程中，数以万计的人民解放军与沿线群众团结协作，与复杂地形斗，与极端天气搏，形成了一不怕苦、二不怕死，顽强拼搏、甘当路石，军民一家、民族团结的"两路"精神。可以看出，"两路"精神源于"两路"的建设，有着切实的血脉支撑。因此，本文追本溯源，从"两路"精神的形成背景，即"两路"的实际建设出发，探析"两路"精神对于我国民族团结工作的作用。

---

① 刘京缘，西南交通大学马克思主义学院2020级硕士研究生。

一、"两路"建设展现了中国共产党民族政策的优势

毛泽东同志指出:"国家的统一,人民的团结,国内各民族的团结,这是我们的事业必定要胜利的基本保证。"[①]中国共产党从诞生之日起就肩负着争取民族独立、人民解放,实现国家富强、人民幸福的历史重任。立足党的性质与使命,中国共产党坚持将马克思主义基本原理同中国具体实际相结合,不断完善民族政策,坚定维护和促进民族之间和民族内部的团结。而川藏、青藏公路的成功修筑,无疑是中国共产党民族政策优势的最好展现,也是中国共产党团结带领人民奋斗的最好例证。

首先,中国共产党具有广泛的群众基础和极为强大的社会动员能力,广大群众对中国共产党具有较高的价值认同和情感依赖[②]。而在少数民族地区,中国共产党想要争取到少数民族同胞同样的认同和依赖,就离不开正确的民族政策。在川藏、青藏公路的修筑过程中,中国共产党领导下的人民解放军积极做好西藏上层人士的统一战线工作,深入藏族群众,关心藏族同胞的生活,切实考虑藏族同胞的利益,受到了藏族同胞的认可,被藏族同胞们亲切地称为"金珠玛米"。川藏公路修筑之初,为提升筑路技术基础,国家召集了来自全国各地的工程技术人员、行政管理人员共 600 余人,先后参与到川藏公路的建设中。在川藏公路修筑过程中,筑路部队严格执行党的民族政策,搞好民族团结,"语言不通就让事实说话",以实际行动去帮助、影响和团结少数民族同胞,吸收了 16 000 名少数民族同胞参与到川藏公路西段的建设中[③]。同样,青藏公路的修筑成功,也离不开汉族、回族、藏族、蒙古族等各族人民的团结奋斗。筑路部队始终坚持民族平等与团结政策,与西藏地方政府协商,尊重少数民族同胞的宗教信仰,保障少数民族同胞的各项利益。沿线群众亦是一路支援,如当雄的六个宗

---

① 中共中央文献研究室:《毛泽东文集》第七卷,北京:人民出版社,1999 年,第 204 页。
② 张宁:《政党"元概念"比较视阈下中国共产党与西方政党的本质区别——兼论中国共产党的执政优势》,《理论导刊》2022 年第 10 期,第 26-33 页。
③ 康藏公路修建司令部修路史料编辑委员会:《康藏公路修建史料汇编》,1955 年,第 279 页。

（县）的牧民动员三万多头牦牛，从黑河运输十万多斤粮食和其他物资到拉萨①，保障了筑路工程的顺利进行。

此外，毛泽东同志高度肯定了中国共产党在促进民族团结中的核心作用，认为"只有经过共产党的团结，才能达到全阶级和全民族的团结"②。川藏、青藏公路的通车与畅通，离不开各族人民的团结奋斗，更离不开党的领导。"乱石纵横，人马路绝，艰险万状，不可名态"是前人对西藏交通的形象总结。中华人民共和国成立后，为维护多民族国家的团结统一，改变西藏贫穷落后面貌，毛泽东同志号召人民子弟兵"为了帮助各兄弟民族，不怕困难，努力筑路"③，全力修筑川藏、青藏公路。同时，由于川藏公路与青藏公路属于军用急造公路，党和国家对其建设给予了高度的关注。从公路选线要求着眼于藏族同胞的长远利益，到公路拨款专事专办、先拨款后报告，都表明了国家对于少数民族地区的重视和对少数民族的关怀。正因为党和国家的高度重视和全力支持，仅耗时四年多，就实现了"雪域变通途"的人间奇迹。这一人间奇迹的诞生证明了只有在中国共产党的领导下中华民族的大团结才能实现。

总体来看，川藏、青藏公路的成功建设通车充分展示了中国共产党民族政策的正确性和优越性，为中国共产党领导团结各族人民实现中华民族伟大复兴奠定了基础。

二、"两路"建设推动了社会主义民族关系的形成

"人对人的剥削一消灭，民族对民族的剥削就会随之消灭。民族内部的阶级对立一消失，民族之间的敌对关系就会随之消失。"④剥削制度和民族

---

① 纪念川藏青藏公路通车三十周年筹委会办公室文献组、西藏自治区交通厅文献组：《纪念川藏青藏公路通车三十周年文献集》第二卷筑路篇（上），拉萨：西藏人民出版社，1984年，第106页。
② 毛泽东：《毛泽东选集》第一卷，北京：人民出版社，1991年，第278页。
③ 中共中央文献研究室：《毛泽东年谱（一九四九——一九七六）》第一卷，北京：中央文献出版社，2013年，第627页。
④ 马克思、恩格斯：《马克思恩格斯文集》第二卷，北京：人民出版社，2009年，第50页。

内部的阶级对立是造成民族不团结的根本性原因之一。1951年前的西藏，一方面，长期处于封建农奴制社会，几乎全部的土地、农具等生产资料被占人口5%的农奴主占据，剩余95%的农奴则遭受着农奴主的疯狂剥削与压迫。另一方面，西藏地区因与内地交通不便等问题独居一隅，与中央政府长期隔离。因此，想要实现西藏地区民族的发展进步和民族关系的伟大变革，就必须废除封建农奴制度。

1951年5月，中央人民政府和西藏地方政府的代表就西藏和平解放的一系列问题达成协议，签订了《中央人民政府和西藏地方政府关于和平解放西藏办法的协议》(简称"十七条协议")。协议明确规定，有关西藏的各项改革事宜，中央不加强迫，西藏地方政府自动进行改革。西藏和平解放以后，广大农奴要求挣脱封建农奴制的枷锁、实行民主改革的呼声日益高涨。但西藏上层反动集团企图让农奴制"永远不改"，千方百计阻挠"十七条协议"的执行，企图饿死、困死、赶跑驻藏人民解放军和进藏工作人员。而川藏、青藏公路的建设，一方面是由汉族、藏族等各族人民共同建设而成，他们在筑路的过程中加深了了解，结下了亲密无间的同胞情，打破了以往汉族、藏族等各族人民之间情感的壁障，为西藏的民主改革筑牢了群众基础。另一方面，川藏、青藏公路的建成通车，使天堑从此变通途，源源不断的生产生活物资得以进藏，为推动西藏实现社会制度历史性跨越及经济社会快速发展发挥了十分重要的作用。1959年3月，西藏反动上层集团发动全面武装叛乱。中央政府采取果断措施平息叛乱后，1959年3月28日，国务院总理周恩来签发命令，宣布解散西藏地方政府，黑暗残酷的封建农奴制度也土崩瓦解，百万农奴翻身得解放。在中国共产党的领导下，西藏民族关系也发生了历史性转变：由剥削、对立关系转变为平等、团结、互助、和谐的社会主义新型民族关系。

西藏民主改革的顺利实现和社会主义新型民族关系的确立，离不开川藏、青藏公路建设奠定的群众和经济基础。但是，民族团结并非一蹴而就，也绝非一劳永逸。新时代，我们必须继续坚持以经济建设为中心，坚持交通先行，以此加强与各民族地区的情感联结和经济交流，使各民族人民始终像石榴籽一般紧密团结。

三、"两路"精神提供了民族团结的精神动力

川藏公路与青藏公路的建设，为西藏地区的发展注入了源源不断的活力，"两路"精神的形成，更为国家统一、民族团结提供了强大的精神动力。2014年，川藏、青藏公路通车60年，习近平总书记高度肯定在两条公路的修筑和养护过程中形成的"两路"精神，并指出在新时代要继续弘扬"两路"精神，使川藏、青藏公路始终成为民族团结之路。

"两路"通车以来，几代"两路"人坚守岗位，接力奋战于高寒地区，以自己的血肉之躯保障着这两条民族团结之路的始终畅通，用自己的实际行动践行"两路"精神。立足新时代，实现中华民族伟大复兴更需要各族人民的团结奋斗，川藏、青藏公路建设中形成的"两路"精神无疑为巩固民族团结提供了不竭精神动力。首先，从"两路"精神形成的跨度之长，可见其内涵之丰富。"两路"精神发端于川藏、青藏公路的修筑时期，发展于川藏、青藏公路60余年的养护过程中。在这一过程中，涌现出了一大批感人肺腑的民族团结事例，极大促进了汉族、藏族等各族人民之间的交流，将汉族、藏族等各族人民紧密地团结在一起。如修筑川藏公路时，解放军主动承担开山炸石、修桥等危险性高、难度大的任务，保证藏族同胞的安全；而藏族同胞一路跟随解放军，工程修就到哪里，物资运输到哪里，还出现了藏族女同胞曲美巴珍宁愿自己淋雨也要保护军队物资的感人事迹。又如修筑青藏公路时，虽然工期紧张，但筑路指挥部仍然尊重少数民族同胞的宗教信仰，主动提出要为回族同胞放假闭斋。川藏、青藏公路修通后，各族同胞又再次团结在公路养护的工程中，继续保障着"两路"的长期畅通，续写民族团结的新篇章。其次，从"两路"精神的传承不断中，可见其力量之不竭。川藏公路与青藏公路所经过地区，大部分都是少数民族地区，但无论是修筑阶段，还是养护时期，都凝聚了各族人民的力量。来自各个民族的建设者"献了青春献终身，献了终身献子孙"，只为保通这两条"民族团结之路"。而正是"两路"建设者们的坚守，方能使"两路"精神持续发展，成为推动汉族、藏族等各族人民团结奋斗的动力源泉。

四、结　语

"一部中国史,就是一部各民族交融汇聚成多元一体中华民族的历史,就是各民族共同缔造、发展、巩固统一的伟大祖国的历史。"[1]无论过去还是现在,中华民族的发展强大,都离不开各族人民的共同奋斗。川藏、青藏公路的建设中,人民军队广泛团结沿线群众,各族人民积极投入建设,充分展现了中国共产党民族政策的优越性。同时,"两路"的建设,为西藏地区社会主义民族关系的形成提供了群众基础和经济基础。伟大事业铸就伟大精神。在建设和养护公路的过程中形成的"两路"精神,为巩固民族团结提供了强大的精神动力。新时代,我们应当坚持弘扬"两路"精神,始终与各族人民团结互助,汇聚各族人民同心协力的磅礴力量,共同助力于中华民族伟大复兴。

---

[1] 习近平:《在全国民族团结进步表彰大会上的讲话》,北京:人民出版社,2019年,第7页。

论"两路"精神的生成、表现及其时代价值

李思梦[①]

西南交通大学马克思主义学院

【摘　要】 解放西藏、稳固边疆是"两路"精神形成的历史背景,艰苦卓绝的"两路"建设和养护是"两路"精神形成的实践基础,自古倡导勤劳勇敢、自强不息、团结友爱的中华优秀传统文化以及饱含牺牲、奉献、创新等精神追求的革命文化是其形成的文化渊源。艰苦卓绝的"两路"建设、养护事业深刻彰显了"两路"精神。"两路"精神蕴含着中国人民不怕牺牲、甘于奉献、团结互助的美好品格,其内涵丰富,价值深远,为新时代西藏交通建设、思想政治教育纵深发展以及中华民族伟大复兴提供了强大的精神力量和精神支撑。

【关键词】 "两路"精神;表现;时代价值

在川藏、青藏公路建成通车 60 周年之际,习近平总书记作出重要批示,把"两路"精神概括为"一不怕苦、二不怕死,顽强拼搏、甘当路石、军民一家、民族团结"[②]。本文主要探讨"两路"精神的生成、表现及其时代价值。

一、"两路"精神的生成

精神的形成、发展都具有其特定的时代背景、实践基础和历史条件,

[①] 李思梦,西南交通大学马克思主义学院 2020 级硕士研究生。
[②]《习近平就川藏青藏公路建成通车 60 周年作出重要批示》,《人民日报》2014 年 8 月 7 日,第 1 版。

并植根于本民族的传统文化以及特定的时代精神。①"两路"精神的形成自然也不例外。解放西藏、稳固边疆是其形成的历史背景,艰苦卓绝的"两路"建设、养护是其形成的实践基础,自古倡导勤劳勇敢、自强不息、团结友爱的中华优秀传统文化以及饱含牺牲、奉献、创新等精神追求的革命文化是其形成的文化渊源。"两路"精神的形成具有深厚的文化渊源和扎实的实践基础。

(一)"两路"精神生成的时代背景

任何精神都诞生于一定的时代背景下。1949年10月,中华人民共和国宣告成立,久经磨难的中华民族从此站起来了。此时,西藏由于地处祖国西南边疆,自然地理环境恶劣,加上交通闭塞,几乎与国内其他省份处于半隔离状态。当时的西藏经济、政治、社会极度落后,延续几千年的封建农奴制严重阻碍了西藏经济的发展,深受封建农奴制度残酷剥削的百万农奴处于水深火热之中,期盼着解放。英、美、印等国与西藏地方民族分裂势力相互勾结,紧锣密鼓地策划"西藏独立"活动,严重地威胁了中国领土主权的完整和西藏的安全。古言"治国必治边,治边先稳藏"。鉴于此,西藏的解放刻不容缓。1950年1月初,毛泽东同志作出了应尽快解放西藏的判断,他指出:"西藏人口虽不多,但国际地位极重要,我们必须占领,并改造为人民民主的西藏。"②历史证明,只有解决交通和补给问题才能使人民解放军在西藏站稳脚跟,完成中国统一大业,从而巩固国防,促进西藏发展。因此毛泽东同志又作出"一面进军、一面修路"的指示。③按照党中央和中共中央西南局、西南军区部署,1950年3月,中国人民解放军第十八军进藏部队在各级领导的率领下,从乐山出发,怀着早日解放西藏、维护国家统一的信念,揭开了进军西藏的序幕,"两路"精神也诞生于这一时代背景下。

---

① 王炳林、房正:《关于深化中国共产党革命精神研究的几个问题》,《中国高校社会科学》2016年第8期,第4-15、155页。
② 中共中央文献研究室:《毛泽东文集》第六卷,北京:人民出版社,2009年,第36页。
③ 高平:《亲历川藏线》,北京:人民出版社,2011年,第12页。

(二)"两路"精神生成的实践基础

马克思主义认为,实践是认识的来源。"两路"精神属于意识层面的范畴,其最根本、最原始的来源只能是革命实践,因此探寻"两路"精神来源的秘密,需要从实践中寻找答案。为解放西藏、巩固西南边疆、促进西藏发展,在中国共产党的领导下,以中国人民解放军十八军等部队为主力,包括广大内地工程技术人员,以及汉族、藏族、彝族等各族民工在内的10多万筑路军民,在高寒缺氧、缺粮少药、峭壁耸立、自然灾害极重的客观条件下,以"让高山低头,叫河水让路"的必胜信念,依靠着钢钎、铁锹、十字镐、锤头等极其原始的工具,开启了与大自然的较量。在筑路过程中,军民逢山开路、遇水搭桥、战冻土、治泥沙,不断挑战生理极限。经过五易寒暑(1950年4月到1954年12月)的艰苦奋斗,筑路大军修通了横跨世界屋脊的康藏公路和青藏公路①,彻底结束了西藏没有现代公路的历史。两条公路总长4 600多米,公路沿线平均海拔超过4 000米,其中青藏公路途经的唐古拉山海拔高达5 231米。如此艰苦的社会、自然条件,两路的顺利通车堪称是世界筑路史上的奇迹。军民付出的艰辛是难以想象的。60多年来,在建设和养护川藏、青藏公路的过程中,肩负其责的广大军民继续进行着艰苦卓绝的伟大斗争,高度发扬了不怕牺牲、开拓进取、甘于奉献的伟大精神。因此,"两路"精神锻造于"两路"修筑、改建、养护的伟大事业中。

(三)"两路"精神生成的文化渊源

精神的产生和发展需要一定的理论源泉,需要从理论源泉中汲取养分。中华优秀传统文化是中华民族的根基与灵魂,是培育中华儿女崇高精神品格的优质养分。任何中国精神都需要从中华优秀传统文化中汲取养分。范晔《后汉书·朱儁传》中的"万人一心,犹不可当,况十万乎",《孟子》

---

① 康藏公路:起于雅安,止于拉萨,1950年4月动工,1954年12月25日全线通车,全长2 255千米。1955年10月1日,因国务院撤销西康省建制,交通部决定将"康藏公路"改称"川藏公路",以成都为起点,全长2 416千米。

中的"天时不如地利,地利不如人和",蕴含着团结协作的深刻内涵。林则徐的"苟利国家生死以,岂因祸福避趋之",张载的"为天地立心,为生民立命,为往圣继绝学,为万世开太平",范仲淹的"先天下之忧而忧,后天下之乐而乐",突出了他们博爱济众的圣人之心及爱国情怀。《周易》中的"天行健,君子以自强不息",以及女娲补天、精卫填海等一系列神话故事,饱含了自强不息、顽强拼搏的美好意愿。"两路"精神中包含了不怕牺牲、甘于奉献、团结互助等精神元素,这些精神元素正是中华优秀传统文化一直强调和推崇的。中华优秀传统文化中所推崇的精神特质为"两路"精神的形成提供了源源不断的精神养料,中华优秀传统文化中所倡导的美好精神品格与"两路"精神一脉相传。

习近平总书记指出:"中国革命历史是最好的营养剂。"[1]"两路"精神不仅从中华优秀传统文化中汲取养分,也从中国共产党百年传承的革命文化中汲取精华和力量。革命文化是中国共产党领导广大人民群众在革命斗争中创造形成的先进文化。中国共产党的革命文化深刻彰显了中国共产党为中国人民谋幸福、为中华民族谋复兴的初心和使命。革命文化中最核心的部分当属中国共产党在百年征程中锻造的伟大革命精神。党的革命精神积淀着中国共产党和广大人民群众最深沉的精神追求,是不断支撑党和人民突破一切艰难险阻争取胜利的强大精神支柱。中国共产党在新民主主义革命时期形成的一系列革命精神无不饱含着不怕牺牲、甘于奉献、热爱祖国、热爱人民等美好精神追求,例如红船精神、延安精神、长征精神等。这些革命精神中的美好精神追求与"两路"精神所倡导的崇高精神品格一脉相承。中国共产党革命文化为"两路"精神的形成提供充足的精神养分。

二、川藏、青藏公路建设、养护过程中"两路"精神的表现

精神源于实践,精神又指引实践。中国共产党波澜壮阔的百年征程诞生了历久弥坚的百年精神谱系。"两路"精神作为精神谱系的一部分,其重要性不言而喻。"两路"精神诞生于特殊的时代背景,在气壮山河的实践中

---

[1] 习近平:《在党史学习教育动员大会上的讲话》,《党建》2021年第4期,第4-11页。

淬炼而成。不凡的形成背景也赋予其非凡的内涵。关于"两路"精神的基本内涵，习近平总书记的批示已经阐述得非常明确，其实质就是一种饱含大无畏英雄气概、拼搏精神、奉献精神及团结精神的中国精神，故在此不进行赘述。依据"两路"精神的深刻内涵，其在川藏、青藏公路建设、养护过程中主要体现在以下几个方面。

（一）不惧困难、不畏生死的大无畏英雄气概

20世纪50年代初，为了促进西藏解放、巩固西南边疆，11万筑路军民在党的带领下，以"誓死把五星红旗插上喜马拉雅山"的必胜信念，在"世界屋脊"上进行了艰苦卓绝的筑路斗争。面对悬崖峭壁、酷寒缺氧、工具简陋、缺粮少药、地震洪水频发的恶劣环境，广大筑路者不怕苦、不怕死，以"压倒一切困难"的大无畏精神战天斗地，先后征服了雀儿山、达马拉山、怒江、敏拉山、皮康崖等关卡。战士们经历了生理与心理的艰巨考验，打通了一个又一个生命的禁区。在筑路过程中，军民付出的牺牲是巨大的。环境极度缺氧、酷寒，不少战士患上高原病，肺部发肿、嘴唇发紫、脸色苍白，连吐出的痰都是粉红色；复杂的地形地质条件，无数战士在施工过程中被悬崖、激流、泥石流吞噬；据统计，在打通雀儿山的过程中就牺牲了300多人。3 000多名战士长眠于川藏、青藏公路上，公路每向前延伸一千米就有1.5人牺牲，可谓是一里一忠魂。[①]"为有牺牲多壮志，敢教日月换新天"，"两路"通车这一伟大创举由无数指战员和筑路民工的生命和鲜血促成，他们用生命在川藏线上谱写了一曲饱含大无畏精神的华美乐章。

"两路"虽已经修成，但由于前期只是粗通，加上自然灾害的破坏，军民在"两路"上与自然的斗争从未有停止。60多年来，在川藏、青藏公路后期的改建养护事业中，广大军民继续发扬不惧困难、不畏生死的大无畏精神。在世界屋脊的高山路段从事改建、养护工作是极其艰难的，军民不仅要忍受高寒缺氧、物资短缺、生活单调、远离家人的困难，时常还会面

---

① 李玲、王贤：《"两路"精神融入交通院校学生思想政治教育的路径》，《西部素质教育》2022年第19期，第68-71页。

临生命危险。例如雀儿山上的道班工人莫尚伟接受采访时说："在雀儿山上做养护工作就是把脑袋别在裤腰带上，海拔高，氧气稀薄，手指甲凹陷，身体各项指标都不正常；山上路既险又窄，旁边都是悬崖，开车铲雪不小心就会掉下悬崖。"①折多山养路工人王康洪也讲述道："在海拔4 000多米的折多山上，没有电，生活全靠蜡烛，煮饭都是柴火、蜂窝煤，没有蔬菜，饭永远是夹生的，喝的水都是雪水。以前不像现在有运料车，全要用手推车拉料，倒料，再辅路，冬季又冷，那是非常累人的。我们施工的地方塌方、泥石流多，非常危险，但我们都坚持了下来。"②两路的建设者和养护者远离家人、扎根高原，忍受常人难以忍受的艰苦，作出常人难以想象的牺牲，他们高度发扬了特别能忍耐、特别能奉献、特别能吃苦的崇高精神，用汗水甚至生命保障着川藏、青藏公路的顺利通车。

（二）战天斗地、以路为家的拼搏奉献

"顽强拼搏、甘当路石"的精神彰显了"两路"建设、养护过程中进取、奉献精神。伟大的事业需要伟大的斗争，伟大斗争需要有百折不挠、勇往直前、舍己为人的拼搏、奉献精神。在川藏、青藏公路的建设、养护过程中，环境艰险、工程艰巨、生活艰苦没有击退勇敢的军民，而是激发了他们百折不挠的拼搏精神。首先与大自然斗，面对高寒缺氧、悬崖峭壁，险滩激流的重重阻碍，战士们喊出"天寒地冻心里热，热血可以融冰雪，战胜冻土修公路，保证年前通汽车""缺氧不缺精神、艰苦不怕吃苦"③的响亮口号以鼓舞士气，打出悬空打炮眼、昼夜施工、火烧冻土、挖野菜等组合拳。特别是在前期选线勘测时期，青藏高原复杂的地质、水文、气象条件，加之前人记载资料极少，甚至连一张完整的地图都没有，要从这千山万水中选一条合适的路线，要实现从0到1的跨越，困难可想而知。勘测队员以"敢上九天将月揽，为邦不惜鲜血流"的拼搏精神开启勘测的冒险

---

① 调研组采访雀儿山养路工人莫尚伟，2021年10月3日于甘孜藏族自治州。
② 调研组采访折多山养路工人王康洪，2022年8月14日于甘孜藏族自治州。
③ 纪念川藏青藏公路通车三十周年筹委会办公室文献组、西藏自治区交通厅文献组：《纪念川藏青藏公路通车三十周年文献集》第二卷筑路篇（上），拉萨：西藏人民出版社，1984年，第40-41页。

之旅。其次是与自己斗，面对物资的短缺，战士们自制工具挖野菜，吃马料，依靠原始工具硬是以血肉之躯筑起川藏、青藏公路。

在条件艰苦的川藏、青藏公路从事建设、养护工作，不仅需要百折不挠的拼搏精神，还需要舍己为人、舍我其谁的奉献精神。为解放西藏、巩固西南边疆，广大筑路指战员放弃富庶温暖的巴蜀大地，转战苦寒缺氧，甚至生死难测的青藏高原，放弃亲人团聚的稳定生活，选择扎根边疆。这深刻彰显了筑路战士舍"小我"铸"大我"的奉献精神。自川藏、青藏公路建成通车以后，一代代交通人接力驻守云端。常年在高寒环境下工作，军民的皮肉常常会和金属工具冻在一起，一用力一松手，金属能"咬"掉整块手皮，鲜血淋漓。由于海拔高，氧气稀薄，不少军民的身体素质明显下降，备受高原心肺疾病折磨。公路是西藏社会发展的生命线。一代代交通人始终以养路为业、道班为家，人在路上、路在心上，用生命守护天路，用热血对抗严寒，用善举帮助路人，在川藏、青藏公路上唱响勇于担当、甘于奉献的生命赞歌。

（三）军民合作、助路畅通的团结协作

"军民一家、民族团结"彰显了修筑、养护和改建川藏、青藏公路过程中军民之间、民族之间水乳交融、血肉相连的深情厚谊，是军民团结、民族团结的深刻表达。延绵数千千米的川藏、青藏公路，是藏汉军民合力绘制的绝美画卷。川藏、青藏公路的修筑本就是为解放西藏、发展西藏服务的。在筑路过程中毛泽东就曾指出："为帮助各兄弟民族，不怕困难，努力筑路！"①西南军政委员会主席刘伯承也指出："要保障和平解放西藏，关键问题是交通运输。"②筑路过程中，军队严格执行毛泽东提出的"进军西藏，不吃地方"③的指示，宁愿吃野菜马料果腹，也不给群众增添一丝负

---

① 《解放西藏史》编委会：《解放西藏史》，北京：中共党史出版社，2008年，第258页。
② 高平：《亲历川藏线》，北京：人民出版社，2011年，第13页。
③ 西藏自治区公路交通史志编写委员会：《西藏公路交通史》，北京：人民交通出版社，1999年，第31页。

担，尊重藏族同胞的宗教文化、风俗习惯。在与藏族民工共同修路的过程中，部队指战员悉心教导他们的筑路技术，关心他们的日常生活。为保证民工的安全，部队担负了全部险要工程的施工任务，把不易发生危险的工程留给民工。这一优良传统也延续到公路改建和养护事业中。例如参与川藏公路改建的852大队战士郭成仁讲述道："当时在八宿修路，我们起早贪黑帮助当地居民挖煤，军民关系非常好。还经常开展军民联谊会，遇到有困难的藏民，我们还给他们送粮。"①军队对民工的爱护也换来了民工对军队的拥护。这种拥护体现在协助部队运送物资和筑路上。据统计，川藏公路西线，上万名藏族民工承担了83%的土石方任务，同时民工还积极协助中国人民解放军第十八军宣传党的民族政策。在东线，藏族群众冒着风雪，翻越深山峡谷，受冻挨饿，用人力或牦牛夜以继日地帮助战士运送物资。②著名的"牦牛越界互助"体现的就是藏汉、军民、藏族内部的团结协作。在川藏、青藏公路后期的养护、改建事业中，少数民族人民的贡献依然重大。例如，"天下第一道班"的工人中大部分是藏族工人，青藏公路上的"路三代"扎西次仁，被汉藏人民誉为"雀儿山铺路石"的藏族工人陈德华。他们用青春、汗水甚至生命守护"天路"畅通，书写着民族团结的美好诗篇。川藏、青藏公路通车60多年来，"两路"上军爱民、民拥军，彰显军民同心、汉藏团结的美好故事依旧不断上演。

三、"两路"精神的时代价值

"人无精神则不立，国无精神则不强"③。精神是一个民族生生不息的核心要素，唯有精神上富足、自信，这个民族才能经历风雨依然屹立不倒、

---

① 调研组采访852大队老兵郭成仁、吴勇，2022年10月26日于成都。
② 纪念川藏青藏公路通车三十周年筹委会办公室、西藏自治区交通厅文献组：《纪念川藏青藏公路通车三十周年文献集》第二卷筑路篇（下），拉萨：西藏人民出版社，1984年，第165页。
③ 习近平：《在全国抗击新冠肺炎疫情表彰大会上的讲话》，《求是》2020年第20期。

奋勇前行。"两路"精神作为具有交通特色的崇高精神，必将融入一代代交通人的灵魂和血脉，进而助推西藏交通事业的发展。同时"两路"精神蕴含的丰富内涵是思想政治教育的优质素材，有利于深化全党全社会思想政治教育。"两路"精神中蕴含的奉献、拼搏、团结等崇高精神，也必将成为助力国家富强、民族振兴、人民幸福的精神动力。因此，在中国特色社会主义新时代，继续弘扬伟大的"两路"精神，能够为实现第二个百年奋斗目标提供精神滋养。

（一）"两路"精神有利于推动西藏交通运输发展

经济要发展，交通不能断。从古至今，交通运输就是地区经济发展的命脉，也是社会和谐稳定的保障。国防安全和民族团结问题，使西藏交通行业发展显得尤为重要。川藏、青藏公路通车 60 多年来，在改造、整治和养护"两路"的过程中，一代代交通人继承传统，艰苦奋斗，不断丰富和发展"两路"精神。60 多年来，"两路"精神也不断激励着一代代交通建设者艰苦奋斗、勇攀高峰，从而推动西藏交通运输事业实现从无到有、从小到大的跨越式发展。在"两路"精神的鼓舞下，我国在西藏陆续解决了一系列世界性交通技术难题，创造了一项项震惊世界的交通奇迹，大幅提高了我国国防安全，有效推动了西藏经济发展，极大地丰富了西藏人民的物质精神生活。2013 年 10 月，波密至墨脱的公路全线通车，从此，全国所有县都实现了公路通车。墨脱公路全长 117 千米，沿线翻越海拔 4 800 米的嘎隆拉雪山，沿线地质条件复杂，泥石流、山体滑坡、雪崩等自然灾害极重。[①]1961 年我国开始勘测修建，先后历经四次修建，上百名建设者长眠于此，但其间因各种原因停工，公路始终没有完全修通。2009 年墨脱公路新改线工程全线开工，前期探测人员爬雪山、淌冰河、滑溜索、穿原始丛林，战胜了饥饿、死亡的考验，用血肉之躯在"高原孤岛"上踏勘、选线。后期广大工程施工技术人员发扬"不怕苦、不怕死"的大无畏精神，攻坚克难，啃下了嘎隆拉隧道这一最硬骨头。其间工程人员、武警官兵付

---

① 陈银生、何天牛：《西藏墨脱公路地质灾害》，《资源环境与工程》2009 年第 23 期，第 129-132 页。

出的牺牲是巨大的,不少武警官兵在修路前就写好了遗书。① 2013年,这条修建时间超50年的"天路"终于通车,墨脱人民期盼的"快捷平安走出大山"终于圆梦。除了西藏公路建设取得举世瞩目的成就,西藏铁路在"两路"精神的指引下也实现了快速发展。2006年跨越生命禁区的青藏铁路成功通车,建设过程中建设者们挑战生理极限,用精神的高度与自然的高度进行着特殊较量。广大铁路建设者勇于开拓,敢于拼搏,克服了冻土、高原反应等极端问题,用青春和热血铺就了青藏铁路的坚强基石。2018年举世瞩目的"世纪工程"川藏铁路成都至雅安段正式开通运营,地质条件最为复杂,建设难度也最大的雅安至林芝段(雅林段)也于2020年开工建设。川藏铁路的建设难度还将大幅超越中国铁路建设者在青藏铁路建设中所创造的工程奇迹。川藏铁路建设难度之大需要一代代交通人大力弘扬"两路"精神,学习先辈们吃苦耐劳、顽强拼搏、甘于奉献的崇高精神。在全面建设社会主义现代化国家的新征程上,薪火相传的"两路"精神将继续鼓舞全体交通建设者不断攻坚克难、开拓进取,以铿锵的步履加快推进中国特色社会主义交通强国建设。

(二)"两路"精神有利于推动思想政治教育纵深发展

思想政治教育一直是中国共产党的优良传统。毛泽东同志曾指出,思想政治教育工作是团结全党、全社会进行政治斗争的中心环节。如果思想政治教育工作没有做好,党的一切政治任务是不能完成的②。思想政治教育工作本质是做人思想的工作。只有人的思想坚定而正确,行动才会有方向和力量。在全党全社会进行思想政治教育,有利于团结全党全社会凝聚共识和力量进行伟大斗争。"两路"精神是60多年来一代代交通人在雪域高原艰苦付出、默默奉献,用青春、汗水甚至生命锻造的。艰苦奋斗、乐于奉献的崇高精神,真切的爱国主义精神、坚定的理想信念在"两路"精神中被诠释得淋漓尽致。为了建设西藏、稳固西南边疆,一代代筑路军民

---

① 曾江:《大路朝天:见证墨脱的历史之变》,《中国社会科学报》2011年3月31日,第4版。
② 毛泽东:《毛泽东选集》第三卷,北京:人民出版社,1991年,第1094页。

在"两路"的修、改、养过程中,始终发扬"缺氧不缺精神、艰苦不怕吃苦"的高尚情操,吃大苦、出大力,甘当高原铺路石,生动诠释拼搏、奉献、爱国等崇高精神。思想政治教育工作者要利用好这一宝贵精神财富,积极引导全社会坚定理想信念,形成艰苦奋斗、乐于奉献的精神品格,提升广大人民群众的爱国主义精神。川藏、青藏公路修筑、养护、改建过程中,涌现出无数感人至深的英雄模范,例如以任启明、余炯为代表的探路先锋,以张福林、杨海银为代表的筑路模范;以许晓珠、陈刚毅为代表的优秀交通援藏干部以及以"天下第一道班""雀儿山五道班"为代表的先进养路集体。每个人、每个集体都代表着一座精神丰碑,蕴含巨大的精神价值。思想政治教育工作者在宣扬"两路"精神的同时,要挖掘"两路"精神背后英雄模范的先进故事,做到虚实结合,增强思想政治教育的生动性和亲和力,使受教育者真正做到内化于心,外化于行,从而深化全党全社会思想政治教育。

(三)"两路"精神有利于促进中华民族伟大复兴

伟大斗争需要伟大精神蓄积力量。当前,党和国家面临众多风险挑战,急流险滩。我们要积极弘扬"两路"精神,引导全社会坚定理想信念,发扬攻坚克难、顽强拼搏、团结互助的精神,才能克服各种风险挑战,为中华民族的伟大复兴凝聚磅礴伟力。

"两路"精神自诞生以来,始终是支撑中华儿女战胜各种困难,迎接各种风险挑战的强大精神动力。"一不怕苦,二不怕死"强调不怕艰险、不怕牺牲的大无畏精神。在历次抗震救灾、抗洪抢险、森林消防等自然灾害的救援中,我们总能看到无数武警官兵、消防战士、党员模范、志愿者等逆行者不顾个人安危,深入极重灾区,用生命筑起护佑人民的钢铁长城。人的本性是规避危险,但总有人为了大爱冲破本能。正是有这种不怕牺牲、不惧危险的大无畏精神,才使中华民族一次又一次从伤痛中奋起。"顽强拼搏,甘当路石"强调一种百折不挠的拼搏精神和舍己为人的奉献精神。不管是在脱贫攻坚的事业中,还是在疫情防控斗争中,拼搏精神和奉献精神从未缺席。2020年,我国脱贫攻坚战取得了全面胜利,消除了困扰中华民族千百年的绝对贫困问题。这一壮举是中国历史上前所未有的,也将为人类减贫实践提供中国经验。奇迹是无数脱贫攻坚英雄不计回报、不问归期、无私奉献拼来的,是广大贫困地区人民在党的领导下发奋图强、艰苦奋斗换来的。2020年年初,新型冠状病毒感染重大疫情突然暴发。在这场异常严峻艰险的疫情防控阻击战中,众多不计报酬、不论生死、连续作战的科研人员、医护人员以及军人、基层工作者皆肩负使命,逆行出征,他们与病毒赛跑,为生命护航,生动诠释了敢于拼搏、甘于奉献的崇高精神。例如84岁挂帅出征的钟南山,"医之大者,为国为民"的张伯礼,身患渐冻症仍与病毒赛跑的张定宇,"除了胜利、别无选择"的陈薇,以及无数参与疫情防控的"平凡英雄",他们以赤诚之心扛起民族大任,以不忘初心、开拓进取、奋发有为的精神状态与疫情展开殊死搏斗。"军民一家,民族团结"强调一种团结互助的精神。团结互助一直是中华民族和中国共产党的优良传统。新民主主义革命时期,中国共产党始终依靠人民群众的智慧和力量,广泛发动人民群众参与革命斗争,推翻了三座大山,实现了民族独立、人民解放。社会主义革命和建设时期,中国共产党带领人民完成了"一化三改",建立了社会主义制度,凝聚起集体的伟大力量,为社会主义建设服务。改革开放和社会主义现代化建设新时期,党领导人民在创新和开拓中,逐步建立社会主义市场经济体制,极大地解放和发展了我国社会生产力。中国特色社会主义进入新时代,党把全民族的团结统一推向新的高度,各民族人民如同石榴籽一样紧紧抱在一起,凝聚起实现民族复兴的磅礴力量。川藏、青藏公路通车六十多年来,"两路"精神中蕴含的拼搏、无畏、奉献、团结精神一直推动着中华民族战胜一个又一个困难,取得一个又一个伟大胜利。在实现第二个百年奋斗目标、实现中华民族伟大复兴的新征程上,"两路"精神还将继续绽放光芒,为全面建成社会主义现代化强国和中华民族伟大复兴凝聚时代伟力。

"两路"精神融入当代研究生学习的价值与路径分析

李 雪[①]

西南交通大学马克思主义学院

【摘　要】　"一不怕苦、二不怕死，顽强拼搏、甘当路石，军民一家、民族团结"的"两路"精神是中华民族和中国人民宝贵的精神财富，对广大研究生的学习有着重要的导向作用。分析"两路"精神的时代内涵，对新时代研究生在学习中形成艰苦奋斗、顽强拼搏的精神，培养敢于担当、乐于奉献的品质，培养爱国爱民情怀具有重要意义。高等院校可以通过开设"四史"学习课程等途径，促使新时代研究生在以后的学习和工作中坚持科学创新，积极弘扬"两路"精神，努力成为志存高远、脚踏实地的新时代研究人才。

【关键词】　"两路"精神；研究生；现实意义；弘扬路径

2014年8月，习近平总书记在川藏、青藏公路建成通车60周年之际把川藏和青藏建设者和护路者表现出来的优秀品质总结为十六个字："一不怕苦、二不怕死，顽强拼搏、甘当路石，军民一家、民族团结"，即"两路"精神[②]。习近平总书记的讲话充分肯定了川藏和青藏公路千千万万建设者和护路者的历史功绩，并发出弘扬"两路"精神的伟大号召。2021年2月20日，习近平总书记在党史学习教育动员大会上的讲话中第一次正式提出了中国共产党人的精神谱系，而"两路"精神作为第

---

① 李雪，西南交通大学马克思主义学院2021级硕士研究生。
② 《习近平就川藏青藏公路建成通车60周年作出重要批示》，《人民日报》2014年8月7日，第1版。

一批被纳入中国共产党人精神谱系的伟大精神之一，体现了中国共产党领导下的中华民族和中国人民的伟大创造精神、伟大奋斗精神、伟大团结精神、伟大梦想精神。

"两路"精神作为中国共产党人精神谱系中的重要组成部分，它对当代研究生的学习具有重要的指导意义。随着中国特色社会主义进入新时代，我国的研究生教育也迈进新时代，踏上新征程，并且研究生的教育事业在国家现代化和知识创新体系中具有突出的战略地位[1]，其中研究生的学术创新能力在一定程度上反映了国家的科研创造和科研创新能力。但由于我国研究生数量增长过快，研究生的整体素质也相对下降，研究生的世界观、人生观、价值观教育面临多元社会价值体系的挑战[2]。因此，学习包含革命英雄主义精神、担当奉献精神、互爱互助精神的"两路"精神对于研究生成长为堪当时代重任的社会主义建设者和接班人具有重要意义。

一、"两路"精神的具体内涵

中华人民共和国成立初期，为维护国家主权、促进民族地区繁荣发展，党中央具体分析西藏形势，作出了"关于中国人民解放军必须进入西藏，解放西藏人民，保卫中国边疆"的重大战略部署，并进一步作出"一面进军，一面修路"的决策。十几万筑路军民在中国共产党的号召下，严格遵守"入藏守则"，跨江河、穿高原、越断裂带，战胜高山峡谷、激流险滩，成功在"人类生命禁区"建成川藏、青藏公路，这是出现在"世界屋脊"的奇迹。60多年来，护路工人同样默默奉献与坚守着高原天路，一代代交通人接续奋斗形成的"两路"精神有着极其丰富的内涵，不断引领着当代研究生前进，为新时代研究生担当时代使命注入了强大的精神动力。

---

[1] 安蓉、朱荣：《化学类硕士研究生学业拖延影响因素的质性研究》，《化学教育》（中英文）2021年第12期，第98-104页。

[2] 张纯、侯典举：《高校硕士研究生思想政治教育存在的问题及解决路径探析》，《思想政治教育研究》2016年第32卷第4期，第63-66页。

（一）"一不怕苦，二不怕死"的革命英雄主义精神

"一不怕苦，二不怕死"是"两路"建设者和守护者在筑路和护路中不畏艰难险阻的革命英雄主义精神的体现，是"两路"建设者和守护者在面对复杂的筑路环境以及各种自然灾害时的基本态度。康藏公路①途经高山峡谷、激流险滩，沿线地震滑坡、泥石流、雪崩等自然灾害频发；青藏公路跨越青藏高原和多座海拔4 000米以上的大山，高寒缺氧、气候多变、多年冻土不化等自然环境恶劣。但在踏勘和筑路过程中，十几万军民始终不畏艰难险阻，发扬"一不怕苦，二不怕死"的革命英雄主义精神与大自然作斗争。为找到一条合适路线，十余个踏勘队和测量队在高原上的深山峡谷、林海雪原进行踏勘和测量。例如余炯带领的踏勘队为踏勘昌都到拉萨间的线路，历时一年零五个多月，翻越了200多座大山，走了1万多千米路，横跨600多条河流，终于找出了一条较理想的线路②。在筑路过程中，筑路大军以高度的革命热情和顽强的战斗意志，用铁锤、钢钎、铁锹和洋镐穿过横断山脉、昆仑山、唐古拉山，征服一望无垠的草原，跨过长江、怒江。据统计，仅康藏公路就开凿土石方2 900多万立方米，架设桥梁总长6 000多米，修筑涵洞3700多道，越过14座海拔3 000到5 000米以上的大山，跨过大渡河、雅砻江、金沙江、澜沧江、怒江和拉萨河等10多条有名的河流③。筑路军民以"让高山低头，叫河水让路"的气势和大自然斗争，在斗争中不怕艰难险阻，不怕流血牺牲，英勇战斗，忘我工作，创造了世界公路交通史上的世界奇迹。不怕苦、不怕死的精神也体现在公

---

① 康藏公路：东起西康省雅安市，西至西藏拉萨，1950年4月动工，1954年12月25日全线通车，全长2255千米。1955年9月，因国务院撤销西康省建制，交通部决定将"康藏公路"改名为"川藏公路"，以四川成都为起点，全长2416千米。
② 纪念川藏青藏公路通车三十周年筹委会办公室文献组、西藏自治区交通厅文献组：《纪念川藏青藏公路通车三十周年文献集》第一卷文献篇，拉萨：西藏人民出版社，1984年，第2页。
③ 纪念川藏青藏公路通车三十周年筹委会办公室文献组、西藏自治区交通厅文献组：《纪念川藏青藏公路通车三十周年文献集》第一卷文献篇，拉萨：西藏人民出版社，1984年，第55页。

路建成后 60 多年的护路历程中，一代代护路人继承了筑路人的精神，用热血的青春诠释了什么是"共和国的脊梁"。"一不怕苦，二不怕死"的精神早已成为以爱国主义为核心的民族精神的重要组成部分，是中国精神的一笔宝贵财富，在今天的中国，鼓舞激励着全国各族人民攻坚克难、夺取一个又一个胜利。

（二）"顽强拼搏，甘当路石"的担当奉献精神

"顽强拼搏，甘当路石"是"两路"建设者和守护者在筑路和护路中敢为人先担当精神和甘为人梯奉献精神的体现。在中华人民共和国成立初期，由于物质匮乏、筑路技术落后等条件制约，相比于条件更好的东部地区，想要在地貌复杂的"世界屋脊"上修建公路，其难度更大、任务更重。但公路勘探队在没有任何地图和经验的条件下，奋勇当先，披荆斩棘，步行万里，获取了第一手勘测资料。刘伯承元帅曾总结道"进军西藏，是我军历史上的第二次长征"，充分证明了探寻通往雪域高原的路有多艰难。在建设"两路"时，筑路军民更是秉持"艰难多吓不倒、条件差难不倒、任务重压不倒"的态度，与冰雪搏斗、与灾害抗争，不畏艰难，勇往直前。指战员以平均 1 000 米牺牲 7 位筑路战士的代价翻越二郎山；战士杨银海在海拔 5 000 多米的雀儿山用铁锤打炮眼，创下了一口气打 1 200 锤、凿 1.7 米深炮眼的奇迹；筑路英雄张福林烈士将自己的青春和热血无私奉献给了康藏公路，成为康藏公路上闻名全国的"铺路石"；等等。①据统计，在川藏、青藏公路筑路的 4 年多时间里，3 000 英烈长眠雪域高原。这些都是"两路"筑路先辈及其守护者顽强拼搏、敢为人先进取精神的充分体现。今天的护路人在党的号召下，到最艰苦的地方去，经受高原的锻炼和考验，以苦为乐，坚守在养护"两路"的岗位上，在"两路"沿途奉献青春和生命，继承筑路前辈"顽强拼搏，甘当路石"的优秀品质，为祖国建设事业贡献出自己的一切。

---

① 纪念川藏青藏公路通车三十周年筹委会办公室文献组、西藏自治区交通厅文献组：《纪念川藏青藏公路通车三十周年文献集》第一卷文献篇，拉萨：西藏人民出版社，1984 年，第 58 页。

(三)"军民一家,民族团结"的互爱互助精神

"军民一家、民族团结"是"两路"建设者和守护者在筑路和护路中水乳交融的军民鱼水情和互爱互助精神的体现。中国共产党在任何时期都高度重视民族团结工作,坚持民族平等和民族团结,促进各民族共同发展是中国共产党始终坚持的民族政策。中华人民共和国成立初期,为加快西藏地区经济社会发展、改善各族人民生活,党中央作出了把公路修到雪域高原上去的决策,同时,毛泽东为康藏公路开工题词:"为了帮助各兄弟民族,不怕困难,努力筑路。"①筑路战士与工人带着党和人民的期盼,坚决执行中央"进军西藏,不吃地方"的指示,以边疆为家,以艰苦为荣,同藏族同胞紧密团结在一起,同甘苦,共患难,不畏艰苦,不怕困难,只为保障川藏、青藏公路的畅通。在建设"两路"期间,先后从全国各地前往参加筑路的人员,有藏族、汉族等十多个民族达十万人之多;全国各地调来了成千上万吨的钢材、机具以及筑路所需的各种物资,以保证工程的需要。同时,中国人民解放军部队入藏后实施积极的民族政策,藏族同胞生病了,部队就及时给他们进行治疗;如果他们肚子饿就招待他们吃饭,这让藏族同胞感受到了从未有过的温情。②

藏族同胞也对修筑公路付出了巨大的努力,他们秉持"现在修路就是为了将来幸福"的想法,把修筑公路当作自己的事情,把汉族工人、技术人员看作自己的亲人。除了直接参加筑路,藏族同胞还组织牦牛运输队给筑路工地运送各种物资达 60 万驮。③通过共同劳动,解放军战士们和汉族工人们与藏族人民互爱互助,结成了深厚的友谊。"两路"建成后,驻藏武警官兵和藏族聚居区人民为"两路"正常运行而共同奋斗着,他们在养路

---

① 中共中央文献研究室、中共西藏自治区委员会、中国藏学研究中心:《毛泽东西藏工作文选》,北京:中国藏学出版社,2008 年,第 88 页。
② 纪念川藏青藏公路通车三十周年筹委会办公室文献组、西藏自治区交通厅文献组:《纪念川藏青藏公路通车三十周年文献集》第二卷筑路篇(下),拉萨:西藏人民出版社,1984 年,第 17 页。
③ 纪念川藏青藏公路通车三十周年筹委会办公室文献组、西藏自治区交通厅文献组:《纪念川藏青藏公路通车三十周年文献集》第一卷文献篇,拉萨:西藏人民出版社,1984 年,第 194 页。

护路过程中团结互助，解决难题，充分发扬了"军民一家、民族团结"精神。川藏、青藏公路建成通车改变了几千年来西藏主要依靠人畜力的落后状况，这充分体现了党为人民办实事，以人民为中心的执政理念，同时，也说明在党的领导下，民族团结为建设西藏提供了无穷的力量。

二、新时代研究生弘扬"两路"精神的现实意义

在全面建设社会主义现代化国家新征程上，弘扬"两路"精神，要发挥学生的主体作用。就学习方式和学习模式而言，硕博研究生相比于本专科生，主要是以研学的方式进行学习。硕博研究生作为青年一代，他们担负着科学研究的时代使命，他们是新时代科研事业的可靠接班人，是党和国家事业的合格建设者。而当今部分研究生存在许多问题，比如问题意识淡薄和创新能力不足、学习自主性和主动性较差以及学习发展能力欠缺等。因此，只有明白弘扬"两路"精神的意义，特别是明白"两路"精神对硕博研究生群体的现实意义，才能使他们认真学习贯彻"两路"精神，并将其运用到学习生活中，提高自身的科研创新能力，为国家实现科技自立自强添砖加瓦。

（一）弘扬"两路"精神，有利于研究生形成艰苦奋斗、顽强拼搏的精神

当代社会的物质环境与过去相比，发生了很大的变化，新时代研究生在享受现代社会发达的物质条件的同时，不应该忘记前辈们在修筑"两路"过程中遇到的困难和战胜困难时所发扬的艰苦奋斗和顽强拼搏的精神。因此，研究生在校期间要清晰地认识到在研究生学习生活期间形成艰苦奋斗和顽强拼搏精神的重要性，在学习中充分学习理解"两路"精神，养成不怕苦不怕累的良好品质。一方面，这有利于新时代研究生形成强大的意志力，提高自身的执行力和科研创造力，在学习工作中艰苦奋斗和顽强拼搏，以此面对现在的科研学习压力和未来的毕业压力、就业压力。另一方面，还有利于引领社会形成艰苦奋斗的良好风气，以此促进社会和谐健康发展，这是对中华民族优良传统的传承和弘扬，更是

实现民族复兴的重要保障。

(二)弘扬"两路"精神,有利于研究生培养敢于担当、乐于奉献的品质

中国特色社会主义进入新时代,是全体中华儿女勠力同心、奋力实现中华民族伟大复兴中国梦的时代,新时代研究生为适应新时代新要求,参与实现中华民族伟大复兴中国梦的伟大实践,就要培养自己敢于担当、乐于奉献的品质。而研究生的学习与本科和初高中的学习组织形式不同,但很多研究生受初高中学习习惯的影响,基本是以个人学习为主,容易忽视团队的力量。因此,研究生群体需要深入学习和弘扬"两路"精神,把前辈们在筑路过程中所表现出来的无私奉献精神和团结互助精神融入自己的学习实践中,继承和发扬"两路"精神中敢于担当、乐于奉献的品质。这样不仅有利于新时代研究生适应学习生活,努力形成坚韧不拔、迎难而上的价值观,而且有利于新时代研究生学会团队合作,把自己个人的力量融入团队中,为团队发展贡献力量。因此,作为新时代的研究生,培养敢于担当、乐于奉献的品质不仅是研究生学习阶段的需要,也是人生发展的需要。唯有如此,新时代研究生才有能力不负人民重托、无愧国家培养,以时代使命呼唤担当,用时代使命引领未来,甘于奉献,不断奋进,凝聚起同心共筑中国梦的磅礴力量。

(三)弘扬"两路"精神,有利于研究生培养爱国爱民情怀

我国社会主要矛盾发生了转化,全国人民的生活水平不断提高,社会发展也越来越快,加之网络信息交流的全球化,各种负面思潮和错误价值观念给研究生带来了消极影响,这不利于研究生形成正确的爱国观念。同时,许多研究生对"两路"精神的内涵了解得不够充分,对筑路英雄及其感人事迹也是知之甚少,难以弘扬"两路"精神,更谈不上主动传承"两路"精神。在这种背景下,新时代研究生应自觉学习筑路先辈们为筑路而牺牲自我、为国家发展奉献自我的爱国情怀,加深对"两路"精神的理解,在奋斗中践行自身报国爱民的使命。这样不仅有利于培养自己的爱国爱民

情怀，以此抵御不良思想的侵蚀，坚定自己的爱国立场，也有利于新时代研究生将"两路"精神内化于心、外化于行，从筑路前辈的感人事迹中，感悟他们对祖国的热爱和对人民的忠诚，从而进一步发扬"两路"精神，促使新时代研究生用知识报效国家，为实现人民的美好生活全力以赴。

三、在学习中弘扬"两路"精神的路径

"两路"精神是中国人民和中华民族弥足珍贵的宝贵财富，对研究生来说也是一种强大的精神动力。进入新时代，继续弘扬和发展"两路"精神，必须用"两路"精神来激励新时代研究生学习，攻坚克难、顽强拼搏，加快充实自身学识，为提高我国的创新能力以及增强我国的综合国力而努力。

（一）坚持舆论引领，加大媒体宣传，扩大"两路"精神对研究生的影响力

"两路"精神是中华民族和中国人民宝贵的精神财富。"两路"精神作为一种精神力量，对研究生价值观的影响是巨大的。

首先，高等院校要积极培养高素质的思想政治教育人才队伍，同时邀请研究"两路"精神的专家以培训、座谈会等形式积极宣传"两路"英雄事迹和奋斗过程。在研究生的思想政治学习中加大舆论引领和宣传，让具有丰富内涵的"两路"精神"走"进每个研究生的心里，充分发挥"两路"精神的育人功能，使研究生群体在学习中继承和发扬"两路"精神，以此规范自身言行。

其次，发挥网络媒体传播"两路"精神的重要作用。利用互联网建设一些面向研究生群体的红色网络阵地，例如通过微博、微信公众号、研究生党建工作网络平台等渠道传播"两路"中的感人事迹，充分发挥网络媒体在宣传"两路"精神中统一思想、鼓舞人心、凝聚力量的作用。

最后，要充分发挥学校思政课程和课程思政协同育人作用。专业课教师要充分挖掘学科专业中蕴含的家国情怀和社会责任，依托学科教学强化"两路"精神的学习，把"两路"精神与学科专业融合，将"两路"精神的价值影响力融入学科专业学习实践中，使研究生群体在夯实自身学科知识

的基础上,将"两路"精神有效内化。同时,思政课教师要坚持以学生发展为本,重视研究生在学习过程中的主体地位,根据研究生们的学科专业特征来确定教育目标和选择合适的"两路"事迹以设计出适合不同学科专业研究生的教育活动和思政课堂的实施方案,以此把"两路"精神的内涵以研究生们喜闻乐见的方式传递给他们,使研究生群体了解、接受"两路"精神的内涵,将其融入研究生学习中,形成积极向上的学习氛围。宣传"两路"精神,要让研究生充分理解"两路"精神的内涵,帮助研究生树立正确的价值观,要让研究生们认识到,无论身处多么艰苦的环境,前方的路多么曲折,只要顽强拼搏,甘于奉献,前途就是光明的,就能成就非凡事业。

(二)坚持"四史"学习,加强"两路"精神对研究生的思想引领

"两路"精神的形成和传承不仅是一代代交通人接续奋斗的结晶,也是中国共产党波澜壮阔的百年历程中的精神果实。将"两路"精神融入研究生的"四史"教育,是更加贴近研究生投身科研创新的特色"四史"学习,可以提升研究生自我学习的内驱力[①]。一方面,把"两路"精神融入"四史"教育,应该注重对"两路"模范的学习,如学习穰明德严谨求实、勤学善思的学习精神,学习慕生忠与战士同吃苦、共进退的担当精神,学习谭冠三长期进藏、边疆为家的民族精神,学习"川藏线上的英雄信使"——长途邮车驾驶员其美多吉的心系家国天下的情怀,学习所有雪域英雄甘当路石的奉献精神。把一代代交通人的英雄事迹和伟大贡献融入党史学习教育里,以此加深研究生对"两路"精神内涵的理解,使研究生坚定理想信念,树立正确的价值观,脚踏实地地践行初心使命。另一方面,研究生在学习"两路"精神的过程中,必须围绕中国共产党的百年发展历程,围绕中华民族未来的美好前景,有针对性地学习,进一步提高研究生的爱国情

[①] 曹金玉,《职业教育中大学生劳模精神的培育研究》,《科教导刊》2021年第29期,第69-71页。

怀，从而更加努力地为中国特色社会主义事业而奋斗。

（三）坚持科学创新，发挥"两路"精神中的科学精神，提高研究生投身科研的热情

中华人民共和国成立初期，物质水平欠发达，修筑"两路"时，没有先进的设施设备，工具器材简陋，没有一张完整地图、没有任何地质水文资料，施工条件非常艰苦。筑路大队在发挥"一不怕苦，二不怕死"的革命英雄主义精神的同时，充分发挥能动的创造力，尊重客观环境，沿路勘测、选定路线，努力克服艰难环境。筑路过程中，指挥部门充分尊重和听取专家意见，尊重科学，在专家的指导下修筑"两路"。在后面60多年的运营过程中，由于高原气候变化无常，"两路"历经数次整治改建，但始终存在冻土问题，研究者们继承发挥"两路"精神，对青藏公路开展了长达30多年的连续跟踪观测研究，创造性地取得了针对中国实际多年冻土地区公路修筑的成套技术。[1]"两路"建成及运营60多年来所取得的成就与一代代交通人坚持科学、尊重规律是密不可分的。研究生群体是未来国家科学事业的生力军和参与者，是社会主义建设者和接班人。因此，研究生的学习在于突出"研"字，在学习的过程中要注重创新意识、精神与能力的培养。[2]在学习"两路"精神的过程中，研究生要学习研究者们攻克冻土难题的创新意识和精神，学习"两路"修筑和养护时筑路工人对科学的追求和崇尚，以加强自己对科研的敬畏。此外，还应通过学习"两路"精神来培养新时代研究生正确的科研观念、严谨的科学态度、解决科研问题的卓越能力、优良的学术道德品质，让广大研究生在对"两路"精神的学习中有所收获，提高自身投身科研的热情，以顽强拼搏的奋斗常态、甘于奉献的精神状态、互爱互助的前进姿态投入科研学习，在学习和工作中积极

---

[1] 汪双杰、陈建兵、章金钊、李祝龙：《青藏高原多年冻土区公路修筑技术之进展》，《中国科学》（E辑：技术科学）2009年第39卷第1期，第8-15页。
[2] 洪大用：《研究生教育的新时代、新主题、新担当》，《学位与研究生教育》2021年第9期，第1-9页。

践行"两路"精神的优秀品质，发展成为新时代有目标、有理想的优秀科研人。

四、结　语

"两路"精神作为中国共产党人精神谱系的重要组成部分，它在引领研究生培养吃苦耐劳精神、坚定甘于奉献信念、培养团结互助作风等方面发挥着积极作用。研究生群体作为高层次人才和科研事业的接班人，要深入挖掘"两路"精神的核心内涵，主动学习和弘扬"两路"精神中不怕苦、不怕死的魄力，增强奋斗意识和奉献意识，把"两路"精神中体现的担当和奉献外化于具体的行为中，主动投身建设科技强国的伟大事业，为实现中华民族伟大复兴不懈奋斗。

抗震救灾精神：血浓于水的家国情怀

张 芳[①]

西南交通大学马克思主义学院

【摘 要】 抗震救灾精神是中国精神的重要组成部分，是中国人民在生与死的考验中形成的一座丰碑，根植于血浓于水的家国情怀。在灾难面前，中华儿女紧紧团结在一起，勇敢逆行，以身报国，彰显了浓厚的爱国情怀。抗震救灾过程中也展现了父母对子女的爱以及邻里、朋友、同学之间的守望互助，传承了优良的家训家风，展现了万众一心，家国同构的磅礴力量。抗震救灾中党和政府始终把生命放在第一位，坚持生命至上，人民至上，这是家国情怀在国家层面最生动的体现。

【关键词】 抗震救灾精神；家国情怀；生命至上

2008年5月12日，大地震颤，山河破碎，里氏8.0级汶川特大地震瞬间让数万同胞遇难，数百万人民痛失家园。汶川地震发生后，党中央和国务院迅速启动国家救灾一级响应，组织开展了我国历史上救援速度最快、动员范围最广、投入力量最大的救援。在抗震救灾的过程中，我们形成了"万众一心、众志成城；不畏艰难，百折不挠；以人为本，尊重科学"的抗震救灾精神。抗震救灾精神根植于浓厚的家国情怀，在这场特殊的灾难面前，中华儿女体现出了对国家、对家庭、对人民的责任和担当。

一、爱"国"

爱国，是这个世界上最深沉、最持久的情感，是最崇高的道德之源，

[①] 张芳，西南交通大学马克思主义学院2021级硕士研究生。

也是家国情怀的核心。爱国主义是中国共产党人精神谱系的核心要义，是中华民族同心同德、自强不息的精神纽带。在国难面前，那份深深根植于中华儿女的爱国心彰显了出来。

《淮南子》中说道："此皆生一父母而阅一和也……是故自其异者而视之，肝胆楚越也；自其同者视之，万物一圈也。"中国自古以来就是一个统一的多民族国家，各民族都是苦肉相连的兄弟姐妹。我国自古以来就有"大道之行，天下为公"（《礼记·礼运篇》）的思想传统，家与国是一体的。这种天下大同的思想孕育了一代又一代人的家国情怀，从大禹治水三过家门而不入，到春秋战国的"志士仁人，无求生以害仁，有杀身以成仁"（《论语·卫灵公》），再到唐代"国破山河在"（《春望》）的呐喊，清末年间的"苟利国家生死以，岂因祸福避趋之"（《赴戍登程口占示家人》）的不屈意志，这种"天下兴亡，匹夫有责"的爱国情感早已融入中华儿女的血脉之中。在近代中国，面对西方列强的入侵，无数的仁人志士以饱满的革命热情书写了爱国主义的伟大篇章。120多年前，孙中山先生在檀香山成立革命团体兴中会时，就提出"亟拯斯民于水火，切扶大厦之将倾"的口号；100多年前的五四运动中，中国青年高喊"外争国权，内惩国贼"，用坚毅书写不屈的意志；在90多年前的抗日战争中，中华民族在爱国主义精神的感召下，精密团结，同侵略者进行了艰苦卓绝的战斗，最终取得了胜利。中华人民共和国成立以来，钱学森、邓稼先、雷锋、焦裕禄等，他们用自己的一生诠释了爱国的情怀和责任担当。爱国主义精神深深植根于中华儿女心中。在汶川特大地震发生之后，全国上下凝心聚力，充分调动全部社会力量，源源不断向灾区运送各种急救物资……彰显了中华儿女的担当，这是构筑抗震救灾精神的关键所在。

抗震救灾精神彰显了团结互助，无私奉献的爱国情怀。习近平总书记指出："祖国的命运和党的命运、社会主义的命运是密不可分的。只有坚持爱国和爱党、爱社会主义相统一，爱国主义才是鲜活的、真实的，这是当代中国爱国主义精神最重要的体现。"[1]在灾难面前，人们对家国

---

[1] 《大力弘扬大爱国主义精神　为实现中国梦提供精神支柱》，《人民日报》2015年12月31日，第1版。

的认识也不断深化,家国情怀作为内生动力,激励着人们在个人利益与国家利益面前做出正确选择。无论是灾后救援,还是灾后重建,都充分彰显了新时代爱国情怀的精神实质和价值归旨。历经艰难的千里大驰援,气壮山河的生死大营救,无私奉献的爱心大援助,都只是因为我们同为中国人。汶川大地震中的爱国情怀,体现在中国速度、中国担当、中国智慧、中国力量上。在地震发生后的 13 分钟,中国人民解放军启动应急机制;在汶川大地震发生的 1 小时后,1.6 万人赶赴灾区;在地震发生后的 72 小时内,先后调集 14.6 万人投入救援[1],彰显了中国速度。这样的速度让中华儿女为之动容,让世界为之赞叹。在抗震救灾过程中,中国人民解放军不顾余震、滚石、泥石流的危险,翻山越岭,冒着大雨在前线努力救援,每一次施救都是在和死神赛跑,每一次挖掘都是生命的希望。四川省 260 多万党员、14 万基层党员干部和 9 000 多名县处级以上干部日夜奋战在第一线[2],用生命书写对党和国家的忠诚,医务工作者夜以继日抢救灾区人民,严防灾区疫情。广大新闻工作者冒着生命危险深入救灾一线,向外界传递灾情和救灾进展情况。各路大军不畏艰险,从废墟中抢救生还者 8 万余人,紧急转移受灾群众 1 190 万人,救治伤员 400 万人次[3]。广大救援部队、医护人员以及志愿者豁得出来,冲得上去,彰显了中国担当。这种使命意识和责任担当是一个国家在长期的历史发展过程中形成的,源于对国家、对民族深沉的热爱。在汶川特大地震的灾后重建过程中,各地区的人民群众也纷纷伸出援手,助力灾区家园重建。同时,各企业也以不同的形式帮助灾区走出困境,恢复经济。全国各民族同胞团结协作、共同进退,以赤诚的爱国之心书写了抗震救灾的传奇。爱国是家国情怀永恒的主题,是国家和民族面对生死考验时所彰显的团结之心。中国人民取得这次抗震救灾的伟大胜利,正

---

[1] 桑田:《抗震救灾精神的内涵与由来》,载中国共产党新闻网 2017 年 12 月 7 日,http://dangshi.people.com.cn/n1/2017/1207/c85037-29691394.html。
[2] 黄红:《抗震救灾精神》,北京:人民出版社,2008 年,第 4 页。
[3] 尚立坚:《不能忘怀的"汶川"——纪念 2008 年"5·12"汶川 8.0 级特大地震 12 周年》,载中国地震局官网 2020 年 5 月 9 日,https://www.cea.gov.cn/cea/xwzx/xydt/5529148/index.html。

是源于对党和国家无私的爱和信任。在汶川抗震救灾的斗争中,民族精神得到洗礼,政党能力受到检阅,国家展现出负责任的大国形象,极大地增强了人民群众对国家、对民族的认同感[1]。在爱国主义精神的指引下,全国各族人民同灾区人民一道,同心同德,坚强勇敢,共同谱写了抗震救灾的壮丽诗篇,彰显了中国人的精神气质与风貌。

二、爱"家"

家庭是社会的细胞,家庭的和谐幸福是社会稳定发展的基础。家庭从本质上说是一种社会关系,家庭的和睦、幸福与文明与社会发展休戚与共。在地震发生之时,我们看到了来自家人、朋友、亲戚,甚至是陌生人平凡而又伟大的关爱。

爱家是中华民族的传统美德。中国自古就有"修身、齐家、治国、平天下"的传统,先要齐家,而后才能治理好国家。在家庭关系中,父母对子女的爱一直备受称颂。从"孟母三迁"的历史典故,到"慈母手中线,游子身上衣"(《游子吟》)和"无父何怙,无母何恃"(《诗经》)的古诗句,这种传统思想早已融入中华儿女的血脉。在革命战争年代,这种爱早已冲破了血缘关系的束缚,是超越了生死的无私大爱。革命烈士赵一曼在牺牲前写道:"母亲不用千言万语来教育你,就用实际行动来教育你。"这些充满亲情和革命理想的家书,传承着中国共产党最无私的大义情怀。而在今天,我们不仅强调父母的关怀,我们还感受到了来自身边人的温暖,这是我们流传下来的守望相助的美德。《孟子·滕文公上》中谈道:"出入为友,守望相助,疾病相扶持。"汶川特大地震发生之后,在灾区人民自救互救过程中所彰显的大爱,更加坚定了他们要一起活下去的信念。

抗震救灾精神激励了舐犊情深、守望相助的家庭美德。突如其来的地震激发了父母对子女的关爱。在死神面前,不少人用生命诠释了什么是"父

---

[1] 胡子祥、何云庵等:《抗震救灾精神研究——纪念汶川特大地震十周年》,成都:西南交通大学出版社,2017年,第127页。

母之爱子，则为之计深远"。在都江堰一所倒塌的民房里，一位年轻的母亲用自己的身体顶着被倒塌的房梁，怀里抱着她几个月大的孩子，孩子在母亲怀里很安稳，而母亲早已失去了呼吸；在北川县，一座倒塌的楼房下面，一位妈妈用自己的身体给孩子搭建了生命的桥梁，留给孩子最后的短信写道："亲爱的宝贝，如果你能够活着，你一定要记住妈妈爱你。"除了母亲的爱，还有父亲沉重而又无法言语的爱。如：在废墟边上叩拜儿子的王洪发，背着儿子的尸体回家乡的父亲程林祥，在北川中学跪寻女儿的父亲熊文碧……这样的爱，感染着一群又一群人。在汶川地震中，除了父母，还有老师、同学、邻里间无私的爱，正是这样，才激发了灾区人民守望相助的传统美德。汶川地震救出来的总人数约 8.7 万人，其中自救互救约 7 万人。[1]可以说，党员干部和群众组织的自救互救成了挽救生命的第一线。在地震发生的时候，不少人民群众也用生命书写了大爱无疆的传奇。2008 年 5 月 12 日的晚上，刚刚被救出来的小丹宇被送往绵阳市人民医院，据救援者所说，在废墟中发现她时，一对男女弓起身体挡在她的上方，用身体挡住了落下来的楼板，人们起初猜测那是小丹宁的父母，可后来发现小丹宁的父母还活着，没有人知道用生命为她换来活着的机会的人是谁[2]。可以说，在当时，灾区的每个人都是英雄。崇州市怀远中学的老师本已经逃生，为救两名学生义无反顾冲进正在摇晃的教学楼里面，最终湮没在轰然倒塌的楼房之中；绵竹市天池乡农民徒步求援后又冒死赶回灾区救援；脱险后的北川中学学生在校长的组织下，打着手电筒连夜搜索未脱险的同学……正是这份守望相助，带来了生的希望。

抗震救灾精神源于爱家真情凝结起来的关爱。汶川大地震造成无数的家庭支离破碎，不少人失去了父母、孩子、亲人、朋友，但是却义无反顾冲在前线，"舍小家顾大家"，用实际行动将爱家与爱国融为一体。广大灾

---

[1] 民政部国家减灾中心、联合国开发计划署：《汶川地震救灾救援工作研究报告》，2009 年，第 34-41 页。

[2] 韩晓娟、王德炎、甘路有、王杰、刘义：《抗震救灾精神理论与实践研究》，成都：四川大学出版社，2018 年，第 152 页。

区人民在自救互救的过程中，患难与共，自立自强，在灾难面前守望相助，赢得了全世界人民的敬仰和尊重。在抗震救灾的过程中，人们经过灾难的洗礼，明确了只有国家安稳、繁荣，家庭才能得到真正的幸福、美满，这更加彰显了万众一心、家国同构的磅礴力量。

三、爱"人"

家是最小国，国是千万家，而"人"是连接国家和家庭的纽带。坚持生命至上，人民至上，这是新时代中国共产党人初心和使命的有力践行。在灾难面前，每一个生命都得到全力的护佑，不抛弃，不放弃，是对人民最好的回答，是对无数中华儿女内心浓厚家国情怀的最好回应。

爱"人"是中华文化的道义追求。从中国古代"民为邦本，本固邦宁"（《尚书·五子之歌》），"民无信不立"（《论语·颜渊》），再到唐太宗的"君，舟也，人，水也；水可载舟，亦可覆舟"（《论政体》），中国传统的民本思想一直处于主导地位，对于维护封建专制统治起到了一定的积极作用。近代王韬提出了"天下何以治？得民心而已"（《弢园文录外编·重民中》），为传统的民本思想注入了新的活力，推动了中国近代社会的变革和转型。后来，孙中山先生在古代民本思想的基础上，结合革命斗争的实际，提出了"民族、民权、民生"的三民主义思想。在抗战时期的革命实践中，以毛泽东同志为主要代表的中国共产党人始终同人民站在一起，紧紧依靠人民，最终取得了抗日战争的胜利。中华人民共和国成立以后，中国共产党坚持"立党为公，执政为民"的执政理念，践行着全心全意为人民服务的根本宗旨。在汶川大地震的救灾过程中，党中央始终把人民的生命安全放在第一位，坚定维护人民群众的生命和财产利益，把灾难带来的损失降到最低。

抗震救灾精神凸显人民至上、生命至上的价值观念。在这场灾难面前，我们感受到生命的脆弱和渺小，但是，中华儿女团结一心凝聚起来的力量是伟大的，是坚不可摧的。在抗震救灾的实践中，生命是第一位的，人民的生命是最高的价值坚守。在地震发生后的第一时间，党中央国务院立刻做出重要批示：尽快抢救伤员，确保人民的生命安全，生命高于一切，只要有一线希望,都要做出百倍的努力①。参加抗震救灾的军队和武警军官争分夺秒,与死神赛跑,为的就是把地震的损失降到最低,把生命的存活率提到最高。解放军的官兵们靠手抛、靠肩扛,克服重重困难,在废墟之中尽最大的力量营救幸存者,这是对生命的坚守,对人民群众的担当。"5·12"汶川特大地震发生后,中央军委与各大单位在部队协调的过程中科学统筹,协调包括通信、医疗防疫等在内的 20 余个专业兵种。此外,卫星导航定位、拱桥筑城、远程网路救治、破拆设备、救援绳索、生命探测仪等专业技术和设备,极大地提高了抗震救灾的科学性、有效性。各个战区救援部队统筹协作、科学救援,彰显了中国智慧。在汶川大地震之后,全国共筹集社会募捐款物 797.03 亿元,收到"特殊党费"97.30 亿元。除了给予的物资援助之外,党和政府还给予了灾区人民极大的精神援助,例如通过新闻报道、慰问信件、心理手册以及诗歌等,帮助灾区人民走出困境,重拾信心。生命是值得尊重和铭记的,在 2008 年 5 月 19 日 14 时 28 分,全国上下降半旗致哀,防空警报拉响,汽车、火车、舰船鸣笛,全国人民默哀三分钟。这是中华人民共和国成立以来,第一次为普通民众的逝去而宣布设立的全国哀悼日,具有深刻意义。这不仅是对遇难者的哀悼,也是对幸存者的慰藉。这一举措意味着对每一个平凡生命的尊重,他们用生命凝结的抗震救灾精神将代代相传。在灾后的三年里,党中央安排了 1 万亿资金对口支援灾后重建项目,在灾后的恢复和重建过程中,人民的生活条件逐渐改善,远超灾前的水平。同时,灾区人民也对党和政府充满了感恩之心。在这个过程中,灾区人民的爱国情怀逐渐被进一步深化。他们以感恩的态度回报祖国,为中国特色社会主义事业添砖加瓦。北川县城作为最大的地震遗址被保留了下来,而如今的新北川县城取名为"永昌镇",寓意着永远的繁荣昌盛,经过十余年的发展,这座新县城充满了羌族特色和现代气息,孕育着人们生生不息的新的希望。

---

① 李成武:《官德:领导干部的道德领导力》,北京:人民出版社,2012 年,第 121 页。

抗震救灾精神源自爱"人"信念铸就出来的坚强。世界上最宝贵的就是人的生命，生命才是最大的人权，是以人为本的本质内涵。在救灾过程中，党和政府用最大力量去拯救受灾群众，尽最大努力把灾难带来的损失降到最低，是对人民群众拳拳爱国之心最好的回应，是家国情怀在国家层面最生动的体现。

四、结　语

恩格斯说道："没有哪一次巨大的历史灾难，不是以历史的进步作为补偿的。"[①] 多难兴邦，忧患砺党，灾难的磨砺更加锤炼了中华儿女的精神品格。从1998年抗洪抢险，到2003年抗击非典，再到2009年汶川抗震救灾，以及抗击新冠病毒感染疫情的斗争，都是对抗震救灾精神的传承和弘扬，凝聚着血浓于水的家国情怀。作为汶川地震的亲历者，笔者更深切地感受到国与家本就是紧密相连的，只有国家的和平与繁荣，才能让一个个小家美好而温馨。作为新时代的青年，应自觉肩负起历史赋予的责任和使命，始终铭记家国情怀，把报效祖国作为自己的人生追求。

2016年7月28日，习近平在唐山考察时指出："我们今天要继续弘扬抗震救灾精神，为实现全面建成小康社会奋斗目标、实现中华民族伟大复兴的中国梦注入强大精神动力。"[②] 今天，我们要继续弘扬伟大的抗震救灾精神，挖掘蕴藏其中的家国情怀，将抗震救灾精神化作砥砺前行的精神力量。

[①] 马克思、恩格斯：《马克思恩格斯全集》第三十九卷，北京：人民出版社，1974年，第149页。

[②] 习近平：《弘扬抗震精神　为中国梦注入强大精神力量》，《人民日报》2016年7月30日，第1版。

新时代女排精神的内涵与弘扬路径

穆春凤[①]

西南交通大学马克思主义学院

【摘　要】 本文基于对新时代女排精神内涵的分析,即"祖国至上、团结协作、顽强拼搏、永不言败",从学校和社会两个层面总结新时代弘扬女排精神的路径。

【关键词】 新时代;女排精神;内涵;路径

2019年9月30日,习近平总书记将新时代女排精神概括为"祖国至上、团结协作、顽强拼搏、永不言败"。新时代的女排精神将中华体育精神、民族精神与时代精神展现得淋漓尽致,中国女排用自己的努力书写出新时代中国特色社会主义建设的新篇章。中国女排在中国共产党的领导下,创造了许多成绩和奇迹。新征程充满风险和挑战,只有在劈波斩浪中坚持前进,在披荆斩棘中不断开拓,在攻坚克难中继续超越,始终坚持弘扬"祖国至上、团结协作、顽强拼搏、永不言败"的女排精神,才能在实现中华民族伟大复兴中国梦的征程上不断取得新的伟大胜利。

一、新时代女排精神的内涵

(一)祖国至上的爱国主义精神

习近平总书记曾多次指出:"爱国主义是中华民族精神的核心。实现中国梦必须弘扬以爱国主义为核心的民族精神。这种精神是凝心聚力的兴国之魂、强国之魂。要让爱国主义成为每一个中国人的坚定信念和精神依靠。

[①] 穆春凤,西南交通大学马克思主义学院2021级硕士研究生。

在社会主义核心价值观中，最深层、最根本、最永恒的是爱国主义……"①女排精神的核心是爱国主义，爱国主义是女排精神之魂。

每一次比赛，中国女排都把在赛场上升起中国国旗、奏响中国国歌当作目标。为了练就过硬的本领和顽强的意志，她们在赛场下努力练习，克服重重困难，在场上洒下拼搏的汗水。她们怀着坚定不移的信念，一次次奋不顾身地跳起来救球、一次次带着各种伤痛参加比赛，不抛弃不放弃；她们始终把巨大的困难踩在脚下，把沉重的责任扛在肩上，把冠军的梦想化作风帆。女排姑娘们拼尽全力一次次扭转比赛的局面，一次次反败为胜。她们的梦想，不只是在于赢得比赛，夺取冠军奖杯，更在于突破自身局限、挑战个人意志、提高自我本领。哪怕有输掉比赛的可能，女排姑娘们也会坚持住，拼到最后一刻。她们是在为荣誉而战、为人民而战、为祖国而战。女排姑娘们也用事实证明了自己，她们是在用行动为祖国争取荣光。中国女排从组建发展到今天的规模，一路上摸爬滚打、不断壮大，她们用一次次比赛的胜利，向世界人民展示了"更快、更高、更强、更团结"的奥林匹克运动精神和"为国争光、无私奉献、科学求实、遵纪守法、团结协作、顽强拼搏"的中华体育精神，为中国向体育强国迈进作出了自己的贡献。

（二）团结协作的集体主义精神

习近平总书记强调："团结奋斗是中国人民创造历史伟业的必由之路。只要在党的领导下全国各族人民团结一心、众志成城，敢于斗争、善于斗争，我们就一定能战胜前进道路上的一切困难，继续创造令人刮目相看的新的奇迹。"②团结协作能够激发出团队的最大战斗力，催生巨大的前进动力。

一场正规的排球比赛，离不开主攻、副攻、二传、自由人之间的密切合作、齐心协力，需要每位女排成员心往一处想，劲往一处使，形成对手

---

① 汪晓东、张炜、吴姗：《凝聚起中华儿女团结奋斗的磅礴力量——习近平总书记关于弘扬爱国主义精神重要论述综述》，《人民日报》2021年10月2日，第1版。
② 《习近平在参加内蒙古代表团审议时强调 不断巩固中华民族共同体思想基础 共同建设伟大祖国 共同创造美好生活》，《人民日报》2022年3月6日，第1版。

无法战胜的强大力量。排球作为一个团体运动项目，只靠个人的单打独斗是不可能赢得比赛的，因此需要树立大局意识，加强团队合作，铸成如城墙一般坚不可摧的集体主义精神。在中国女排的每次训练和比赛中，无私奉献、勇于承担责任的集体主义精神都有着明显的体现。女排姑娘们对于自己的任务有着明确的认知；对于每场比赛的责任，她们敢于承担；对于比赛的结果，她们勇于接受；对于团队，她们无私奉献，不求回报；对于队员在赛场上的失误，她们不随意指责。久而久之，中国女排形成了一种拿得起放得下的精神，最终赢得了一次次比赛的胜利。几十年来，中国女排也曾因比赛失败遭受沉重打击，但是女排姑娘们靠着越挫越勇的拼劲、永不放弃的闯劲、同伴互相鼓舞的冲劲，重整旗鼓，凭借集体主义精神打赢了一场场的比赛。无论成功还是失败，中国女排始终不骄不躁、沉着冷静，胜利了一起欢呼，失败了一起总结。几十年来，中国女排形成了团结协作的集体主义精神，这种精神激励着我们朝着梦想努力奋斗。想要在新时代走好具有中国特色的女排发展道路，必须要把团结协作的集体主义精神当作女排的"传家宝"，让这种精神成为中国女排这支光荣之师最美的底色。

（三）顽强拼搏的艰苦奋斗精神

习近平总书记强调："新时代的中国，更需要使命在肩、奋斗有我的精神。"[①]在无数次艰苦的训练和艰难的比赛中，女排姑娘们始终身体力行地坚持和践行着"顽强拼搏"的艰苦奋斗精神。她们敢于和一切困难作斗争，她们也善于和一切困难作斗争。"顽强拼搏"是中国女排精神的实质，蕴含着中国竞技体育精神的本质。往日的"拼命三郎"陈招娣、"要球不要命"的曹慧英、忍受膝盖伤痛的魏秋月、经历两次心脏手术的惠若琪……女排姑娘们与病痛做斗争的感人故事数不胜数[②]。女排姑娘们用冠军的荣

---

① 《习近平给北京体育大学 2016 级研究生冠军班全体学生的回信》，载中国政府网 2019 年 6 月 19 日，https://www.gov.cn/xinwen/2019-06/19/content_5401512.htm。
② 郭静原、韩秉志：《女排精神喊出时代最强音》，《经济日报》2021 年 9 月 4 日，第 9 版。

耀，书写了顽强拼搏、为中国体育争光的动人篇章。但是排球场上没有常胜将军，中国女排自成立起，经受了无数常人无法想象的挫折和磨难。有受伤的折磨、情绪的低落、成绩的下滑……但是女排姑娘们从一次次不可能会赢的比赛中，勇敢地直起了"是强者就要敢于战胜困难"的脊背，坚持"人生不是总在赢，而是拼尽全力去赢"的信念。女排精神绝不是用嘴喊出来的，而是女排姑娘用无数个日日夜夜艰苦拼搏出来的，女排精神充分彰显了中国体育行业意气风发的面貌。新时代是奋斗者的时代。年轻的女排姑娘们接过奋斗的"接力棒"，在训练场上一次次地咬牙坚持，不断磨炼自我、战胜自我，体现了顽强拼搏的艰苦奋斗精神。

（四）永不言败的坚韧不拔精神

习近平总书记指出："一个民族之所以伟大，根本就在于在任何困难和风险面前都从来不放弃、不退缩、不止步，百折不挠为自己的前途命运而奋斗。"[1]女排队员张常宁认为，新时代的"女排精神"就是就算只剩 1% 的希望，也要尽 100% 的努力，只要裁判没有吹响口哨，不到最后一秒钟，就绝不会放弃[2]。永不言败是中国女排精神的鲜明特色，不服输、不放弃是女排人的专业精神，无论是赛场还是训练场都是每球必争，即便知道要赢了也还是会全力以赴，知道要输了也会竭尽全力，球在落地之前的每个瞬间，女排姑娘都不会放弃。无论是过去超负荷的训练模式，或是现在更加科学的训练方案，永不言败的训练理念始终没有改变。要想登上排球的世界最顶端，必须进行常人难以承受的训练。中国女排比赛之前吃的苦不是常人能吃的，流汗、流泪、甚至流血都是女排姑娘们的家常便饭。2021年，中国女排在东京奥运会的赛场上，队长朱婷手腕旧疾复发，团队重要的第一得分点很难得到，女排往日比赛的水准也没有发挥出来，开局就经

---

[1] 习近平：《在全国抗击新冠肺炎疫情表彰大会上的讲话》，《人民日报》2020年9月9日，第2版。
[2] 王明辉、张常宁、李江、渠彦超：《论女排精神的时代价值及弘扬路径》，《南京体育学院学报》2021年第6期，第25-28页。

历三次失败，提前失去了晋级淘汰赛的资格。比赛结果虽然不理想，但是中国女排并没有轻言放弃，后两场比赛及时调整了心态，战胜了意大利队和阿根廷队，中国女排再次展现出意气风发的姿态。① 相比以前，中国人民对体育竞赛的认识已经不只是停留在胜负层面，而是更关注比赛过程和体育运动本身，说明时代的发展和女排精神的传承与弘扬使人们更加理性地对待胜负。② 不论是谁，在学习、工作等方面，总会遇到各种困难和挑战，会失败会沮丧，但是我们要保持良好的心态，要发扬女排永不言败的精神，为下一次成功做好充分的准备。

二、新时代女排精神的弘扬

新时代我们要根据新形势、新目标、新要求，继续用心讲好中国女排的故事，努力把女排精神继承好、宣传好、弘扬好，充分发挥女排精神凝心聚力、鼓舞斗志等作用，使人们在耳濡目染中，不断增强对女排精神内涵和价值的认同，从而不断扩大女排精神的影响力。笔者将从学校和社会两个层面分析新时代弘扬女排精神的路径。

（一）学校层面

实现女排精神与学校教学内容的有机结合。在思政课教学过程中，教师可以适当地结合所讲内容，加入女排故事，但是要注重女排精神与教学内容的融合与贯通。一方面可以丰富教学资源，增加课程的感染力；另一方面，也更容易使学生接受，并达到立德树人的效果。学校可以在排球课中贯穿女排精神的故事，用女排精神引领学校的体育建设。同时，对于一些具有深厚排球文化底蕴的地方，可以邀请排球教练、女排运动员走进校园，面对面地向学生讲述中国女排的奋斗历程，可以使学生理解女排精神

---

① 李许坚:《中国女排，永不言败》,《中国纪检监察报》2021年9月7日，第1版。
② 程桂芳:《新时代女排精神的思想政治教育价值研究》，辽宁师范大学2022年硕士学位论文，第2页。

的真正内涵。此外，也可以组织学生走出校园，去排球训练基地亲自打一场排球赛，从而身临其境地了解排球运动员日常训练的实际情况，切身体验什么才是真正的女排精神。通过这种现场的观摩和学习，能够帮助学生树立关于女排精神的正确认识，在以后的日常学习和生活中自觉成为女排精神的践行者。①

举办与"女排精神"相关的运动会和体育文化节。学校组织有关"女排精神"的运动会，面向广大师生，并设置各种奖项。这样可以提高女排精神的传播效果，调动广大师生参与"女排精神"运动会的积极性，缓解学习和生活带来的压力，增强身体素质。除了举办以"女排精神"为主题的运动会，还可以开展弘扬"女排精神"的体育文化节。通过举办与"女排精神"相关的各种专题讲座、演讲比赛等活动，以丰富多彩的形式加强学生对女排精神的理解，发挥中国女排"祖国至上、团结协作、顽强拼搏、永不言败"精神的影响，传播新时代正能量，让中国女排成为新时代青年学子的榜样，使学生在女排精神的熏陶下学会利用"女排精神"的有利因素不断完善自己，最终树立正确的社会主义核心价值观。②

（二）社会层面

利用各种新媒体加大对女排精神的宣传力度。首先，要利用好新媒体的传播速度快、时效性好、便捷等诸多有利因素，更好地发扬"女排精神"。新媒体的普遍出现，弥补了传统媒介发布信息不全面、传播效果慢等不足，使信息可以在最大范围内传播，而且传播速度很快，取得的传播效果也比较好。新时代的媒体工作者，应该契合时代的发展要求，紧跟时代进步的步伐，更好地利用新媒体对"女排精神"进行弘扬。通过微博、QQ、微信公众号、短视频等软件，专栏报道"女排精神"。广大媒体可以在客户端发

---

① 程桂芳：《新时代女排精神的思想政治教育价值研究》，辽宁师范大学 2022 年硕士学位论文，第 23 页。
② 金柳沁：《新时代女排精神的价值及实践路径研究》，苏州大学 2021 年硕士学位论文，第 69 页。

布关于女排的各种积极信息,用女排姑娘们的感人事迹去影响人们,将女排精神与人们的实际生活联系起来,使人们树立正确的价值观和道德观。通过传播"女排精神"的正能量,潜移默化地提高个人素质。① 其次,要加强广泛宣传与正向引导二者的有机统一。不仅要发布信息,而且要确保信息的真实性和积极性。要在信息的发布过程中,引导人们正确认识竞技体育、正确看待比赛输赢、正确认识和理解女排精神;使广大人民群众在这种正向的宣传引导中,逐渐做到理性看待比赛输赢的结果,通过这种形式提高群众对女排精神的理解,传播新时代女排精神的正能量。

三、结　语

步入新时代,踏上新征程,面对各种新形势、新挑战、新任务,我们依然需要女排精神,需要用它凝心聚力、攻坚克难。中国女排这个集体所孕育的精神影响了几代人。今天,女排精神更是紧扣时代主题,以"祖国至上、团结协作、顽强拼搏、永不言败"为核心的优秀精神品质,成为实现中华民族伟大复兴征程中的宝贵精神财富、社会主义核心价值观的精神养分、思想政治教育的丰富资源。② 在中国特色社会主义新时代,深入挖掘女排精神的核心内涵,探究女排精神的弘扬路径,对于实现中华民族伟大复兴、加快建设体育强国、培育社会主义核心价值观、加强思想政治教育等都具有十分重大的现实意义。

---

① 张丞润:《新时代中国女排精神价值的研究》,苏州大学2019年硕士学位论文,第33页。
② 杨静文:《中国精神视域下的女排精神研究》,西南交通大学 2018 年硕士学位论文,第 38 页。

科学家精神锻造时代新人的进路
——以曹建猷科技报国为例

张耀莹[①]

西南交通大学马克思主义学院

【摘　要】科学家精神是第一批被纳入中国共产党人精神谱系的伟大精神，更是我国科技工作者在实践中形成的宝贵精神财富，对培养杰出科技人才、建设科技强国具有重要的现实意义。曹建猷作为老一辈科学家科技报国的典型代表，在青年中具有很强的影响力和号召力。青年是所有社会力量中最具有生机与活力的力量，更是新时代实现中华民族伟大复兴的中流砥柱。以科学家精神为引领，培育、铸造具有爱国、创新、求实、奉献、协同精神的时代新人，激励青年将内化于心的科学家精神和品质外化于行，投身科技报国、兴国、强国的伟大事业，为实现中华民族伟大复兴贡献青春力量。

【关键词】科学家精神；青年；爱国；创新

2019 年 5 月，中共中央办公厅、国务院办公厅印发了《关于进一步弘扬科学家精神加强作风和学风建设的意见》，对科学家精神进行了明确解读，即胸怀祖国、服务人民的爱国精神，勇攀高峰、敢为人先的创新精神，追求真理、严谨治学的求实精神，淡泊名利、潜心研究的奉献精神，集智攻关、团结协作的协同精神，甘为人梯、奖掖后学的育人精神[②]。2021 年 9 月，科学家精神作为伟大精神被纳入第一批中国共产党人精神谱系。科

[①] 张耀莹，西南交通大学马克思主义学院 2021 级硕士研究生。

[②] 《中共中央办公厅　国务院办公厅印发〈关于进一步弘扬科学家精神加强作风和学风建设的意见〉》，载中国政府网 2019 年 6 月 11 日，https://www.gov.cn/zhengce/2019-06/11/content_5399239.htm。

学家精神的形成厚植于我国独特的中华优秀传统文化土壤，与我国科学事业发展的历史进程密切相关，它产生于先进知识分子挽救民族危亡之际，升华于社会主义建设时期，在新时代青年勇担使命的行动中得以传承，是一代代科技工作者在投身科技事业的进程中形成的强大精神力量，是他们攻坚克难、报效祖国的重要精神动力，彰显了我国科技工作者独一无二的价值坐标和人格魅力。作为我国铁道电气化事业奠基人的曹建猷院士将个人价值的实现与国家的命运相联系，致力于我国电气专业的学科建设和人才培养，用实际行动诠释了科学家精神的深刻意蕴。曹建猷院士作为老一辈科学家科技报国的典型代表，在广大学子中具有很强的影响力和号召力，他的精神和品格激励着一批又一批学子潜心科研、开拓创新，取得了相关领域的多项重大科技成果，推动了我国科技事业的发展与进步。新时代赋予了青年新的使命和担当，作为实现中华民族伟大复兴的先锋力量，青年要以科学家精神为引领，将科学家精神内化于心、外化于行，投身于科技报国、兴国和强国的伟大事业，跑好新时代的"接力赛"。

一、胸怀祖国、服务人民，做爱国报国的新青年

爱国精神是科学家精神的灵魂。2013年7月，习近平总书记在中国科学院考察工作时提出："具有强烈的爱国情怀，是对我国科技人员第一位的要求。科学没有国界，科学家有祖国。"①爱国报国是我国无数科技工作者永恒的追求。

中华人民共和国成立之初，百废待兴，科技事业停滞不前，一批又一批科学家怀着满腔的爱国热情、克服艰难险阻回到祖国，为建设新中国坚守岗位、呕心沥血，在涉及国计民生的多个领域实现从无到有的关键性突破。曹建猷院士幼时求学的经历使他从小就确立了努力学习科学、实现科技报国的理想，曹院士以报国理想为指引扎根科研，1940年毕业于上海交通大学，1950年获美国麻省理工学院博士学位。1949年中华人民共和国成

---

① 《习近平在中国科学院考察时强调 深化科技体制改革增强科技创新活力真正把创新驱动发展战略落到实处》，《光明日报》2013年7月18日，第1版。

立，远在美国麻省理工学院求学的曹建猷说："忽然看到祖国的光明，那种从死灰中复苏的心理是无法形容的。"可见他对祖国的深切期盼。1951年，曹院士毅然放弃美国优越的生活条件和科研环境，即使面临重重困难，他回国报效祖国和人民的决心丝毫未减，最终顺利回到祖国。1951年，曹建猷开始在唐山工学院（今西南交通大学）担任教授，长期致力于我国铁道电气化和计算机科学的研究与教学，创建了铁道牵引电气化与自动化学科，对我国铁道电气化发展作出了卓越贡献。曹院士的一生都在用实际行动诠释他的座右铭："一切为了祖国，为了祖国建设。"据曹建猷院士的学生回忆，在一次师生交流中有学生问老师选择回国的原因，曹院士坚定地回答："回国工作是我最大的事。"[1]曹院士深厚的家国情怀激励着一届又一届交大学子精勤求学，不懈奋斗。西南交通大学教授钱清泉是曹建猷院士的学生，在曹建猷的影响和鼓励下，他放弃出国访学机会并留校工作，坚持从事电气化铁路远动技术研究，完成了国内第一套微机远动系统，成为我国铁道电气化自动化领域专家并成功当选中国工程院院士。

时代在变，爱国之心永不变。新时代要求广大青年用实际行动继承和发扬以曹建猷院士为代表的老一辈科学家胸怀祖国、服务人民的高尚品格，在任何时刻都要以国家利益和人民利益为重，从满足国家发展战略和人民美好生活的实际出发，以解决实际问题为导向，将爱国报国之心转化为科学研究攻关的动力，创造无愧于党、无愧于国家、无愧于人民的科研成果。

二、勇攀高峰、敢为人先，做开拓创新的新青年

创新精神是科学家精神的核心。创新引领发展，科技赢得未来。习近平总书记指出："现在，我国经济社会发展和民生改善比过去任何时候都更加需要科学技术解决方案，都更加需要增强创新这个第一动力。"[2]当今世界正处于百年未有之大变局，变局即新局，加快建设科技强国、实现我国

---

[1] 李世敏：《曹建猷：一颗报国心，毕生铁路情》，《中国科学报》2019年12月27日，第8版。
[2] 习近平：《在科学家座谈会上的讲话》，北京：人民出版社2020年，第11页。

科技自立自强的关键在于实施创新驱动发展战略，唯有创新才能早日解决我国"卡脖子"的技术难题，也唯有坚持创新才能实现重要领域和关键环节的技术攻关。

曹建猷院士勇攀科技高峰，在我国电气化铁路建设上敢于创新，成为我国铁路电气化的奠基人。20世纪50年代，建设电气化铁路的首要技术问题是采用何种电流制式，苏联采用3千伏的直流电压向电力机车供电，欧洲国家如德国、奥地利等使用低频（电网频率50Hz的三分之一）交流电给电力机车供电，曹建猷在对各种电流制的技术状态与存在问题进行详尽的研究和分析后得出：我国应采用工频交流电压制。1956年，曹建猷在全国铁道科技会议上做了相关的报告，这次报告引起国内众多学者和苏联专家的强烈反应。会后，曹建猷应《人民日报》科技版的约稿，于1956年11月25日在人民日报上发表了题为《我国电气化的途径》的学术报告，铁道部在充分论证后决定将25千伏工频单相交流制列为国家标准[1]，该标准沿用至今。从宝凤段起步到今天遍布祖国大江南北的高速铁路网，由于采用了正确的制式，我国在电气化铁路的研究和建设上才没有走弯路，更没有向外国人交"学费"，电气化铁路建设始终沿着正确的道路快速前进。目前，我国干线电气化铁路均采用工频单相交流制，根据相关资料，截至2020年，我国铁路电气化率达到74.9%，居世界第一位；2021年我国电力机车完成的牵引工作量达到90.5%[2]。曹建猷院士提出的工频交流制的标准不仅在实现我国铁道电气化的进程中发挥了不可替代的奠基作用，也为我国铁路运输创造了巨大的经济及社会效益，几十年的实践证明，我国采用这一标准是正确的，符合我国发展高速铁路的需要。曹建猷院士是西南交通大学电气工程学院的创始人，电气学子以曹建猷院士创新精神为导向，在科研中敢于创新、善于创新，在全国重量级学科创新竞赛中披荆斩棘、勇往直前，取得优异成绩。

---

[1] 韩琴英：《漫山彩林扑面来，化作铁路守护神》，《中国科学报》2018年2月26日，第8版。

[2] 《全国人大代表陆东福："十四五"期间全国铁路营业里程将达17万公里左右》，载环球网2021年3月6日，https://baijiahao.baidu.com/s?id=16934648226415418018&wfr= spider& for=pc。

当前，我国在集成电路、基因与生物工程、脑科学与类脑技术、新一代人工智能、量子信息等先进领域面临"卡脖子"难题，广大青年要继承和发扬以曹建猷院士创新精神为代表的科学家精神，敢于提出新理论、开辟新领域、探索新路径，坚持面向世界科技前沿、面向经济主战场、面向国家重大需求、面向人民生命健康[1]，在申请独创性研究成果上下苦功夫，在解决受制于人的重大瓶颈问题上勇担重任，为实现涉及我国国计民生的核心关键领域"从 0 到 1"的伟大突破而奋斗不息。

三、追求真理、严谨治学，做求真务实的新青年

求实精神是科学家精神的本质。马克思提出："在科学上没有平坦的大道，只有不畏劳苦沿着陡峭山路攀登的人，才有希望达到光辉的顶点。"[2]科学研究是一个不断观察、思考、实验的复杂过程，追求真理、严谨治学既是对待科研工作的态度，又是科研工作者必须具备的高尚品格。习近平总书记在科学家座谈会上指出："科学家的优势不仅靠智力，更主要的是专注和勤奋。"[3]经过一代又一代科技工作者的学习与实践，求真务实已成为科研工作者的精神底色，激励着无数科技工作者沉心科研，把论文写在祖国的大地上。

宝成铁路是我国第一条电气化铁路，在其设计和建设中必不可少的宝凤段铁路地势险要、隧道多，90 多公里就有 48 个隧洞，如果使用蒸汽机车作牵引，一方面，烧煤所产生的大量烟雾会严重影响列车运行安全和乘客身体健康；另一方面，列车运行速度最慢时仅 5 km/h，运力较低。曹建猷在进行严谨细致的理论研究后认为使用电力机车牵引速度可达 25 km/h，运行速度大大提高。在多次实验论证后曹建猷决定将该技术应用于修建宝成铁路。1960 年 5 月，宝凤段铁路建成并进行通电试验，当时的曹建猷担

---

[1] 习近平：《在科学家座谈会上的讲话》，北京：人民出版社，2020 年，第 8 页。
[2] 马克思：《资本论（纪念版）》第一卷，北京：人民出版社，2018 年，第 24 页。
[3] 习近平：《在科学家座谈会上的讲话》，北京：人民出版社，2020 年，第 8 页。

任试验组副组长兼技术组组长，通电试车获得成功，次年正式运营。①宝成铁路建设的成功经验给予曹建猷极大的鼓舞，在学术研究和教学方面，他积极推进学科改革，将西南交通大学电机系原有的"电力机车"和"电力铁道供电"合并为"铁道牵引电气化与自动化"学科，亲自参与科研活动，培养科研骨干，取得了一系列重大科研成果，该学科在曹建猷院士的带领下一直处于国内领先地位。西南交通大学电气工程学院拥有国家重点学科和国家级工程技术研究中心，科研团队取得多项国家级、省级科学技术奖项，为鼓励学生塑造优良学风、钻研学术研究打下坚实的基础。电气工程学院李群湛教授带领科研团队自主研发世界首套新一代牵引供电系统的核心装置——同相供电装置，填补了世界空白，达到国际领先水平。追求真理、求真务实的精神是他们取得科研成就的重要支撑。

理想之花靠知识浇灌，伟大事业靠实干成就。学习是青年的立身之本，青年求真理、学真知，才能锤炼过硬本领，堪当历史重任。②广大青年弘扬追求真理、严谨治学的求实精神，以"知行合一"为路径，以从严从实的优良学风为指引，尊重科学、追求真理、埋头苦干，深耕学术；开展学术研究，要坚守学术道德底线，严守科研伦理规范；从事基础研究，要瞄准世界先进水平，走在科技前沿；从事应用研究，要以解决实际问题为目标，力争突破关键核心技术难题，做学术道德的先锋和科学家精神的践行者。

四、淡泊名利、潜心研究，做甘于奉献的新青年

奉献精神是科学家精神的真谛。习近平总书记鼓励科技工作者"专注于自己的科研事业，不慕虚荣，不计名利"③。淡泊明志，宁静致远，科学研究是一项需要投入大量心血并持之以恒的伟大事业。当前国内外形势

---

① 韩琴英：《漫山彩林扑面来，化作铁路守护神》，《中国科学报》2018年2月26日，第8版。
② 《青年要求真理 悟真谛 求真知》，《中国青年报》2021年7月1日，第14-15版。
③ 习近平：《在科学家座谈会上的讲话》，北京：人民出版社，2020年，第8页。

日益严峻，更需要科研工作者戒骄戒躁，淡泊名利，"十年磨一剑，甘坐冷板凳"，把创新主动权、发展主动权牢牢掌握在自己手中。

曹建猷潜心科研，不计得失，胸怀广阔。1956年，中科院曾两次邀请曹院士做加速器的相关研究，曹院士婉拒并坚持进入国内一片空白的"铁路电气化"方向，面对名利双收的"捷径"和艰难曲折的"山路"，无私奉献的曹院士坚定地选择披荆斩棘、迎难而上，为我国铁路电气化事业指引新方向，开辟新道路。他在日记中写道："这方面的人很少，如果我改专业，将对这个新生的专业起不小的影响。加速器的发展很快，我所知道的东西已嫌陈旧，新生力量较易培养。"①西南交通大学学子在曹建猷院士为科研事业献身的伟大精神的感染下发出"清廉人生路，迈好第一步"的倡议，号召青年学子要珍惜声誉、珍惜当下、心胸宽广、格局大气，不为名利所动，不为利益所乱，筑牢信仰之魂，夯实廉洁之基。

淡泊名利，不是不担当、不作为，而是要有"功成不必在我，但功成必定有我"的奉献精神；潜心研究，不是"两耳不闻窗外事，一心只读圣贤书"，而是秉持工匠精神，做实验搞研究要全神贯注地"钻"进去、"沉"下来，才能有所收获。当前，我国面临全球化的多重挑战，经济迅速发展的同时催生市场的逐利性和文化的渗透性，影响青年群体的价值追求和行为选择。利益诱惑极易导致部分青年模糊个人价值和社会价值的边界，出现拜金主义。②当前，以美国为首的西方资本主义国家不断加紧对我国的技术封锁和意识形态渗透，特别是针对青年群体进行利益诱惑与思想渗透，对青年价值观的塑造产生消极影响，在一定程度上弱化部分科研人员的奉献意识。因此，必须通过弘扬和践行科学家精神以反对浮躁和逐利的不良风气，树立正确的价值观，用科学家精神启迪和激励青年将个人价值与国家前途命运紧密结合，增强青年的奉献意识和担当意识，提升青年社会责任感，鼓舞青年为科学事业奉献自我、发展自我。

---

① 李世敏：《曹建猷：一颗报国心，毕生铁路情》，《中国科学报》2019年12月27日，第8版。

② 李建强：《弘扬中国共产党人精神谱系之科学家精神研究》，《中共南昌市委党校学报》2022年第1期，第18-23页。

五、集智攻关、团结协作，做乐于协同的新青年

协同精神是科学家精神的传统。中国特色社会主义制度的显著优势是集中力量办大事，中国科技事业取得举世瞩目成就的背后是无数科研工作者的团结与协作。习近平总书记对科技工作者提出希望："广大工程科技工作者既要有工匠精神，又要有团结精神。"①科学研究不是一个人的"单打独斗"，而是多个人的"群策群力"，一个重大科研项目通常横跨多个学科领域，无论是理论研究还是应用研究，都需要不同学科取长补短、相互融合，凭借单一学科的科研项目无论是在纵向深度还是横向广度都无法达到理想状态，而不同学科的交叉与碰撞易于迸发思想的"火花"。当前科技发展日新月异，知识体系构建复杂、交叉学科交流不畅、科研工作程序烦琐等是现代科学研究的突出问题，解决以上问题的有效路径即科研工作者集智攻关、团结协作。

在计算机学科建设中，曹建猷将集智攻关、团结协作的精神发挥到了极致，建立西南交大电子计算机技术专业和刻蜡纸付印教材等行动充分地展现了他乐于协同的精神品质。20世纪七八十年代，四川省乃至国家的教育主管部门建议高校设立计算机专业，时任西南交通大学副校长的曹建猷抓住机遇，积极推动开设电子计算机技术专业的相关筹备工作。当学校面临师资和教材短缺难题时，曹建猷与几名同事共同商讨学科设立的相关事宜，成立教学团队并奔赴全国各高校开展调研，解决了师资问题；他带领团队积极编写教材并亲自刻蜡纸逐字付印，解决了教材问题。在曹建猷的带领下，西南交通大学的计算机学科扎扎实实地建立起来，1983年成为我国首批获得"计算机应用"硕士学位授予权的专业，为我国培养了100多名杰出的硕士研究生和超过10届的本科生，该专业在不断发展中成为新的学科增长点。西南交大学子传承并发扬曹建猷院士的团结协同精神，以团队形式参加多项重大赛事，取得历史性突破。2021年，交大学子累计获得

---

① 习近平：《在中国科学院第十九次院士大会、中国工程院第十四次院士大会上的讲话》，北京：人民出版社，2018年，第12页。

国家级以上奖励743项[1]，在公布的全国普通高校大学生竞赛排行榜中位列全国第四，五年（2016—2020）排行榜位列全国第十，"五轮总排行榜"位列全国第十[2]。优异的成绩离不开团队的齐心协力与团结一致，西南交通大学学子在行动中践行了集智攻关、团结协作的科学家精神，培养了乐于合作、善于合作的优秀品质。

　　自古以来，团结合作一直是我国的优良传统，"人心齐、泰山移""众人拾柴火焰高""五人团结一只虎，十人团结一条龙，百人团结像泰山"等谚语朗朗上口；从《三个和尚》到《蚂蚁的壮举》的故事，从铁路建设到发射火箭，合作的理念深入人心，团结的力量催人奋进。新时代要求青年具有大局意识、合作意识和集体意识，树立正确的集体观，坚持个人利益服从于集体利益，在团结合作中成长成才、实现个人价值，以开放包容的姿态促进科学事业的发展进步，为建设科技强国提供强大的新生力量。

　　科学家是中华民族的脊梁，科学家精神是中华民族科技事业发展的强大支撑，而青年是科学家精神薪火相传的践行者。新时代中国青年生逢盛世，堪当大任，未来属于青年，奋斗成就青年。广大青年要在以曹建猷院士科技报国为代表的科学家精神的引领下主动投身建设科技强国、实现我国科技自立自强的伟大事业，为实现中华民族伟大复兴而奋力奋斗。

---

① 《西南交通大学的2021答卷：2021，交大学子高光时刻！743项国奖》，载西南交通大学新闻网2021年12月31日，https://news.swjtu.edu.cn/shownews-23941.shtml。

② 《再次挺进全国十强　西南交通大学学科竞赛成绩勇创新高》，载中国网2022年2月23日，http://t.m.china.com.cn/convert/c_zXFOxkyV.html。

研究生弘扬科学家精神的意义与路径探索

黄 蓉[①]

西南交通大学马克思主义学院

【摘　要】 在一代代科技工作者的长期科学实践中积累而成的科学家精神，被纳入中国共产党人精神谱系，它是中华民族精神的重要组成部分，具有深刻而丰富的精神内涵和独特的育人价值。在研究生中弘扬科学家精神，有利于他们立志、创新、求实、聚力。研究生群体要深入贯彻伟大的科学家精神，借助学校、社会、网络的力量学习科学家精神，做到内化于心外化于行，促使自身成长为新时代的优秀青年。

【关键词】 研究生；弘扬；科学家精神；意义；路径

百年风雨兼程，百年砥砺前行。中国共产党成立以来团结带领全国各族人民取得的一系列伟大成就，离不开广大人民的不懈奋斗，离不开一代代科技工作者投身创新报国实践。他们是科学家精神的塑造者、传承者、践行者。

一、科学家精神溯源

科学家一词最早提出可以追溯到 19 世纪 40 年代，"1840 年，英国学者惠威尔在他的《归纳科学哲学》一书中正式地提出了一个新词：scientist（科学家）。"[②]以此作为对"科学培植者"的总称。当前，科学家一词已经成为人们普遍追求且尊敬的荣誉称号，被清晰的定义为对自然、生命、环境、现象及其性质进行重现与认识、探索与实践，并作出突出贡献、具有杰出成就的科学工作者。尽管科学家一词的提出较晚，

[①] 黄蓉，西南交通大学马克思主义学院 2021 级硕士研究生。
[②] 陈光：《Scientist 一词的社会承认——纪念惠威尔提出 Scientist 一词 150 周年》，《科学》1990 年第 3 期，第 171-175 页。

但这些可以冠之以科学家名号的人身上的特质可以溯源到古希腊时期，随着科学体制化的完善而逐步成型，呈现出求真唯理、增进褔祉、协同合作等特征。①

中国广泛使用"科学家"这个词是在 20 世纪 20 年代科学理念逐渐渗透进各个领域之后，由于文化背景、地理环境等的差别，中国与西方的科学家精神品质也有自己明显的独特性。19 世纪中叶以来，中国面临内忧外患，亟须救亡图存，以任鸿隽为代表的许多仁人志士立志科学救国。因此，当时我国科学家精神的核心是爱国。在中国共产党成立后，党带领人民夺取新民主主义革命的胜利，在共同纲领中提到"为着扫除民族压迫和封建压迫，为着建立新民主主义的国家，需要大批的人民的教育家和教师，人民的科学家、工程师、技师、医生、新闻工作者、著作家、文学家、艺术家和普通文化工作者。他们必须具有为人民服务的精神，从事艰苦的工作"②。科学家精神又被赋予了为人民服务的意义。1949 年中华人民共和国成立后，科学技术得到前所未有的重视和发展机遇，在党的领导下，出现了一批以钱学森、邓稼先等为代表的优秀科学家，"两弹一星"精神促进了科学家精神的初步形成。改革开放后，科技事业迅速发展，取得了巨大成就，载人航天精神是对"两弹一星"精神的赓续发展，充分展现了中国共产党领导下科技工作者的精神面貌。

党的十八大以来，以习近平同志为核心的党中央高度重视科技创新以及科学家精神。2019 年 6 月，中共中央办公厅、国务院办公厅印发的《关于进一步弘扬科学家精神加强作风和学风建设的意见》(以下简称《意见》)，深刻概括并阐释了科学家精神的核心内涵，即"胸怀祖国、服务人民的爱国精神，勇攀高峰、敢为人先的创新精神，追求真理、严谨治学的求实精神，淡泊名利、潜心研究的奉献精神，集智攻关、团结协作的协同精神，甘为人梯、奖掖后学的育人精神"③。2020 年 9 月，习近平

---

① 李斌：《百年复兴与科学家精神的形成》，《中国科学院院刊》2021 年第 6 期，第 692-697 页。
② 毛泽东：《毛泽东选集》第三卷，北京：人民出版社，1991 年，第 1082 页。
③ 《关于进一步弘扬科学家精神加强作风和学风建设的意见》，北京：人民出版社，2019 年，第 4-6 页。

总书记主持召开科学家座谈会谈道，要"大力弘扬科学家精神。科学成就离不开精神支撑，科学家精神是科技工作者在长期科学实践中积累的宝贵精神财富"①。

二、弘扬科学家精神对研究生的意义

人无精神则不立，国无精神则不强。②对于每一个研究生来说，优秀精神的陶冶无疑在其成长发展中发挥着重要作用，尤其是以爱国、创新、求实、奉献、协同、育人为核心的科学家精神是研究生学术生涯中不可忽视的部分，有着重要的价值和意义。例如，在西南交通大学，通过学术规范讲座、创新能力培养的课程、"中国精神"慕课等来辅助研究生教育的开展，都是积极发挥科学家精神引领作用的体现。

（一）立 志

科学家精神可以帮助研究生树立远大志向，明确人生理想。对于研究生群体来说，从事科技工作首要的是树立科技报国、科技强国的伟大志向，以及树立科技工作的最终目的是为人民服务的核心理念。"科学无国界，科学家有祖国"，科学家精神具有明确的政治导向，传递着爱国的伟大情怀。西南交通大学曹建猷教授，作为中国科学院院士、中国铁路电气化的奠基人，他就是胸怀祖国的典型代表。1951年，曹建猷在美国麻省理工学院获得科学博士学位后，毅然回国，到唐山工学院（今西南交通大学）电机工程系任教，他回国工作期间为我国铁路电气化事业作出卓越贡献，可谓"鞠躬尽瘁，死而后已"。很多研究生在读研期间没有树立远大的志向，在科研过程中就会缺少持续的力量。弘扬科学家的爱国精神，有利于使研究生共情，沉浸于前辈故事中，感受前辈的报国热忱，使其坚定自己的理想信念，厚植爱国情怀。

---

① 习近平:《在科学家座谈会上的讲话》，北京：人民出版社，2020年，第11页。
② 习近平:《党的伟大精神永远是党和国家的宝贵精神财富》，《求是》2021年第17期，第4-20页。

（二）创　新

科学家所从事的工作，无疑离不开科技创新，创新能力是研究生不可或缺的能力。习近平总书记曾言："人才是创新的根基，是创新的核心要素。创新驱动实质上是人才驱动。为了加快形成一支规模宏大、富有创新精神、敢于承担风险的创新型人才队伍，要重点在用好、吸引、培养上下功夫。"①研究生作为国家人才的主要后备队伍，创新能力对研究生来说是关系到能走多远、能有多大成就的关键要素。以袁隆平院士为例，他长期致力于杂交水稻技术的研究、应用与推广，为我国粮食安全、世界粮食供给作出了巨大贡献。他敢于打破"水稻是自花授粉作物，没有杂种优势"的传统观念，实现水稻种植史上的突破性成就。由此可见，弘扬科学家精神，研究生要敢于打破常规，敢于向困难挑战，破旧立新。

（三）求　实

追求真理、严谨治学的求实精神的本质是在学术上不迷信权威，踏实做学问、诚实做学问。习近平总书记强调："科研诚信是科技工作者的生命。"②科学家精神向研究生们所展现的一代代科技工作者的伟大成就，不是一蹴而就取得的，而是在不同学术观点交流碰撞中，在相互进行的学术批评中，在对真理的孜孜追求中，在恪守学术规范中，在敢于挑战权威中一步步产生的。当前，绝大多数的研究生在科研过程中能够秉持着优良作风，严守学术规范的底线。但是，抄袭或剽窃他人的学术成果、买卖论文、代写论文等学术不端现象在研究生中时有出现。对此，这几年国家加大了惩治力度，对学术不端行为，发现一起查处一起，绝不姑息。这警醒着当代研究生必须加强科研自律，涵养科学精神，脚踏实地做学问。

---

① 中共中央文献研究室：《习近平关于科技创新论述摘编》，北京：中央文献出版社，2016年，第119-120页。
② 《关于进一步弘扬科学家精神加强作风和学风建设的意见》，北京：人民出版社，2019年，第6-7页。

(四)聚 力

科学家精神能帮助研究生群体科学认识周围现实，凝聚多方力量，促进自身提高。人的本质不是单个人所固有的抽象物，在其现实性上，它是一切社会关系的总和。[1]每个人都不是孤立存在的个体，都与周围的世界有着这样那样的联系。科研成就不是单打战斗的结果，而是团队相互协作的产物。弘扬科学家精神对研究生来说，就是要重视团队协作。对于研究生群体来说，不论是文、理、工、农哪个学科，一个课题的完成总是离不开团队的力量。所谓团队，即采用各种手段，按照某种计划，为实现共同的目标，在技能和技术上能够互补的人构成的群体。要想一个团队发挥出最大的力量，首先，研究生需要树立团队意识，其次，研究生要制定相应的目标、计划，找到合适的方法。

三、弘扬科学家精神的路径

当前，我们迎来了世界新一轮科技革命和产业变革同我国转变发展方式的历史性交汇期，核心技术"卡脖子"问题日益突出，亟须弘扬科学家精神。

(一)上下联动：贯通精神的传播路径

科学家精神的弘扬是一个系统的过程，要求多方面协同，打造多渠道的内化路径。从研究生的角度出发，上下联动涉及学校、教师、课程多方面。

学校与教师的联动是首要环节。研究生是科学家精神的弘扬主体，教师同样是科学家精神熏陶的主要对象。"在我为间接经验者，在人则仍为直接经验"[2]。学习永无止境，任何教育者在从事教育工作之前也同样作为

---

[1] 马克思、恩格斯：《马克思恩格斯选集》第一卷，北京：人民出版社，2012年，第139页。
[2] 毛泽东：《毛泽东选集》第一卷，北京：人民出版社，1991年，第288页。

受教育者存在，有先受教育的过程；学校不仅培养学生，而且要求教师不断进步。科学家精神只有先在教师队伍中得到内化后才能实现精神的传递。

导师与学生之间联动是关键环节。研究生阶段实行导师制培养模式，科学家精神的弘扬需要依托这个培养模式，发挥导师的示范引领作用，通过与学生情感联系传递核心精神。

课程与学生的联动是重点环节。弘扬科学家精神还需把握课程这一重要渠道，如"自然辩证法"这门公共课，是面对所有专业的研究生开设的一门课程，可以从马克思主义的自然观、科学技术观出发，帮助学生树立正确的科研观。

（二）借力打力：利用丰富的学习资源

首先，优先利用学校学习平台。每个学校都有自己独特的学术资源和文化资源，研究生可以在学校档案馆、校史馆、图书馆中去探寻科学家精神的足迹。以四川省为例，2021年6月，四川省开展了致敬"四川百年百杰科学家"活动，遴选出了120位代表，四川高校基本都有杰出的科学家代表。研究生可以以此为线索，展开对自己学校优秀模范人物的学习和研究。

其次，讲好老一辈科学家们的故事。《意见》指出：要"讲好科技工作者科学报国故事。"[①]每个人都有不可复制的人生经历，每位科学家也都有自己独特的学术成长经历，了解和研究科学家本身，聆听他们的故事，就是对科学家精神最生动的弘扬，对他们的研究越透彻，就越能理解他们身上的精神品质。许多伟大的科学家现在可能已经与世长辞，研究生可以通过学习与这些科学家相关的学术著作，了解老科学家们的生平经历，了解他们在学术成长中的关键节点、作出的重要选择、经历的困难以及积累的经验等，这对研究生自己的学术成长有重要的借鉴意义。

---

① 《关于进一步弘扬科学家精神加强作风和学风建设的意见》，北京：人民出版社，2019年，第4-6页。

最后，充分利用网络媒体资源。《意见》指出："主流媒体要在黄金时段和版面设立专栏专题，打造科技精品栏目。"①很多研究生对各类手机软件都能熟练使用，可以发挥自身的主观能动性，自主开发学习资源，从网络中学习科学家精神。

（三）自觉践行：营造优良的学习环境

研究生不仅要自主学习研究生精神，而且要自觉践行研究生精神，从研究生日常学习的方方面面去贯彻落实科学家精神，营造良好的学习环境。

第一，重理论：严选精读，积累理论深度。做好学术研究需要积累理论，精读文献著作。研究生要充分利用好上课时间，跟上每节课老师的进度，尽可能了解学术前沿动态，打好理论基础。另外，利用好课余时间，"扎根"图书馆，从经典文献看起，提升自己的知识广度和深度，在阅读中寻找自己感兴趣的研究方向。找到研究方向后，要进行深入挖掘，收集研究课题相关的资料，然后通过阅读、分析、归纳、整理学术界研究的最新进展，了解前人已有的观点，搭建知识框架，全方位把握学术界的研究现状，进而提出自己的观点。

第二，重协作：互帮互助，突破研究难关。研究生阶段实行导师制培养模式，一个老师带几个学生，课题研究多是以团队的形式来完成，团队协作在研究中具有重要作用。每个人都是独立的个体，有自己的个性和想法，但都同其他人有着不同的联系。研究生践行科学家精神就必须重视团队协作，尊重他人的想法和个性，消除不必要的隔阂，在自己力所能及的范围内帮助团队成员；面对难题，也可以求助团队成员，大家共同解决，能够集中全体成员的智慧，极大提高科研效率，并且形成一种轻松和谐的人际关系。

第三，重创新：破旧立新，提出独创观点。创新是科学研究的动力，

---

① 《关于进一步弘扬科学家精神加强作风和学风建设的意见》，北京：人民出版社，2019年，第4-6页。

也是科研人员的学术生命力。创新可以是提出符合时代特点、立足学科前沿的属于自己的观点,也可以是对研究方法、实验方法进行创新。研究生作为国家高层次科研人才的后备军,必须不断培养自己的创新能力,学会打破常规。因此,在学术研究或科学实验中,要基于前辈的经验,关注社会热点问题和需要解决的社会现象,从现象入手分析本质。

第四,重规范:脚踏实地,严守学术道德。学术规范是从事学术活动的行为规范,是学术共同体成员必须遵循的准则。学术规范并非指其制度及操作"行政化",而是在学术共同体内部所建构的一种自觉的制约机制。研究生群体要践行科学家精神,在学术研究中必须要重视学术规范,从格式规范、语句规范做起,秉持着谨慎、细致的态度,坚决反对抄袭等学术不端行为。

科学家精神融入研究生学术道德教育实践路径探析

彭 雪[①]

西南交通大学马克思主义学院

【摘　要】 科学家在日积月累的科学研究中沉淀出了爱国、创新、求实、奉献、协同、育人的科学家精神。用科学家精神充实研究生学术道德教育，使广大研究生群体规范自己的学术道德是学术道德教育的应有之义。科学家精神为学术道德教育提供理论指导，学术道德教育是培育科学家精神的重要手段。在应对研究生学术道德失范问题上，学术道德教育显得尤为重要，应将科学家精神融入研究生志向教育、创新性教育、诚信教育、价值观教育、团队教育与自我教育，促进研究生形成优良的学术道德，为以后的科研生涯奠定基础。

【关键词】 科学家精神；研究生；学术道德；教育

在新的时代条件下，科学研究的范围越来越广、层次越来越深，加之研究生学术道德规范不足，在科研过程中陆续出现了学术道德失范的问题。一方面，科学家精神作为中国精神的一个重要组成部分，是推动科技进步的精神支撑与动力，也是促进成研究生学术道德思想形成、规范研究生学术行为，进而解决研究生学术道德失范问题的重要手段。另一方面，充分利用科学家精神的作用也是进一步弘扬科学家精神的重要举措，因此，将科学家精神融入研究生学术道德教育具有重要价值与意义。

一、历史维度：主要概念的历史形成与联系

科学家精神与学术道德教育都是经过长时间发展才形成了目前的概

[①] 彭雪，西南交通大学马克思主义学院2021级硕士研究生。

念与内容。虽然科学家从古至今都有，但身处不同时代，科学家所承载的使命有所差异，科学家精神也展现出不同的内涵。道德的概念在古代哲学中就有所涉及，随着近现代科学研究的发展，道德教育出现了一个新的部分即学术道德教育。科学家精神与学术道德教育都是理论层面的内容，要将科学家精神融入学术道德教育，首先需要梳理和分析二者的形成过程与历史联系。

（一）科学家精神的形成与发展

在中华民族几千年的发展中，人们对农业技术的重视始终如一，但对科学技术的认识从明末清初西方科学知识的传入才逐渐开始。在科学技术萌芽、发展、走向成熟的过程中，科学家精神也从萌芽、形成、发展到完善。

鸦片战争以后，中国沦为半殖民地半封建社会，在救亡图存的道路上，魏源等人开始认识到科学技术的重要性，提出了"师夷长技以制夷"的战略主张，萌生出技术救国的思想。1909年，赴美留学的热潮出现，任鸿隽等人相继出国留学，回国以后他创办了《科学》杂志，并在杂志中明确提出了"科学救国"的倡议，在杂志的发刊词上，任鸿隽写道："世界强国，其民权国力之发展，必与其学术思想之进步为平行线，而学术荒芜之国无幸焉……"[①]从这个时期开始，大批的仁人志士在爱国情怀的鼓舞下开始向着科学进军以谋求救国之路。

新民主主义革命开始以后，我国科学家精神开始萌芽。留学生开始陆续回国，尽管当时国外的学习条件与科研条件比国内好，但在"先天下之忧而忧，后天下之乐而乐"以及"以民族复兴为己任"的远大抱负的激励下，中国的多名科学家还是毅然决然回到了祖国的怀抱，选择为祖国的发展贡献出自己的力量。20世纪20年代，中国第一批自然科学学会成立。1928年中央研究院的成立，标志着中国现代科研体制的初步确立，形成以

---

① 樊洪业：《中国科学社——科学救国运动的先锋队》，《科学》2005年第57卷第6期，第6-9页。

国家机构化的科学组织为主导的多元发展模式。①抗日战争时期，多位科学家为了革命事业更改自己的研究方向，例如周培源从研究相对论转变为了研究鱼雷空投入水，还有些科学家参与战事所需物资生产。这些科学家们将自己的一生都奉献给了祖国的革命与建设事业，在他们身上，科学家精神得到了充分彰显。

社会主义革命与建设时期，科学家精神逐渐形成。中华人民共和国成立以后，科技事业在党的领导下继续前进，但是由于当时物质条件较差，对于科学研究人员的培养也受到一定的限制，因此当时全国所有的科学研究人员只有 5 万人左右，专门从事科学研究工作的人员不足 500 人。这些科学家们分别在教育、工业等领域挑起了科研事业的大梁，在为祖国建设的过程中团结一致、艰苦奋斗。1956 年，党中央提出了"向科学进军"的口号，并制定了《1956—1967 年科学技术发展远景规划》，为国家科学事业的进一步发展指明了重要方向。在中国共产党的坚强领导下，中国的科学家们在艰苦的条件下不断进行创新，中国的科技事业也在中华人民共和国成立后一段时期内取得了巨大的进步。在这个过程中，科学家们的爱国情怀得到了充分彰显，也突出了创新精神、求实精神等重要精神内容。

改革开放和社会主义现代化建设时期，科学家精神不断发展。1978 年党的十一届三中全会召开以后，中国科学技术事业重新恢复生机，科研环境也不断向好。1988 年，"科学技术是第一生产力"被邓小平明确提出，在此基础上，对人才与知识的尊重也愈加明显。1995 年，科教兴国战略被明确提出，创新被视为民族进步的灵魂和国家兴旺发达的不竭动力，在中国科学家精神中的地位愈发凸显。在此期间，众多科学家在自己钻研的领域都有所突破，科学家精神的内涵也得到丰富发展，成了推动我国科研事业不断取得突破的主要精神动力。

进入新时代以来，科学研究越发深入，从事科学研究的人员也越来越多，我国在科学技术方面的成就日益增多。为了抓住科技发展的新机遇，推动我国科技事业的快速发展，我国相继出台了多个相关文件，并提出了

---

① 刘巍、董亚峥、杨志宏等：《中国科学家精神的历史渊源与当代价值》，《今日科苑》2022 年第 7 期，第 40-46 页。

创新驱动发展战略。科学技术的发展关乎我国经济社会的方方面面，是衡量综合国力的重要标准，而要使科技发展有足够的支撑，人才培养必不可少。习近平总书记明确指出："没有人才优势，就不可能有创新优势、科技优势、产业优势。"①对人才的培养与重视是在为新时代的科学家群体增加新兴力量，也是对科学家精神的发扬与传承。科学家精神在新时代得到了充分发展，构成了完整的内容体系。根据习近平总书记在科学家座谈会上的讲话，科学家精神被概括为胸怀祖国、服务人民的爱国精神，勇攀高峰、敢为人先的创新精神，追求真理、严谨治学的求实精神，淡泊名利、潜心研究的奉献精神，集智攻关、团结协作的协同精神，甘为人梯、奖掖后学的育人精神。科学家精神的明确提出既是对广大科研人员的认可与支持，同时也成了培养科学研究人员的标准，这既为我国科学技术的发展提供了精神保障，又为科研人才培养提供了指南。

（二）科学家精神的内涵

第一，胸怀祖国、服务人民的爱国精神。爱国是一个人对祖国发自肺腑的热爱、无条件的信任以及愿为祖国牺牲一切的无私无畏。爱国主义是民族精神的核心、是中华民族的重要精神纽带、是每一个中国人应有的信念和信仰。习近平总书记用"科学无国界，科学家有祖国"②来说明科学家爱国的重要性，爱国精神给予科学家投身科研的坚定信念与不竭动力。祖国的科技进步、繁荣富强是许多科学家奉献一生所追求的最终目标，因此，爱国精神是科学家应有的最基本的精神。

第二，勇攀高峰、敢为人先的创新精神。创新是在已有成果基础上不断发展创造新的东西，是对科研工作的较高要求，是社会发展进步的基本动力。从古至今，创新都发挥着重要作用，从我国古代的四大发明到近现代的几次工业革命，创新越来越成为衡量一个国家经济发展、综合国力的重要标准，而是否拥有创新精神也是衡量科研工作的重要价值尺度。因此，

---

① 习近平：《习近平关于科技创新论述摘编》，北京：中央文献出版社，2016年，第116页。
② 习近平：《在科学家座谈会上的讲话》，《人民日报》2020年9月12日，第2版。

创新精神是科学家精神的必要组成部分，也是助力科学家实现人生价值的重要推力。

第三，追求真理、严谨治学的求实精神。求实精神是科研工作者在科研中从事实出发，用事实说话。"实事求是"是实践的基本要求，要求我们从实际情况出发，正确地对待和处理问题，而"实事求是"在科研中则表现为求实精神。求实精神是对科研工作最基本的要求，是能够不断进行科研的保障，是科研进行的起点与归宿。因此，求实精神是科学家精神的基本精神。

第四，淡泊名利、潜心研究的奉献精神。奉献是一个人甘愿为他人无偿做事情的意愿并能做出实际行动的倾向。奉献是自愿自觉的实践活动，也是公民应有的责任和义务。[①]中国人一向讲究奉献，我们认为人生价值只有在奉献当中才能够实现。奉献是对科研工作者的最高要求，奉献也能为科学家带来投身科研的专注力与勇气。我国有许多科学家一生清贫、不图享受、潜心研究，将奉献精神做到极致。因此，奉献精神是中国精神的重要组成部分。

第五，集智攻关、团结协作的协同精神。协同是指两个及以上的人为达到某个目标而共同努力的过程。团结协作是中华优秀传统美德，是科学家克服困难与挑战的利器。协同精神能够促进知识与信息在科学家之间传递，激起科学家思维的火花，带给科学家解决问题的勇气与毅力，使众多科学家能够在条件艰苦的环境下攻坚克难，完成党和国家交给自己的重任。因此，协同精神是科学家精神中必不可少的组成部分。

第六，甘为人梯、奖掖后学的育人精神。育人精神要求科研工作者毫不吝啬地将自己所学与所得教给青年人，敢于让青年一代成为科研主力。科学技术的发展永无止境，因此，科学家也需要一代又一代进行接力，共同完成既定的目标与使命。前辈的指引给予青年科研者研究方向、研究目标与研究方法，促使其更快地进入科研阵地、做出科研成果。

---

① 卜琳华、朱帅：《新时代爱国奉献精神的基本内涵、生成逻辑和培育路径》，《哈尔滨工业大学学报（社会科学版）》2021年第23卷第5期，第19-23页。

（三）学术道德教育的内涵

道德是评判人们行为善与恶、美与丑、正义与非正义、光荣与耻辱的标准。道德教育，即培养道德素质的教育，它以这种社会意识形态为内容。[1]学术道德教育是道德教育的一个重要组成部分，学术道德是学者们在科学研究活动中共同遵守的准则，包括学术思想的传承与发扬，学术规则的约定和遵守，学术行为习惯的养成和践行等。[2]道德的德行源自习惯[3]，不论是思想的养成还是规则的遵守，学术道德最终就是在学术研究中依靠自律养成的良好道德习惯，而这种习惯一般包含三个部分：思想习惯、情感习惯与行为习惯。学术道德教育是教育人们形成良好学术道德的思想教育、行为教育与情感教育。

马克思认为："道德的基础是人类精神的自律"[4]，我国学术道德在大多数情况下只能依靠相关规则制度的确定来进行约束，而这种约束只能对人的行为产生一定的影响，而对思想与情感上的约束未能达到理想效果。依靠学校与政府的学术道德教育始终是属于"他律"的范畴，而要让学术道德教育内化于心外化于行，更重要的是实现道德的"自律"，让各类科研工作者真正将学术道德外化为自身行为习惯。

（四）我国科学家精神与学术道德教育的历史联系

从 1930 年开始，为了推动科学技术人才培养的本土化，第一批留学归来的科学家将育人作为其主要的工作，除了对人才进行技术上的培养，科学家们也开始重视对人才的道德培养。中华人民共和国成立以后，我国的高等教育事业得到了迅猛发展，但总体来看，中华人民共和国成立初期的高等教育还不够完善，对于学生的学术道德培养认知不足。改革开放以后，

---

[1] 王玄武、骆郁廷：《思想教育·政治教育·道德教育比较研究》，武汉：武汉大学出版社，2002 年，第 9 页。
[2] 郑安云、郭雨：《学术道德教育实践模式创新研究》，《理论导刊》2018 年第 8 期，第 107-112 页。
[3] 伯特兰·罗素：《西方哲学史》，北京：商务印书馆，1955 年，第 233 页。
[4] 马克思、恩格斯：《马克思恩格斯全集》第一卷，北京：人民出版社，1995 年，第 119 页。

学校的思政教育开始将教育重点放在学生的道德教育上，20世纪八九十年代，学生道德教育内容逐渐完善，学术道德教育成为道德教育的内容。1989年颁布的《行为准则》对研究生的日常行为与道德规范进行了明确规定，其中明确提到在完成学习任务中树立科学性与革命性相结合的学风，将科学作为了学习的重要标准。2000年至今，研究生学术道德教育走向完善，将众多科学家树立为研究生培养的重要榜样，将科学家精神中的爱国、创新、求实、奉献、协同、育人作为了研究生学术道德教育的重要内容，科学家精神与学术道德教育的联系日益紧密。

二、理论维度：科学家精神与学术道德教育之间的关系

一方面，科学家精神对学术道德教育的实践行为具有指导意义。另一方面，学术道德教育的过程也是对科学家精神进行培育和弘扬的过程。

（一）科学家精神给予学术道德教育理论指导

学术道德教育不仅注重行为教育，也注重思想教育与情感教育，综合思想、情感与行为教育才能达到最好的效果。而科学家精神为学术道德教育提供了相关理论指导，为学术道德从"他律"走向"自律"提供了一定的精神支撑。

第一，以爱国奉献精神指导学术道德中的价值观教育。价值观回答了人生有何价值、怎样追求人生价值等问题，进而对人的一系列思想行为产生重要影响。而学术道德价值观需要回答好为什么进行科研、怎样进行科研等问题，将爱国奉献纳入学术道德教育之中，让研究生首先明确所有的科研都需要以爱国为前提、以奉献为基本，不能出现任何损害祖国形象、危害祖国利益的行为，不以科研为由寻私利、谋私权，养成热爱祖国、一心奉献的良好精神风尚。

第二，以创新求实精神指导学术道德中的规范教育。创新求实教育是学术道德教育的必要内容。求实是科研的最低要求，创新是科研的最高准则，科研过程也就是在求实当中不断寻找创新点，在创新的过程中体现求实。将求实精神融入学术道德教育是将求实中的诚信内容融入学术道德教育，以求实精神引领学术诚信教育，让广大研究生形成诚信观念并养成诚

信习惯,在学术研究中不造假、不抄袭,诚信科研。

第三,以协同育人精神指导学术道德中的品德教育。学术研究在大多数情况下都需要群策群力,集中多数人的智慧,从而达到一加一大于二的效果。以协同育人精神指导学术道德教育,能为研究生提供解决问题的新思路,营造多人合作的良好氛围,锻炼与他人合作的能力,形成主动与他人合作的优良品德。

(二)学术道德教育是科学家精神的培育手段

作为新时代研究生,培育优良的科研精神、形成良好的科研理念,做出有益的科研成果是每一个人的责任与使命。因此,充分利用一切有利条件与资源对研究生进行教育,提升研究生学术道德是研究生教育的题中应有之义。要将科学家精神融入研究生学术道德教育,以道德教育深化科学家精神内涵,丰富科学家精神外在表现,用独特的方式培育和弘扬科学家精神。

一方面,在学术道德教育的过程中,通过对科学家精神的概念界定、内容划分,让研究生明白什么是科学家精神,包括哪些方面的具体内容,以及通过哪些实践活动可以将科学家精神内化于心,使研究生在学习的过程中潜移默化地弘扬科学家精神。另一方面,在实际科学研究中培育自身的科学家精神。研究生学习理论只能对科学家精神有一个总体理解,只有在实践中才能深切体会科学家精神当中的创新、求实、奉献,从而更好地学习科学家精神。

三、现实维度:研究生学术道德存在的问题

研究生是国家高层次科研人才的后备军,研究生的学术能力和学术道德不仅是高等院校学风的集中体现,而且关系到我国未来科技人才素质的高低和经济文化软实力的厚度。[①]但是由于研究生群体对于学术道德的概念不清晰,自身约束能力也不足,因此,部分研究生存在学术道德失范的问题。

---

① 苗绘、于惠冰:《研究生学术道德问题研究》,《理论观察》2021 年第 4 期,第 159-161 页。

（一）研究生学术道德意识淡薄

列林曾说："工人的社会主义民主意识只能从外部灌输进去。"① 研究生的学术道德意识在没有实践基础的情况下也只能从外部"灌输"进去，但由于部分研究生在相关方面的教育有所缺失，所以学术道德意识淡薄，主要表现为对学术道德概念界定不清与无法分清学术道德内容。

第一，研究生对学术道德概念不清。由于学术活动多种多样，并且道德概念本身具有相当程度的模糊性和开放性，随时代之变迁而变迁，学术道德的概念在长时间之内没有明确。② 学术道德的概念无法明确，在教育当中，就无法对研究生讲清楚学术道德到底是什么，而概念不清最直观的影响是研究生无法形成正确的学术道德观念，也就没有正确的学术道德行为。

第二，研究生对学术道德内容模糊。在概念不清的基础上，对学术道德的内容也无法有一个清晰的认知。对于哪些内容是属于学术道德的范畴，哪些内容不是学术道德的内容，许多人没有明确界限。实际上，部分研究生对学术道德问题的认识的确存在偏差，以为一稿多投等不端行为仅仅是学术不规范的问题。③ 在对学术道德内容模糊不清的情况下，研究生自身容易出现学术失范的行为，同时对于身边同学的学术不端问题也无法准确认知。

（二）研究生学术道德失范行为表现多样

在研究生学术道德意识淡薄的情况下，容易出现学术道德失范的行为。根据我国实际，我们将学术道德失范理解为：用不符合学术道德规范的手段来实现自己的文化目标（职称、金钱、学位等）④。除了学术道德意识

---

① 列宁：《怎么办》，北京：人民出版社，2018 年，第 31 页。
② 颜中军：《论研究生学术道德建设的问题与对策》，《当代教育理论与实践》2021 年第 13 卷第 6 期，第 95-100 页。
③ 陈翠荣、张一诺、赵飒：《对加强当前研究生学术道德的思考》，《学校党建与思想教育》2017 年第 10 期。第 43-45 页。
④ 江新华：《研究生学术道德失范：行为表现、教育根源与治理对策》，《学位与研究生教育》2003 年第 3 期，第 25-29 页。

不完善以外，某些人会因个人私利而出现学术道德失范的行为。目前国内研究生群体人数较多，加之学术道德的相关教育设施、规范制度还未完善，因此，研究生对学术道德的含义与内容不够了解，在学术研究的过程中出现了科研数据造假，剽窃已有成果、一稿多投或多发，以及寻找他人帮写或代写等一系列学术道德失范的行为。

第一，科研数据造假违背科学家精神。实验数据与调研数据最基本的原则就是真实。但是在部分研究生的论文中，数据造假是客观存在的问题，主要包括两个方面的造假，即捏造科研数据与篡改科研数据。在完全没有任何实验或调研支持的情况下，凭空出现的数据就是被捏造的数据。相比于捏造数据，更多的情况是在已有实验数据上进行修改。调研数据某些时候会存在一定的偏差，为了使数据分析更加简单、论文结论更容易得出，有的学生会对少部分数据进行篡改。

第二，剽窃已有成果违背科学家精神。随着各类文献搜索引擎上的文章越来越多，剽窃的案例层出不穷、剽窃手段也日益多样，从最初剽窃他人整篇文章或整个文章思路，到后来将多人的研究成果进行拼凑，改变文章句子已有顺序，将所有段落拼凑成一篇文章。除此之外，还有用改变语法的方式将他人文章变成自己的文章。

第三，一稿多投多发、代投代发违背科学家精神。部分研究生为满足一己私利一稿多投，甚至在多个期刊上发表同一篇论文。科学家精神要求科研工作者专心科研，但在某些高校，文章数量成了衡量个人价值的尺度，部分学者费尽心思只为多发文章。由于投稿过程需花费大量时间，于是出现了代投的现象，部分研究生会帮人代投也会花钱让他人代投。不仅违背了科学家精神，对其他科研工作者而言也不公平。

第四，他人帮写、代写违背科学家精神。文章写作本就具有一定的困难性，在研究生中出现的找他人帮写或花钱代写的行为，主要有以下两种情况：一种情况是写作能力较好的学生替他人写作或者直接通过代写论文赚钱；另一种情况是写作能力不好的学生花钱让他人帮自己写文章。

四、实践维度：科学家精神融入研究生学术道德教育的实践路径

学术道德的失范反映了当前学术道德教育出现的一系列问题，要让学术道德教育真正发挥作用，必须将科学家精神融入研究生学术道德教育，以科学家精神指导学术道德教育，用科学家精神感化广大研究生群体，促使其遵守学术规范和学术道德。

（一）将爱国精神融入志向教育

志向决定目标，目标引导行为，将爱国精神融入研究生学术道德教育，促使其树立伟大志向、建立宏伟目标，用爱国心、强国志激励其认真科研。首先，充分发挥课程作用，在思政课中设立专门的爱国精神教育环节，在课堂中学习爱国精神的内容与重要作用。其次，发挥榜样作用，学习爱国精神。要学习中国近现代历史中众多科学家不怕艰辛、一心为国的故事，在此过程中领略他们的爱国精神，学习他们的报国行为。最后，理论联系实际，将理论中的爱国精神与当代科研现状、学生科研情况结合起来进行分析，促使研究生明确国家发展与科研紧密相关以及当前科研的紧迫性与必要性，从而树立坚定的科研志向。

（二）将创新精神融入创新性教育

科研没有创新就等于汽车没有发动机，只有一个表壳，不能向前行进。对于研究生来说，其科研也需要体现一定的创新性，因此，创新性教育必不可少。首先，将创新精神融入专业课教学，鼓励学生在掌握专业知识的基础上不断进行拓展。守正是创新的前提和基础，没有旧知识的铺垫，创新也不可能实现。其次，转变教育方式，鼓励学生自行探索创新精神。研究生教育不同于本科阶段的教育，其更加注重研究生自主性的培养与自我学习能力的培养。导师、学校的过多干预容易使学生产生等、靠、要思想，创新精神的培养也就无从谈起。相反，放手让学生自学并适当给予指导反而能促进学生创新性的提升。最后，将创新精神融入校园文化中，有利于

营造良好氛围，激发学生创新动机。

（三）将求实精神融入诚信教育

对于研究生而言，巨大的利益诱惑容易使其出现不诚信的行为，而诚信又是科研基本的要求，为了解决这个矛盾，必须加强学生求实精神教育，让诚信成为其做人的基本准则。一方面，导师严格落实求实精神，以自身言行教育学生诚信科研。导师是研究生科研道路的领路人，导师时刻影响着学生的科研行为，因此除了平时对学生进行专门的科研诚信教育以外，更要注重自身言行，充分发挥自身的榜样作用，促使学生将求实精神内化于心、外化于行。另一方面，利用反面案例警醒。近年来，各种类型的学术造假频频出现，但每一次造假，相关人员都受到了严厉的惩罚。学校应加强学术规范教育，使学生明确学术造假的严重后果，从源头遏制学术造假思想与行为的出现。

（四）将奉献精神融入价值观教育

研究生在科研中需要有勇于奉献、敢于牺牲的优良品质。一方面，学校应将奉献精神融入研究生理想信念教育。坚定的理想信念是人生的指向灯，能够有效防止研究生为了个人利益误入歧途。学校需充分利用广播、板报、校园标语等多种方式宣传奉献精神，促进研究生形成乐于奉献的信念与不计私利的价值观念。另一方面，学校应该将奉献精神融入研究生责任意识教育。拥有强烈责任感与使命感的学生更加倾向于奉献自我，除了在课堂中进行教学以外，学校应开展相关实践活动，通过参观科学家工作生活场所、观看科学家电影等方式培养研究生的责任感，坚定其为祖国奉献的决心。

（五）将协同精神融入团队教育

科研团队的能力大小受其成员协同精神的影响，拥有协同精神的科研团队有着强大的凝聚力与强烈的信任感。因此，将协同精神融入研究生学术道德教育中，有利于研究生学会与他人共同协作。一方面，要将协同精神融入课堂教学中。各类课程都可以布置小组作业，使研究生在完成作业的过程中感受团队的力量，加深对协同精神内容的认识。另一方面，要将协同精神融入导师对学生的日常引导中。科研任务的完成既需要团队共同努力，又需要导师多角度指导，导师应经常对学生讲解协同精神，帮助学生在团队中找准位置并引导其为团队工作作出贡献，使研究生在实际科研任务的完成过程中深化协同精神的学习，将协同精神转化为自觉行动。

（六）将育人精神融入自我教育

"育人先育己，立德先立人"。研究生需要将育人精神融入自我教育之中，严于律己、宽以待人。一方面，为自身制定严格的规范准则。在科研中有原则、守底线，按照科研规范做事，恪守学术道德。另一方面，主动帮助他人，学会与他人和谐相处，不过多计较得失，在他人面临困境时主动伸出援手，为自己将来走上工作岗位打下坚实基础。

科学家精神融入研究生思政课的主体价值探析

严辉龙[①]

西南交通大学马克思主义学院

【摘 要】 科学家精神成为中国共产党人精神谱系的重要组成部分以来，深刻地融入研究生思政课教学，为研究生群体带来积极的主体价值。这些影响关涉对研究生的价值引领、道德塑造、理论涵养和实践指向，为研究生厚植思想政治根基和擢升科研能力提供精神导航。

【关键词】 科学家精神；研究生思政课；主体价值

科学家精神是指"胸怀祖国、服务人民的爱国精神，勇攀高峰、敢为人先的创新精神，追求真理、严谨治学的求实精神，淡泊名利、潜心研究的奉献精神，集智攻关、团结协作的协同精神，甘为人梯、奖掖后学的育人精神"[②]。科学家精神是我国科技工作者在长期科学实践中积累的宝贵财富，是中国共产党人精神谱系的重要组成部分。在新时代传承和弘扬科学家精神对广大青年特别是研究生群体具有价值示范作用。思政课是研究生接受思想政治教育的主渠道和主阵地，新时代实现科学家精神与研究生思政课的有机结合，能有效发挥科学家精神的启示功能，在研究生价值引领、道德塑造、理论涵养和实践指向的过程中提供精神导航。

[①] 严辉龙，西南交通大学马克思主义学院2021级硕士研究生。
[②] 《关于进一步弘扬科学家精神加强作风和学风建设的意见》，北京：人民出版社，2019年，第4-6页。

一、价值引领

通过展示科学家勤奋学习和艰苦工作的大无畏精神，在现实的映衬下对研究生的思想给予强烈冲击，将研究生的思想和行动统一到实现中华民族伟大复兴的历史进程中来，实现价值引领。

（一）引领研究生坚持爱党爱国爱社会主义的高度统一

习近平总书记指出："在中华民族伟大复兴的征程上，一代又一代科学家心系祖国和人民，不畏艰难，无私奉献，为科学技术进步、人民生活改善、中华民族发展作出了重大贡献。新时代更需要继承发扬以国家民族命运为己任的爱国主义精神，更需要继续发扬以爱国主义为底色的科学家精神。"[①]中华人民共和国成立以来，我国科学家创造了诸多中国科学传奇，书写了数不清的中国科学故事，在打破西方国家技术封锁的艰难历程中砥砺前行。历史已然证明，要想实现科技飞跃，必须认识到爱党爱国爱社会主义是不可分割的有机体，必须坚持爱党爱国和爱社会主义的高度统一。首先，爱党爱国爱社会主义是科学家进行科研活动的思想根基。科学家是为人民服务和为祖国强盛而进行科学研究的高端人才，要清晰看到科学家群体存在的价值旨归，扭住政治属性这个"牛鼻子"，以党和国家的根本利益作为开展科研活动的思想根基。其次，爱党爱国爱社会主义是科学家进行科研活动的动力源泉。为实现国家稳固安全、社会繁荣发展和人民生活幸福，科学家不断进行科学探索，钱学森、陈能宽等科学家为我国国防科技事业作出巨大贡献，袁隆平等科学家为解决我国粮食安全问题作出历史性贡献，钟南山、屠呦呦等科学家为我国医疗卫生事业鞠躬尽瘁。最后，爱党爱国爱社会主义是科学家进行科研活动的方向蓝图。持续为贯彻党的执政理念而不懈努力，为实现祖国强盛而接续奋斗，为推进中国特色社会主义事业发展、实现共产主义远大理想而不断攀登是我国科学家开展科研活动的方向蓝图。

[①] 习近平：《在中国科学院第二十次院士大会、中国工程院第十五次院士大会、中国科协第十次全国代表大会上的讲话》，北京：人民出版社，2021年，第18页。

（二）引领研究生永怀创新奋斗的价值热忱

"综合国力竞争说到底是创新的竞争"[①]，而"创新发展注重的是解决发展动力问题"[②]。中华人民共和国成立初期，我国仍处于资本主义阵营的包围和封锁中，多次遭受美帝国主义的核垄断和核讹诈。在苏联的帮助下，我国的科技水平虽然有所提升，建立起较为完整的核工业体系，但是核心技术仍然掌握在苏联手中。在这种情形下，我国科学家秉持独立自主和自力更生的价值理念，研制出"两弹一星"，震撼了全世界，奠定了我国国防安全体系的基石。竺可桢院士坚持立足我国实际，发挥创新精神，建造大量气象站和气象观测网，成功创建历史气候学。曹建猷院士回国后，通过实践调查否认苏联专家的观点，认为我国铁路电气化应采用工频单相交流制，为我国铁道电气化事业开创崭新局面。袁隆平院士培育出了适应各种复杂地理条件且产量较高的杂交水稻，使全世界在摆脱贫困饥饿问题上迈出一大步。人的价值在于创造社会价值，创新的视野呼唤创新的人才[③]，科学家精神能引领研究生为突破国外"卡脖子"问题而不懈奋斗。

（三）引领研究生厚植无私奉献的崇高情怀

科学家的无私奉献精神能为培养研究生为国家、为人民和为社会主义现代化建设不懈奋斗的崇高情怀提供思想引导。首先，引领研究生厚植为国家无私奉献的崇高情怀。没有国便没有家，科学家在长期的科研活动中始终将为国奉献作为己身的历史使命与责任担当，为实现祖国的繁荣富强而辛勤付出，在国家与自身的利益权衡中毅然舍弃小我。这种精神能有效引领研究生树立为国奉献的伟大志向。其次，引领研究生厚植为人民无私

[①] 《习近平在华东七省市党委主要负责同志座谈会上强调　抓住机遇立足优势积极作为　系统谋划"十三五"经济社会发展》，《人民日报》2015年5月29日，第1版。

[②] 习近平：《构建中巴命运共同体　开辟合作共赢新征程》，《人民日报》2015年4月22日，第2版。

[③] 习近平：《习近平谈治国理政》第一卷，北京：外文出版社，2018年，第53-54页。

奉献的崇高情怀。为人民服务是科学家进行科研活动的目的。科学家始终坚持以"活着的目的就是为人民服务"为价值旨向,坚持人民利益至上,能指引研究生树立为人民服务的宗旨。最后,引领研究生厚植为社会主义现代化建设无私奉献的崇高情怀。当前,我国已开启全面建设社会主义现代化国家新征程,充分发挥科学家精神,能引领研究生坚定理想信念,在学习和科研中不断奋斗和创新,为全面建设社会主义现代化国家贡献自己的青春力量。

二、道德塑造

习近平总书记指出:"党和国家事业发展迫切需要培养造就大批德才兼备的高层次人才。"[①]研究生教育的重点不仅在于"才"的培养,更在于"德"的塑造。道德塑造是科学家精神融入研究生思政课的又一鲜明体现,能帮助研究生锻造良好的道德品德。科学家精神主要从学术道德和道德人格两方面对研究生进行道德干预和道德塑造,形成学术道德提升和道德人格升华合力,助推研究生道德素养同中国特色社会主义事业发展方向并轨。

(一)塑造研究生学术道德

科学家精神包含着科学家对学术道德的根本看法和本质观点。科学家精神融入研究生思政课教学,就是要培养研究生学术道德意识,使研究生杜绝学术不端行为。首先,科学家精神能培养研究生学术道德意识。科学家在长期科研实践中恪守学术规范,坚持以高标准、严要求的科学原则指导科学实践,使科研活动得以有效开展。在科研实践中,科学家坚持创新图强,反对和批判弄虚作假、唯利是图的行为,使学术规范从约定俗成发展到普遍遵守。在科学家精神的感召下,研究生能明悟何为学术道德,在体悟科学家精神的过程中将学术道德意识内化于心,塑造良好的学术道德。

---

① 《加快培养国家急需的高层次人才》,《光明日报》2020年7月31日,第1版。

另外，科学家精神能助力研究生杜绝学术不端行为。增进学术道德意识的根本目的是指导科学实践，培养良好的学术道德行为。科学家精神具有磅礴感召力，能使良好道德意识根植于研究生的头脑，指导研究生开展学术活动。一方面，科学家精神能引导研究生形成良好道德意识，规范自身学术行为；另一方面，对研究生学术道德行为的规范，会形成涟漪效应，推动研究生群体普遍遵守学术规范，塑造良好学术道德。

（二）升华研究生道德人格

科学家精神融入研究生思政课的过程，既是塑造研究生学术道德的过程，又是升华研究生道德人格的过程。时代新人道德人格的内在结构主要包括道德理想、道德原则和道德责任三个基本要素。[①]科学家精神对研究生进行思想道德熏陶时，能助力研究生建构道德理想、树立道德原则和明晰道德责任，进而升华研究生的道德人格。首先，科学家精神能助力研究生建构道德理想。阐述科学家的艰苦科研经历，带领研究生在思想上重走科学家科研路，能使研究生体悟深层次的家国情怀，切实遵守爱祖国、爱人民、爱劳动、爱科学和爱社会主义这一公民道德建设的基本要求，构建更崇高的道德理想。其次，科学家精神能助力研究生遵守道德原则。科学家在学校、家庭、社会等不同场所中学习和生活时所展示的道德行为能鲜明地体现出其所遵循的道德原则，在科学家精神的影响下，能促使研究生遵循社会主义道德原则。最后，科学家精神能助力研究生明晰道德责任。道德责任指人们对自己的行为的善恶所应承担的责任。科学家精神是科技工作者在长期科学实践中积累的宝贵精神财富，具有高度的科学指导性，能为培养研究生坚韧不拔、勇于担当的优秀道德品质提供精神引导和动力支撑，促使研究生在学习和生活中注重道德规范，做到能承担、敢承担。

---

① 陈志兴：《时代新人的道德人格建构：价值意蕴、现实境遇与实现路径》，《浙江社会科学》2019 年第 5 期，第 158-167 页。

三、理论涵养

科学家精神具有丰富的理论内涵，在融入思政课时不仅能作为精神养料增强研究生对国家和人民的情感认同，也能在与思政课融合互动的过程中助力研究生理解和把握科学家精神的理论内核，自觉信仰和维护马克思主义，做到真正意义上的铸魂育人。

（一）融会科学家精神

习近平总书记指出："科学成就离不开精神支撑。科学家精神是科技工作者在长期科学实践中积累的宝贵精神财富。"[①]理解和掌握科学家精神对研究生而言具有深远的意义，既能丰富精神世界，又能在一定程度上指导科研实践。思政课作为研究生思想政治教育的主阵地，是研究生学习科学家精神的重要途径。通过在教学目标的制定、教学内容的选择、教学方法的选择、教学环境的构建等教学过程中灵活运用多种教学形式，能有效助力研究生内化科学家精神。首先，思政课教师对科学家精神的直接阐释是研究生融会科学家精神的基石。不了解科学家精神的基本概念也就难以真正领悟科学家精神的内涵，因此，对研究生进行科学家精神基本概念的教学便成为不可或缺的关键一步。其次，思政课教师对本校及其他著名科学家传奇事迹的歌颂和剖析是研究生融会科学家精神的关键。人天然会对熟悉的事物产生亲近感，思政课用耳熟能详的科学家事例来阐述科学家精神的精神内核，既能打破思政课的"课堂沉默"，提高"抬头率"，提升学生的参与积极性，又能促进科学家精神进教材、进课堂和进头脑。最后，研究生对科学家精神的内化吸收是研究生融会科学家精神的灵魂。科学家精神融入研究生思政课，对研究生的要求不只是"听"，而是要真正搞懂科学家精神，将科学家精神多途径、多角度、多层次地灌输进研究生的头脑中，做到真"悟"、真"用"。

---

① 习近平：《在科学家座谈会上的讲话》，《人民日报》2020年9月12日，第2版。

（二）信仰马克思主义

科学家精神是科学家在马克思主义的正确指导下做出的实践性创造的理论提炼，是科学家在爱国、创新、求实、奉献、协同和育人的过程中形成的伟大精神。将科学家精神融入研究生思政课，既能提升研究生对科学家精神的理论认同，达到理论内化，又能助力研究生通过科学家精神了解马克思主义作为源头活水的根本性指导意义，促使研究生自觉信仰和维护马克思主义。首先，马克思主义指导科学的前进和发展。马克思主义对科学的指导，不是预测科学每个发展阶段的具体表征和具体进展，而是给予世界观和方法论的指导，要求科学顺应自然规律发展并发挥影响。其次，马克思主义塑造科学家的宏伟格局。近代中国社会是半封建半殖民地社会，中国人民饱受"三座大山"的压迫。在此期间，各种"主义"粉墨登场，但都黯然谢幕，只有"马克思列宁主义，为中国人民点亮了前进的灯塔"①。在马克思主义的正确指引下，钱三强、钱学森、邓叔群、方俊等一大批老一辈科学家形成了为祖国矢志奉献的宏伟格局，秉持科学严谨的态度，提升国家"硬实力"，为中华民族谋复兴，不断突破科技桎梏，创造了一个又一个中国奇迹，使中华民族以更加昂扬的姿态屹立于世界民族之林。研究生通过思政课学习科学家精神，能够自觉学习和信仰马克思主义，夯实自身马克思主义理论基础。

（三）内化多学科理论知识

研究生是从事某一领域科研工作的后备人才，将科学家精神融入研究生思政课教育，不仅能增强研究生对科学家精神的了解、坚定马克思主义信仰，而且能通过鲜活的案例助力研究生洞悉学科理论的重要功用，进而促使研究生自觉内化学科理论知识。这个内化功效并非专业学科理论的直接教育，而是以科学家精神为桥梁，在对科学家精神的学习中增强研究生对科学家科研经历的感悟。首先，深化本学科专业理论知识。进行科学家

---

① 习近平：《在纪念毛泽东同志诞辰120周年座谈会上的讲话》，北京：人民出版社，2013年，第4页。

精神教育，能使研究生对本学科科学家的成长经历产生深切共情，在科学家的伟大事迹中汲取理论力量，领悟本学科在科研实践中的支撑作用，引导研究生自觉深化本学科理论知识。其次，拓展其他专业理论知识。在对研究生进行科学家精神教育时，能有效扩展研究生对不同学科理论的了解，使研究生看到其他学科在科研实践中的重要作用，引导研究生涉猎不同理论知识，内化多种专业学科知识，提升综合理论水平。最后，引导多学科理论知识融合共进。当前，科学家对理论的探索已不局限于本学科之内，而是着眼于与其他学科的交叉融合。实现学科理论间的互融共进，能为有效实现学科理论的突破性创新而赋能，最终创造出具有学科交叉性的新理论，从而引导新实践。

四、实践指向

科学家精神蕴含了科学的实践意识，将科学家精神融入研究生思政课，既能帮助研究生在把握"两个大局"的基础上拓宽科研视野，又能通过科学家的科研经历为研究生的科研实践指明方向。

（一）开阔科研视野

开阔研究生科研视野，是科学家精神对研究生科研活动进行实践指导的首要体现。科学家精神融入研究生思政课，能培养研究生服务全国、着眼全球、勇探前沿的实践理念，为研究生进行具体的科研实践厚植思想根基。首先，科学家精神能培养研究生服务全国的实践理念。人才是实现民族振兴、赢得国际竞争主动的战略资源。[①]研究生是我国科研力量的后备军，肩负着实现中华民族伟大复兴的历史重任，是促进国家科技创新和理论创新的重要主体，研究生所从事的科研活动也是我国科研事业的重要组成部分。将科学家精神融入研究生思政课，能引领研究生将科研实践融入服务人民、服务全国的伟大追求，为实现社会和谐稳定、国家繁荣富强、人民生活富足的目标贡献科研力量。其次，科学家精神能培养研究生着眼

---

① 习近平：《习近平谈治国理政》第三卷，北京：外文出版社，2020年，第24-25页。

全球的实践理念。邓小平曾说,"关起门来搞建设是不能成功的"①,这一点在科学研究上同样适用。国际视野研究生必须具备,在科学家精神的感召下,引导研究生关注国际热点和研究现状,汲取国外的有益经验,秉持"博采众长"的实践观念,推动我国科研事业繁荣创新。科学家精神在助力国外先进技术和方法"引进来"的同时,也能推动我国科研技术和产品"走出去",提高我国国际地位,增强国际科技"话语权"。最后,科学家精神能培养研究生勇探前沿的实践理念。科学研究并不是简单的"读""写",而是在已有知识基础上了解当前学界的前沿问题,并通过不断地重复实验探索其内在规律的过程。科学家精神蕴含着科学家们孜孜以求、淡泊名利的科研精神,包含着科学家们勇争前沿、开拓创新的科学意志。科学家精神的感召和鼓舞,能激励研究生打牢基础理论知识,培养研究生勇于探索学科前沿难题的实践理念,推动学界前沿问题的创造性解决。

(二)指导科研实践

科学家精神在融入研究生思政课的过程中,既能够改造研究生的实践理念,又能通过明确科研原则、提供科研方法、端正科研态度的方式指导科研实践。

第一,科学家精神通过明确科研原则指导研究生科研实践。研究生是科研"后备军",在科研实践中必须恪守科研原则。科学家精神作为科学家集体智慧的结晶,为研究生的科研实践提供科研原则规范。首先,坚持党的领导。要始终坚持党领导一切,将党的领导贯穿科研活动的全过程。其次,坚持需求导向。当前我国社会的主要矛盾是人民日益增长的美好生活需要和不平衡不充分的发展之间的矛盾,研究生在进行科研实践时,要牢牢抓住主要矛盾,以满足人民的需求为科研导向,做到"咬定青山不放松"。最后,坚持创新优先。越是伟大的事业,往往越是充满艰难险阻,越是需要开拓创新。②研究生在从事科研活动时应坚持创新优先,不断开拓我国科研前沿新阵地。

---

① 邓小平:《邓小平文选》第三卷,北京:人民出版社,1993年,第78页。
② 习近平:《习近平谈治国理政》第二卷,北京:外文出版社,2017年,第20-22页。

第二,科学家精神通过提供科研方法指导研究生科研实践。科学家精神是在科学家的理论与实践的基础上总结、提炼、抽象出来的,是代代科学家高尚精神的凝结。科学家精神能指引研究生将理论与实际相结合,在理论的指导下进行实践,并在实践的过程中检验理论。通过理论联系实际,研究生既能夯实自身科研根基,又能得到更真实的科研数据,做出更好的科研成果。

第三,科学家精神通过端正科研态度指导研究生科研实践。首先,端正求真务实的实践态度。研究生从进行科研实践到取得科研成果并非一蹴而就,而是一个循序渐进的过程。研究生在进行实验数据收集、统计和编码分析时,并非经常能得到想要的结果,于是就有可能出现学术造假行为。另外,研究生也存在因贪图名利篡改剽窃他人论文和数据的现象,为我国建设创新型国家埋下学术隐患。科学家精神内蕴追求真理、严谨治学的求实精神,通过科学家艰苦奋斗、追求真理的科研经历,能端正研究生科研态度,形成求真务实的科研氛围。其次,树立淡泊名利的实践态度。科学家的目标不是"钱途",而是国家富强、民族振兴、人民幸福。在科学家精神的引领下,研究生在一定程度上能抵御现实存在的功利主义,树立淡泊名利的实践态度。最后,指导研究生学会科研反思。反思是思维对存在的一种特殊关系,即思维把"思维和存在"的"统一"所构成的"思想"作为"问题"而进行"反思"的关系。[①]科学家精神内蕴对真理的探索和追求,能引导研究生不断对科研实践进行反思,在反思中发现和弥补不足,从而更好地推动科研实践活动的开展。

五、结　语

思政课是高校提升研究生思想政治素质的主干渠道,科学家精神是研究生思政课的重要内容和价值支撑。科学家精神作为中国共产党人精神谱系的重要组成部分,在融入思政课的全过程中能对研究生产生多样的主体价值。科学家精神能通过引领研究生坚持爱党爱国爱社会主义的高度统一、

---

① 孙正聿:《反思:哲学的思维方式》,《社会科学战线》2001年第1期,第46-53页。

引领研究生永怀创新奋斗的价值热忱和引领研究生厚植无私奉献的崇高情怀等形式对研究生进行价值引领；能通过塑造研究生学术道德和升华研究生道德人格的形式对研究生进行道德培养；能通过融会科学家精神、信仰马克思主义和内化多学科理论知识对研究生进行理论涵养；能通过开阔科研视野和指导科研实践的形式对研究生进行实践指导。

  在思政课具体教学中，大力弘扬科学家精神的理念内核，能为研究生铸就精神根基和厚植实践理念提供案例示范和精神导航，助力研究生在秉持爱国、求实、奉献、协同和育人精神的基础上砥砺前行，为实现中华民族伟大复兴的中国梦而不断奋斗。

论新时代培育研究生科学家精神的价值意蕴和实践理路

丛 琳①

西南交通大学马克思主义学院

【摘　要】科学家精神形成于科学家们的长期科学实践，其内容可概括为爱国、创新、求实、奉献、协同和育人六个方面，是一个结构完整、内涵丰富的精神体系。新时代科学家精神是中国精神的重要体现，对研究生有信仰引领、精神培养及行为导向的重要价值。新时代我们要以社会宣传促进研究生学习科学家精神，应从高校育人体系中推进研究生感悟科学家精神，要以老一辈科学家的故事激励研究生自主弘扬科学家精神，充分发挥科学家精神的育人功能，为培养堪当民族复兴重任的时代新人贡献力量。

【关键词】科学家精神；价值意蕴；实践理路；研究生

当今世界，科技革命已愈来愈成为推动经济发展和社会进步的强大杠杆，正如习近平总书记在两院院士大会开幕式上所说："科学技术从来没有像今天这样深刻影响着国家前途命运，从来没有像今天这样深刻影响着人民生活福祉。"②改革开放后，我国致力于持续提高科学技术的自主创新研发能力，故而科创事业取得了一系列的辉煌成就。"科学成就离不开精神支撑"③，因为综合国力的提升离不开科技进步，科技的进步又需要高素质科技人才来支撑，而要培养高素质的科技人才不仅要重视对其专业知识技能的传授，而且要强化对其价值观及精神追求的引领，因此大

---

① 丛琳，西南交通大学马克思主义学院2021级硕士研究生。
② 习近平：《在中国科学院第十九次院士大会、中国工程院第十四次院士大会上的讲话》，北京：人民出版社，2018年，第7页。
③ 习近平：《在科学家座谈会上的讲话》，北京：人民出版社，2020年，第11页。

力弘扬科学家精神对于今天的中国而言可谓大有裨益。我国各大高等院校一直都是科研人才的重要培育基地，据教育部统计，2024届高校毕业生规模预计1179万人，同比增长21万人①，其中研究生（含硕、博）毕业人数也在逐年增长，这些人中有不少将要加入科技创新行业，从事科研工作，甚至会成为某一科技领域的领军人物，其研究成果可能会惠及全国人民乃至全人类，所以必须对在校研究生开展一系列科学家精神的培训教育活动，引导他们自觉献身科研事业，心系国家前途命运，肩扛国家复兴责任，高举科学家精神火炬，努力把自己的科研追求融入国家发展和民族复兴伟业。

一、新时代科学家精神的深刻内涵

2019年6月，中共中央办公厅、国务院办公厅印发了《关于进一步弘扬科学家精神加强作风和学风建设的意见》，其中明确规定了新时代科学家精神的内涵，包括六个方面："大力弘扬胸怀祖国、服务人民的爱国精神；大力弘扬勇攀高峰、敢为人先的创新精神；大力弘扬追求真理、严谨治学的求实精神；大力弘扬淡泊名利、潜心研究的奉献精神；大力弘扬集智攻关、团结协作的协同精神；大力弘扬甘为人梯、奖掖后学的育人精神。"②

（一）胸怀祖国、服务人民的爱国精神

胸怀祖国、服务人民的爱国精神昭示着前进方向，是科学家精神之魂，也是科学家精神的核心，其具体表现为科学家们能始终奉行科学救国、科学报国的理想信念，坚持用所学为人民服务，把自己所学知识和研发成果用来支撑建设中国特色社会主义事业，集智着力攻克事关国家安全、经济发展、民生改善、生态保护的基础前沿难题和关键核心技术。

---

① 高毅哲：《2024届高校毕业生就业创业工作视频会议召开 多措并举促进毕业生更加充分更高质量就业》，《中国教育报》2023年12月6日，第1版。
② 《关于进一步弘扬科学家精神加强作风和学风建设的意见》，北京：人民出版社，2019年，第4-6页。

(二)勇攀高峰、敢为人先的创新精神

勇攀高峰、敢为人先的创新精神是科学家精神的基础和内在要求,也是实现报国理想的根本途径与方式,其具体体现为科学家们能始终坚持以"敢为天下先"的勇气去积极抢占科技竞争和未来发展的制高点,勇于提出新问题和发现新理论,探索新方向和开辟新领域,肯下苦功夫去研究解决那些备受西方国家"卡脖子"的高精尖科技领域问题,努力提高自己的原创能力和自主研发能力。

(三)追求真理、严谨治学的求实精神

追求真理、严谨治学的求实精神是科学家精神的精髓,同时也是创新得以实现的立足之本,其主要是指科学家们能始终对科学抱有好奇心,把不断探求真理作为自己的毕生追求。能够做到独立思辨、理性质疑、大胆假设、小心求证,不随波逐流、人云亦云,也不迷信学术权威,坚决杜绝学术造假行为,清白干净地做人、实事求是做学问,时刻端正自己的学风。

(四)淡泊名利、潜心研究的奉献精神

淡泊名利、潜心研究的奉献精神是科学家精神蕴含的价值取向,它引领着科学家精神的整体走向,其主要概括为科学家们始终肯以"苦干惊天动地事,甘做隐姓埋名人"为自己的人生箴言,肯下"数十年磨一剑"的苦功夫、累功夫,不怕坐"冷板凳",潜下心来做学问,心无旁骛、不骄不躁、不慕名利、知行合一、无私奉献,甘当沉默砥柱。

(五)集智攻关、团结协作的协同精神

集智攻关、团结协作的协同精神是科学家精神必不可少的链环,能有效地将其他精神联结在一起,更是新时代寻求创新的必然趋势,其主要表现为科学家们能始终坚持集体主义原则,抛弃个人荣辱得失,全身心融入集体工作生活;能带领整个团队成员既合理分工,又相互帮助、协同配合、集智攻坚。积极倡导构建和完善多学科多领域的跨界、跨国合作机制,为推动构建人类命运共同体贡献中国智慧和中国力量。

（六）甘为人梯、奖掖后学的育人精神

甘为人梯、奖掖后学的育人精神是科学家精神得以赓续不绝、生生不息的原因之一，也是提高创新和协同效能的重要手段，主要体现为科学家们愿做后学的提携者和领路人，善于发现后学的优点长处，不论资排辈，敢于放手给予他们更多展示机会，积极地为国家和社会培养年轻一辈的科技人才，让后来人能够站在自己的肩膀上看得更高，在自己铺好的道路上行得更远。

二、新时代培育研究生科学家精神的价值意蕴

科学家精神不仅是敦促科学家们服务祖国、服务人民、实践探寻真理的内在动力，而且是中国精神、中国力量的一种展现，具有强大的育人功能。对新时代研究生进行科学家精神的培育，不仅有利于引领其树立正确信仰和崇高理想，培养其热爱科学和服务社会的精神追求，而且能引导其恪守学术伦理、规范科研行为，这便是新时代培育研究生科学家精神的重要价值之所在。

（一）信仰引领价值

首先，引领研究生做坚定的马克思主义信仰者。恩格斯曾指出："自然科学家尽管可以采取他们所愿意采取的态度，他们还得受哲学的支配。问题只在于：他们是愿意受某种蹩脚的时髦哲学的支配，还是愿意受某种建立在通晓思维历史及其成就的基础上的理论思维形式的支配。"[①]我国科学家们坚持以马克思列宁主义指导学习、工作和实践，用马克思主义科学的思想方法和工作方法去认识世界、改造世界。这种在科学的世界观和方法论指导下形成的科学家精神，能够启迪新时代研究生在自己科学探究过程中坚持辩证地看待和分析问题，用科学的研究方法解决问题，做坚定的马

---

① 马克思、恩格斯：《马克思恩格斯文集》第九卷，北京：人民出版社，2009年，第460页。

克思主义信仰者和实践者。

其次，引导研究生树立服务国家需要的科研志向。中国的科学家们在科研方向的选择上一直都坚持从解决国家、人民的急迫需要和现实需求出发，并且还兼顾长远利益和可持续发展的需要。当前，我国的国防、经济、民生及生态等各方面都面临许多亟须解决的难题，广大科学家为解家国之所需、急人民之所急，皆义无反顾地肩负起用科学推动社会主义现代化强国建设和为人民谋福祉的历史使命，所有科研都致力于"面向世界科技前沿、面向经济主战场、面向国家重大需求、面向人民生命健康"[①]四大方面。正是对"胸怀祖国、服务人民"的科学家精神的培育与弘扬，为新时代研究生树立"科技报国强国""做人民科学家"的崇高理想追求提供了参照的范本。

（二）精神培养价值

首先，培养研究生热爱科学的精神追求。科学家精神蕴含着对科学、对真理的无限追求与向往，可以提升研究生的思维能力，促使他们不满足于停留在只掌握一般规律和基本方法的技术层面，而是在内心深种对真理的不懈探寻、对科学无限热爱的精神追求，培养他们务实求真、理性明辨、大胆假设、认真论证、创造创新的科学研究精神。

其次，培养研究生向上向善的精神品质。"科学家的善不仅是科学家个体的道德义务，还是科学共同体的集体社会责任"[②]，它使科学家们在探寻真知的过程中能够主动担负起道德责任。科学家精神的塑造功能正体现于此处，它鼓励研究生将做人置于做学问之前，又将做学问置于服务社会这一更大的善的格局之中，用自己的科学研究成果为他人，为国家乃至全人类服务。

---

① 习近平：《在科学家座谈会上的讲话》，北京：人民出版社，2020年，第4页。
② 张苗：《科学家精神融入大学生思想政治教育略探》，《学校党建与思想教育》2021年第12期，第88-90页。

（三）行为导向价值

首先，帮助研究生树立正确行为导向。我国的科学家们一直秉持着不慕名利、潜心研学，"苦干惊天动地事，甘做隐姓埋名人"的信念。他们无私奉献，克己奉公，永远把国家、人民的利益放第一位。这种科学家精神所展现的"一心为公"的科研价值取向和"集体利益至上"的行事原则，体现了自我价值与社会价值的高度统一，对科学家精神的培育能正确引导研究生协调和处理好自我价值与社会价值二者的关系，选择正确的科学和人生道路，进而更好地履行其应承担的学术创新和社会发展的双重责任。

其次，对科学家精神的培育还能促使研究生在探寻科学真理的过程中恪守学术伦理。科技在推动人类社会发展进步的同时也带来伦理道德冲击，而科学家比普通人在这方面承担更多责任。科学家们总是尽一切可能使新科技得到合理应用，并及时预判可能导致的后果，提供解决办法。新时代科学家精神要求科研工作者无论在何种情况下从事科学研究，都必先守住科学家的道德底线，不能一味追求创新而忽视人文关怀，使科学丧失其真正意义。所以，对科学家精神的培育能够规范当代研究生的科研行为，引导研究生端正学风研风，严守学术道德底线，禁碰科技伦理红线，不为金钱名利所扰。

三、新时代培育研究生科学家精神的实践理路

（一）以社会宣传促进研究生学习科学家精神

1. 党和国家积极宣传科学家精神

党和国家应坚定不移地实施"科教兴国""人才强国"战略，倡导在全社会范围内形成尊重知识、尊重人才和尊重科学的热烈氛围，设立科学家奖项，给予那些取得突出科技创新成就的科学家以表彰和宣传，并加大对科创工程的政策扶持和财政拨款力度。面向全社会大力弘扬科学家精神，

由国家牵头拍摄以科学家精神为主题的教育节目或宣传片，开展关于科学家精神的宣讲会、座谈会和巡展活动，增进全社会对科学家精神的理解与支持度。党和国家也要倡导科学家们结合自己的亲身经历向全社会，尤其是向科研工作者、大中小院校学生宣传科学家精神，为科学家们树立服务祖国、关怀社会的正面形象，并提升科学家社会地位、劳动报酬、职业声望和荣誉获得感。

2. 大众传媒积极宣传科学家精神

大众传媒应积极宣传科学家们的优秀事迹，弘扬伟大的科学家精神。生动鲜活的科学家形象，曲折又新奇的科研历程，质朴又感人肺腑的爱国情，无不传递着科学家精神的内涵与真谛，这些科学家故事正是大众传媒用来引起观者情感共鸣和激励青年奋发向上的最好素材。面对不断开放的社会和多元的需求，新闻媒体要想讲述好科学家精神，有趣的语言、新颖的表达方式不可或缺。新闻媒体还应对国家的前沿科技成果进行及时、准确的报道，对科学家为国科研、无私奉献的感人事迹进行广泛、深入的宣传，可以开设专栏、专题，并派相关人员负责，通过开展培训活动等方式不断提升媒体报道科技创新内容的能力。

（二）将科学家精神融入高校育人体系

1. 将科学家精神融入高校课程育人体系

所谓课程育人，既包括思政课程，即传统的思想政治理论课；又包含课程思政，即在每一门课程的教学中融入思政元素。各个高校应合理统筹安排科学家精神融入课程育人的工作，形成相关的课程配套体系。高校不仅通过专门的思想政治课程向研究生灌输科学家精神，比如设计科学家精神教学专题，开设专题育人讲座，编写优秀科学家传记，把科学家的科研精神和感人事迹用生动形象的方式讲述出来；而且应把科学家精神融入和拓展到研究生的专业课程中，特别是自然科学专业课程的具体知识点中，使精神传递和方法教学同步进行，潜移默化地提升他们的科研兴趣和报国情怀，同时也更能提高科学家精神的吸引力、感染力和说服力,更易打动和感染学生,促使他们自觉接收精神之洗礼,做到内化于心、外化于行。

2. 将科学家精神融入校园环境育人体系

首先,将科学家精神融入校园物质环境建设。这里的校园物质环境是指能承载科学家精神的物质载体,比如校园里的建筑物、艺术墙、雕塑、公告宣传栏、路牌标语、广播站等,对这些物质载体的使用能够使科学家精神变得更加生动形象,使学生们在漫步校园、参加文化活动、欣赏艺术作品时都能受到如春风化雨般的熏陶和影响,达到润物细无声的效果,从而自觉地向科学家们学习,提升自己的精神境界。

其次,将科学家精神融入校园精神环境建设。这里的校园精神环境是指存在于校园中的那种无形却又深沉而强大的文化力量,比如校风、教风、学风、班风等。要将科学家精神融入校园文化建设过程中,在学风建设中提倡科学家精神,以寻求学生思想觉悟和道德修养提高的法门;并通过举办科学技术竞赛、组建科学家精神宣讲团、邀请科学家进行学风研风系列讲座,以期培养锻炼学生们潜心科研、勇于创新的科学家精神。

3. 将科学家精神融入高校实践育人体系

一是要将科学家精神融入高校创新实践活动,创新实践活动是培养人创新创造能力的实践活动,包括创新创业大赛、学科竞赛、科研训练等。二是要将科学家精神融入参与式社会实践活动,比如鼓励研究生深入基层,参与社会志愿活动、科学现象观察活动、地质勘探活动、社会田野调查研究等。将科学家精神融入高校创新实践和社会实践活动,可以激发研究生们服务人民、奉献社会的高尚情操,可以培养他们不慕名利、无私奉献的道德品质,可以打磨他们追求真理、精益求精的科研态度,可以磨砺他们勇攀高峰、不畏艰险的信念意志,可以锻炼他们脚踏实地、求真务实的实干精神,可以培养他们团结协作、群策群力的合作精神。

(三)以老一辈科学家的故事激励研究生弘扬科学家精神

1. 传承老一辈科学家的爱国情怀

"科学无国界,科学家有祖国。我国科技事业取得的历史性成就,是一代又一代矢志报国的科学家前赴后继、接续奋斗的结果。从李四光、钱学森、钱三强、邓稼先等一大批老一辈科学家,到陈景润、黄大年、南仁东等一大批新中国成立后成长起来的杰出科学家,都是爱国科学家的典范。"① 如钱学森辗转五载,冲破美国层层封锁回归祖国,在他的主持带领下,我国于短短十年内自主研发出"两弹一星",震惊世界。"五年归国路,十年两弹成"的事迹至今仍感染无数学子树立航空报国志向。又如"高速轮轨之父"沈志云少时立志"学工报国",强烈的爱国情怀和服务奉献精神驱使他选择了交通专业,从此一生就交付给了中国铁路,才有了今天中国高铁引领世界的辉煌成就。老一辈科学家们的爱国故事激励了一代代中国青年投身科技报国的伟大事业。研究生身为新时代科研工作者中的一员,应该继承"科技救国"思想,并将其发扬为"科技富国强国"思想,用自己的实际行动回应"请党放心,强国有我"。在经济、文化交流日益密切的今天,我们更应向钱学森、钱三强、华罗庚等科学家们学习,"学成归来,报效民族",这是每一个中国科学工作者都应铭记的誓言。

2. 树立敢于创新创造的雄心壮志

在那个一穷二白的年代里,老一辈科学家们敢为人先,不怕列强封锁、不靠别人施舍,坚持自主研发,最终为我国弥补了各项科技领域的空白,取得了举世瞩目的成就。如龚岳亭、杜雨苍等一批科学家从零开始,以力争突破世界科技前沿的勇气和决心,成功合成世界上第一个人工合成蛋白质——牛胰岛素,这是全人类在揭示生命本质征途上的里程碑式飞跃;又如两院院士沈志云在高铁建设如火如荼进行时便提倡从长远视野出发,为后高铁时代做准备,他提出的管道磁浮问题和原创高温超导技术在当时被认为是脱离实际的。2021年,高温超导试验样车在西南交通大学牵引动力国家重点实验室试验线上成功启动,再次证明沈志云院士的"超前"观点绝非空想。老一辈科学家用自己的亲身实践经历证明,科学研究要想取得突破性创新,就不能盲从既有学说,要敢于质疑。正如亚里士多德那句"吾爱吾师,吾更爱真理"一样,研究生在日常学习和实践中要树立敢于创新创造的雄心壮志,无论是对自己导师还是对学术权威都要有勇于质疑的精

---

① 习近平:《在科学家座谈会上的讲话》,北京:人民出版社,2020年,第12页。

神品质，在实践活动中胆子要大、心思要细，认真求证、不断试验。

3. 潜心科学研究，端正作风学风

黄旭华、于敏、王承书等老一辈科学家们自受命之日起，便勤修不辍，隐姓埋名几十载，不问报偿。人称"糖丸爷爷"的顾方舟潜心研究，他说自己一辈子只做一件事，就是做出一颗小小糖丸。这一颗糖丸护佑了孩子们的生命健康，也使中国进入无脊髓灰质炎时代。老一辈科学家们潜心科研、埋头苦干，其故事感人肺腑，其精神激荡心灵，启迪新时代研究生潜心钻研学术，务实求真，深入科研一线，掌握一手资料，沉下心来搞研究，端正学风研风，戒骄戒躁、静心笃志。科学研究不是一日之功，是几十年磨一剑的长久事，若潜不下心来，下不了苦功夫，就永远无法成功，这是研究生们应时刻铭记的箴言。近年来科研诚信、学术不端问题屡见不鲜。研究生必须严守自己的学术道德底线，严守科学伦理规范，注重知识产权保护，严禁抄袭、剽窃、侵吞和篡改他人的劳动成果。

四、结　语

党的二十大报告指出："教育、科技、人才是全面建设社会主义现代化国家的基础性和战略性支撑。"①科学家精神正是助力教育、科技、人才的优势释放和促进高水平科技自立自强实现的重要精神指引。新时代我们要建设教育、科技、人才强国，要为党为国育人，要培育拔尖创新人才，必须用好科学家精神这个载体。

党和国家及社会各界应将弘扬和培育科学家精神贯穿于滋养教育、涵养科技创新、引领人才发展全过程，形成社会与学校多主体共同参与的精神培育新格局。作为科研预备队的研究生，更应积极赓续老一辈科学家科学报国光荣传统，砥砺前行、接续奋斗，肩负好历史赋予的重任，勇当科技自立自强排头兵，为我国全面建成社会主义现代化强国、实现中华民族伟大复兴不断贡献青春力量。

---

① 习近平：《高举中国特色社会主义伟大旗帜　为全面建设社会主义现代化国家而团结奋斗——在中国共产党第二十次全国代表大会上的报告》，《人民日报》2022年10月26日，第1版。

科学家精神的内涵探析及其价值引领

祝艺丁[①]

西南交通大学马克思主义学院

【摘 要】 科学家精神的丰富内涵在于爱国、创新、求实、奉献、协同、育人。创新、求实、协同是其科学要义,以创新为动力,求实为要求,协同为手段,是科学探索和研究的基本指向。爱国、奉献、育人则是其人文要义,以爱国为核心,奉献为重心,育人为中心,才能有力推动科研素养育成,进而有效实现科学家精神内涵的传递。弘扬科学家精神必须以其科学要义为切实基础,以其人文要义为重要内容,唯有如此,才能更好地实现科学家精神的价值引领作用。

【关键词】 科学家精神;内涵探析;价值引领

科学家是一国发展前进的"奠基者",他们严谨、求实、坚韧,时刻为国家贡献着自己的力量。2019年6月,中共中央办公厅、国务院办公厅印发了《关于进一步弘扬科学家精神加强作风和学风建设的意见》,明确将科学家精神概括为:"胸怀祖国、服务人民的爱国精神,勇攀高峰、敢为人先的创新精神,追求真理、严谨治学的求实精神,淡泊名利、潜心研究的奉献精神,集智攻关、团结协作的协同精神,甘为人梯、奖掖后进的育人精神。"[②]新时代背景下,科研工作者乃至整个社会都应深刻探析、领会科学家精神的丰富内涵,弘扬并践行好科学家精神的时代价值,将理论精神的力量转化为发展前进的实践动力,以期在全面建成社会主义现代化强国的进程中更好地发挥作用。

[①] 祝艺丁,西南交通大学马克思主义学院2021级硕士研究生。
[②] 《关于进一步弘扬科学家精神加强作风和学风建设的意见》,北京:人民出版社,2019年,第4-6页。

一、创新、求实、协同的科学要义

我国铁路运输工程领域唯一的中国科学院、中国工程院双院士沈志云教授指出，科学需要以历史的观点、全球的眼光来进行探索。古希腊人以朴素的纯粹理性和绝对理念探索科学的内涵，近代自然科学家们以求真精神探索着科学的奥妙，当代科技工作者们则以创新求实的态度引领着科学的进步。科学的内在引力，是人们对探索未知事物的渴望，只有站在历史和发展角度，科学才能具有蓬勃生机。

（一）创新是发展前进的根本动力

创新目的是对既有研究的新突破，创新本质是在不断变化发展的环境中抓住机遇。当今世界正处于百年未有之大变局，随着科学技术的不断发展，人类社会已经迎来变革，在前沿科学技术的加持下，以人工智能为代表的新兴科技已逐渐影响人们的社会生活，正如习近平总书记所言："人类正在进入一个人机物三元融合的万物智能互联时代。"[1]在新时代背景下，要更好地把握发展机遇，就必须深刻抓牢科学技术这一关键动能。在竞争日渐激烈的国际环境下，进一步提升综合国力，根本要求就在于坚持创新，贯彻落实好创新驱动战略，切实培养创新能力，鼓励养成创新思维，加强科技核心竞争力，着力解决"卡脖子"难题，努力实现从无到有、从0到1的突破，才能在日新月异的时代背景中站稳脚跟。

（二）求实是认识真理的基本要求

实事求是始终是马克思主义活的灵魂，一切从实际出发是科学研究的基本指向。毛泽东同志曾指出，离开实际的调查就要导致唯心的估量和指导，其结果往往易形成盲动主义[2]，问题的结论必须通过实事求是的调查

---

[1] 习近平：《在中国科学院第二十次院士大会、中国工程院第十五次院士大会、中国科协第十次全国代表大会上的讲话》，北京：人民出版社，2021年，第7-8页。
[2] 毛泽东：《毛泽东选集》第一卷，北京：人民出版社，1991年，第109-112页。

才能得出，调查本身即解决问题的过程。有的观点认为，科学就是探索不可知的事物，也有的人说科学就是证伪主义，这并非对科学本质的正确判断，科学的内在要求是对尚未被认知的事物做出理性、合乎现实规律的分析判断，因此，探索研究的过程必须以去伪存真、实事求是的态度待之。实践路径一定更遵循事物的客观规律，科学畅想可以天马行空，但调查研究须脚踏实地，要在总结规律中得出真理，在实践中检验真理，这是求实的基本关切。此外，科学还要秉持中立态度，求实不仅在于过程的现实性，而且要求不带有个人主观主义，要以时间、地点、条件为转移，而不受价值判断的影响。

（三）协同是实现目标的重要手段

协同是人社会性本质的方法具象化，更是命运与共的价值体现。回顾人类历史，大航海时代开启了世界的整体性联系，工业革命、信息革命则进一步增强了全球的交流联络，全球化进程已不可逆，顺应前进趋势，寻求合作共赢，才是正确的价值选择和发展路径。要更加深入地推动构建人类命运共同体，协同发展、携手共进是关键内容，只有以协同为方式方法，全球才能获得持续发展，世界人民才能迈向更美好的未来。马克思认为，人的本质在其现实性上是一切社会关系的总和[①]，现实的人不是抽象的、孤立的个体，而是通过劳动实践，在历史进程中完成自我实现和自我建构的"类种属"，而实践着的历史和历史性的实践正是人的社会性之现实来源，在此基础上人与人被联系起来，形成自我的社会关系网，人的社会性本质和社会生活的实践性恰恰证明了人与人联系的关键要素在具体方法层面正是一种"协同"过程，是具有社会联系的"协同"，因而科学探索本身亦从本原上涵盖着协同性，科学是现实的人之实践历程，自然也应在协同中完成要求之建构。在数字化、智能化进程中，各大领域实现互联互通已成基本态势，"万物互联"成了时代的突出特征，

---

① 马克思、恩格斯：《马克思恩格斯选集》第一卷，北京：人民出版社，2012年，第135页。

这背后的关键驱动力正是"协同"的思维逻辑和运作形式,因此,以协同为理念,能更好地形成链式效应,使思维在集体中不断碰撞进而产生火花,取得事半功倍的效果,并使科学获得有效发展。

二、爱国、奉献、育人的人文要义

人文一词拆分即"人"与"文","人"指人性或人格,而"文"在文言文中有文化、文教之意,因而人文的含义也可解释为教之为人,对于科学本身而言,探索固然是首要内容,但其人文内涵决定着内化于心的精神最终走向何处,又将实现何种目标。

(一)作为科研底蕴的"爱国"

科学无国界,但科学家有祖国,习近平总书记指出:"气节也好,人格也好,爱国是第一位的。"[①]作为中华优秀传统文化重要内容的爱国主义精神,始终贯穿着中华民族的文化脉络,国运为先、赤诚以报的要求始终存在于爱国精神内核之中。中华人民共和国成立后,为响应国家发展核事业的号召,钱学森、邓稼先等科学先驱先后投身我国核武器研发,最终于1964年成功试爆第一颗原子弹,标志着我国掌握了属于自己的核科学技术。正因将爱国热忱置于心中、融于科研,这些杰出科学家才能完成祖国交予的重要任务。科学家精神一直都与国家命运紧密相连,其内涵也随着国家发展、社会进步而不断丰富。中华人民共和国成立后,国家重视科学技术事业发展,吹响了"向科学进军"的号角,攻克了一个又一个科技难关。改革开放以来,科学技术作为第一生产力推动着国家实现富强。进入新时代,我们更加重视科技创新,重视科学家在其中发挥的关键作用。在全面建设社会主义现代化国家的新征程中,科学家精神是推进科技强国建设的强大动力。

---

① 习近平:《在全国组织工作会议上的讲话》,北京:人民出版社,2018年,第25页。

（二）作为科研素养的"奉献"

非淡泊无以明志，非宁静无以致远，科学精神从来不是急功近利。"沉下心来做研究"，这是沈志云院士常说的一句话，科学研究不可急，急切只会出错，卓越而有成效的研究，都需要耐得住寂寞，与科学为伴，就是选择了一条甘于朴素、甘于奉献的道路。历史上伟大科学家取得的成就，一定离不开科学家对科学事业的奉献精神。牛顿在沉思中受掉落的苹果启发，发现了万有引力。诺贝尔为研制硝化甘油甚至痛失亲人，更是留下遗嘱，将所有财产捐赠于科学事业。居里夫妇也曾忍耐着艰难的生活条件投身放射性元素钋的研究。我国科学家屠呦呦一生潜心钻研青蒿素，只为战胜疟疾。袁隆平一生为了中国人民的温饱操劳，数十年如一日，将毕生精力都献给了科学事业，不为功名利禄，不求他人赞誉，只将崇高的研究信念置于心中。袁隆平曾表示，要成为他的研究生就一定要"能下地、能吃苦"，这亦是研究者应当具备的基本素养。奉献精神深刻影响着科学研究的格局。为了什么而做研究？是对科研道路的深切追问，小到个人成就，大到家国情怀、科学信念，不同的格局决定了科研探索的高度和深度，不谋名利、无私奉献才是科学家精神真正需要的价值表达。新时代背景下，奉献精神要与社会主义现代化强国建设路径深刻契合，要以实现党和国家、人民的殷切期盼，实现中华民族伟大复兴的中国梦为基准。要能舍得转向，以国家发展建设需要的动力要素为专业方向。要学会沉稳，干惊天动地之事，做隐姓埋名之人[①]，将奉献精神贯穿于自我实现与国家发展的脉络之中。

（三）作为科研远景的"育人"

科学研究必须重视远景目标，只有在长远规划中，科学才能获得可持续发展，而其中的关键在于对人才的培育。在马克思那里，作为社会主体性存在的人，通过劳动实践完成了历史性建构，人民群众是历史的创造者，

---

① 万长松、程磊：《新时代中国特色科学家精神的传承与发展》，《河南师范大学学报（哲学社会科学版）》2022年第5期，第1-7页。

主体的人因此具有根本意义，科研发展也就必须与人相连。科教兴国、人才强国是我国的基本战略，这就要求科研不能只停留于研究本身，还要拓展、延伸、落实、回归到人，把科研人才培养纳入研究基本要求，创新思维方法、传递相关成果，才能有效形成科学研究的可持续性发展。新时代中国青年的培育，必须从价值导向入手，以立德树人为要求，以科学素养和道德修养为内容，以爱国精神为核心，以创新能力为要领，以知识技能为基础，以中华民族伟大复兴和强国目标为方向，这是实现育人的真正内涵和使命。科研工作者要以强烈的责任心和使命感，贯彻落实好习近平总书记对科技发展的殷切期盼，切实推进科研育人。

三、积极弘扬和践行科学家精神

作为科研工作者，进行科学研究是根本任务，伟大的科学家精神及其丰富内涵就是科研工作者进行科研时应遵循的基本准则，同时，还要将科学家精神的影响扩展至整个社会范围，使每个人对科学家精神都有所知、有所学、有所行。

要弘扬和践行好科学家精神，首先要认识其重要性。科学家精神是一代又一代科研工作者在不辞辛劳的科研实践中形成的，是必须重视、发扬的宝贵精神力量。我国科技事业取得的历史性成就，是一又一代矢志报国的科学家前赴后继、接续奋斗的结果。弘扬好科学家精神，就是对国家建设成就的根本认可，是对中国人民奋斗历史、实现自我发展的基本认可。

其次要明确其必要性。科学家精神是对过往科学实践历程的精神总结。要实现伟大建设目标，需要精神力量的有力支撑。科学家精神，正是全面建成社会主义现代化强国不可或缺的关键动能，通过教育等方式将其内化为个人价值理念，能够更好地推动经济社会的向前发展。

最后要把握其能动性，加强科学家精神内涵与现实的联系。一是要将爱国作为核心要求，浓烈的家国情怀和社会责任感是一代又一代中国知识分子的毕生追求[①]。把研究和工作成果根本性地转化为国家发展所需的重

---

① 王洪鹏、周广刚：《科学无国界，科学家有祖国》，《中关村》2021年第11期，第36-39页。

要支撑,才能最终完成价值升华。二是要将创新摆在重要位置,以开创性的视野和创造性的方式解决既有难题。三是要将求实摆在基本起点。善学者尽其理,善行者究其难,要培养脚踏实地、严谨治学、价值中立的思维立场,并以此作为为人处世基本之道。四是要将奉献作为重心要点,以舍小家、为大家的理念积极投身中国特色社会主义建设,把功利、名誉置于身后,把远大理想置于心中。五是要将协同摆在重要步骤。独思不如众智,养成集体协作意识,鼓励团队共思共学,相互吸纳他者所长,既是科研的关键要求,也是学思践悟的重要方法。六是要将育人作为中心任务,习近平总书记指出:"我们比历史上任何时期都更加接近实现中华民族伟大复兴的宏伟目标,也比历史上任何时期都更加渴求人才。"[1]育人要实现本领培养、技能锻炼、认识自我的目的,要充分发挥教育的意识形态性,将其与社会主义核心价值观结合、契合、融合,做到"育人—传承"的衔接循环,不仅要加强人才自身素质育成,更要重视人才资源长久存续,以期更好地发挥强基作用、强国之力。

中国共产党团结带领中国人民走过百年奋斗征程,在以习近平同志为核心的党中央坚强领导下,我们实现了第一个百年奋斗目标,在中华大地上全面建成了小康社会,正朝着全面建设社会主义现代化国家的新征程迈进。中国是具有五千年深厚历史文化底蕴的文明国家,中国共产党是具有伟大理想、崇高信念的先进政党,中华民族是具有朴实坚韧、强大精神的优秀民族,中国人民是具有磨难不屈、屹立不倒的伟大品质的英雄人民,爱国、创新、求实、奉献、协同、育人不仅是伟大的科学家精神内涵,而且是中华民族自古以来就具有的、朴实无华的涵养,更是伟大的中国共产党和中国人民的崇高品质精神。人无精神则不立,国无精神则不强,科学家精神不仅要在科学研究中发挥价值引领作用,而且值得整个社会积淀、学习和践行。

---

[1] 习近平:《在欧美同学会成立100周年庆祝大会上的讲话》,《人民日报》2013年10月22日,第2版。

"一基四场"：科学家精神教育的新范式[①]

李世敏[②]

西南交通大学马克思主义学院

【摘　要】　科学家精神教育要突破抽象教育的局限性，需要借助教育基地等实地实景进行具象化的延伸与拓展。本文介绍了西南交通大学依托科学家精神教育基地，策划与打造科学家精神教育"展场""现场""剧场""气场"等四个场域的"一基四场"新模式，从而为科学家精神教育效果的提升提供宝贵的经验，助推社会上形成尊重科学、热爱科学、献身科学的良好氛围。

【关键词】　科学家精神；教育基地；场域

2019 年，中共中央办公厅、国务院办公厅印发《关于进一步弘扬科学家精神加强作风和学风建设的意见》。2021 年 5 月 28 日，习近平总书记在中国科学院第二十次院士大会的讲话指出："新时代更需要继承发扬以国家民族命运为己任的爱国主义精神，更需要继续发扬以爱国主义为底色的科学家精神。"[③]

全面建设社会主义现代化国家，必须加快建设科技强国、实现科技自立自强，在这个过程中离不开一批批卓越的科学家，更离不开社会上弥漫的科学家精神氛围，因此如何将科学家精神进行有效传播，如何使抽象的科学家精神在社会公众面前可视可感可学习，有血有肉有画面，**能够真正在社会做到生根发芽，入脑入心**就显得至关重要。基于此种考虑，西南交通大学探索了一条科学家精神教育的"一基四场"的模式，即"一个基地+四个场域"的传播新范式。

[①] 2022 年西南交通大学学位与研究生教育教学改革项目《"一基四场"：打造科学家精神教育新范式》，项目编号：YJG5-2022-Y035。

[②] 李世敏，西南交通大学马克思主义学院副教授。

[③]《科学成就离不开精神支撑，习近平谈科学家精神》，载光明网 2021 年 10 月 6 日，https://m.gmw.cn/baijia/2021-10/06/35213242.html。

一、打造科学家精神教育基地

2022年3月，中国科协、教育部、科技部等七部门联合下发《关于开展2023年科学家精神教育基地建设与服务管理工作的通知》，提出"社会各界充分发掘和利用科学家精神教育资源，建设各有特色的科学家精神教育基地，大力弘扬以爱国、创新、求实、奉献、协同、育人为内核的科学家精神"。

该通知要求广泛动员本地区、本领域、本系统符合要求的机构和单位积极参与"科学家精神教育基地"申报工作，深入挖掘宣传本地区、本领域、本系统有关单位开展科学家精神弘扬工作的特色做法、典型经验和先进事迹。一时间各高校、研究院、科协等单位掀起了一场申报"科学家精神教育基地"热潮。各单位都在整理、提炼、整合本地科学家精神教育的典型经验和特色亮点，这本身就是一场对科学家精神的教育和传播。

西南交通大学从2022年4月开始启动"科学家精神教育基地"的酝酿与筹备工作，5月出台了《"科学家精神教育基地"建设方案》，确定了"一个基地+四个场域"的教育基地发展思路和方向，并划拨专门场地建设场馆，给予充足的政策和资金支持。在学校党委的领导下，由马克思主义学院作为主要承办单位，校党委宣传部、教务处、研究生院、校团委、党委学生工作部、校史馆、资产与实验室管理处、信息化与网络管理处以及其他相关学院共同协助建设，充分整合科学家精神系列资源，建设线上线下、室内室外、校内校外、大中小一体化教育体系，全力打造立足西部、辐射全国的科学家精神教育高地。

二、打造科学家精神教育"展场"

科学家精神教育基地首先要求场馆设施完善，有相对固定、规模适中的展览场所。为此西南交通大学专门在校史馆二楼划拨出400余平方米的场地作为"科学家精神教育基地"的专题场馆。场馆展示从大历史观视角，在充分吸取交大元素的基础上，按照叙事性、可读性、感人性标准进行专题展览设计，将此作为"科学家精神教育基地"的主馆。并在机车博物馆、未来广场设置科学家精神教育的分馆，此外将科学家雕像"一条街"等学校已有的能够体现科学家精神的展示元素纳入整个展场范畴。

首先，建设科学家精神"线下展场"。展示能够彰显科学家精神的一系列实物、照片、故事等资料，营造一个科学家精神可视化、人格化、具象化的专题"展场"。在启动阶段，注重广泛宣传，动员广大学子积极参与。2022年6月15日，校团委、马克思主义学院联合发布《关于举办西南交通大学"科学家精神"创意海报设计大赛的通知》。要求海报设计对象为西南交通大学校内的科学家雕像，创作可围绕科学家的个人事迹、精神、成果等方面切入，牢牢紧扣"科学家精神"。最后经过3个月的角逐，1名学生获得一等奖，3名学生获得二等奖，6名学生获得三等奖。在这个大赛过程中，广大学生积极参与广泛宣传，不仅参赛者直观地体会到了科学家精神，而且他们周围的学生也备受鼓舞，感受到了浓浓的科学家精神熏陶。

2022年10月27日，基地分馆机车博物园开展"精神引领 强国有我"科学家精神主题展。开幕式现场气氛热烈，除了活动嘉宾、西南交大师生代表和中小学师生，还有四川新闻、光明日报、红星新闻等权威媒体第一时间的参与和报道。此次主题展大致分为三个部分：第一部分为"精神丰碑，矗立不朽"，主要展陈西南交通大学培养的科学家身上展现出的科学家精神风貌的故事，共分为了六个篇章，分别为爱国篇、创新篇、求实篇、奉献篇、协同篇和育人篇；第二部分为"踵事增华，踔厉奋发"，主要展陈近年来西南交通大学涌现出的致力于科学技术研究且为此奋斗不懈的先进典型；第三部分为"固根铸魂，启智润心"，主要围绕新时代西南交通大学师生如何传承和弘扬科学家精神进行展示[1]。

为了让"科学家精神教育基地"能够长期规范地运行，学校专门制定

---

[1] 《多家媒体聚焦科学家精神主题展》，载西南交通大学马克思主义学院官网2022年10月29日，https://zzxy.swjtu.edu.cn/info/1065/8714.htm。

了场馆管理制度，配备数名展览讲解员，并做好基地日常参观、学习等相关记录。同时结合基地特色，在相关科学家诞辰纪念日、全国科技工作者日、全国科技周、全国科普日、开学第一课等重要时间节点开展相应特色活动。

其次，建设科学家精神"线上展场"。依托科学家精神"线下展场"，建设科学精神教育"线上展场"，将科学家精神延伸到室内室外、线上线下、校内校外。将现场展示资料数字化，配备著名科学家的相关视频资料，以及在此基础上自编自演的相关话剧等，以数字化、影像方式进行科学家精神教育，同时利用 VR 技术增强学习的互动体验性。比如展播厅可以播放学校两院院士沈志云教授的科学探索事迹。沈志云院士在美国时，为解决"如何定量地确定轮轨蠕滑的力学特性"的世界学术难题，利用圣诞假期在美国研究室空闲的 20 余台计算机上不分昼夜进行数据仿真计算。困了，就在沙发上打个盹；饿了，就在走廊上的自动售卖机里买杯咖啡和饼干充饥。几天不眠不休，终于找到了适用于车辆动力学计算的简化方法，这便是"沈氏理论"。通过线上展场的生动性和灵活性，可以鲜活地再现学校知名教授身上体现的科学家精神闪光点。

三、整合科学家精神教育"现场"

科学家精神教育要做到入脑入心，不能只停留在抽象的文字表达上，也不能局限于过去式的科学家故事经历上，还应该来到现场，以亲身"在场"来了解科学，探寻科学家足迹。为了让广大学子和社会上对科学感兴趣的大众能够亲临科学研究一线，西南交通大学充分利用与整合校内外"科学家精神"的现场元素，将学校的牵引动力国家重点实验室[①]、风洞实验

[①] 牵引动力国家重点实验室是我国轨道交通领域第一个国家重点实验室，培养了包括院士、杰青、长江学者等在内的一大批科学巨匠、科研精英和行业翘楚，在铁道机车领域有着举足轻重的地位和影响力，2003 年、2008 年和 2013 年三次通过国家评估，两次被评为优秀国家重点实验室。

室[1]、国家轨道交通电气化与自动化工程技术研究中心[2]、陆地交通地质灾害防治技术国家工程研究中心[3]、李群湛全国示范性劳模和工匠人才创新工作室[4]等校内科研场所纳入现场教学点。

同时，西南交通大学将校友参与建设的铁路、地铁、川藏线等整合成一个现场联盟，授予"科学家精神教育基地"西南交通大学现场教学点，组织科学家精神现场教学，增加学生学习的"在场感"。让相关专业的学生既有机会到现场教学点进行较长时段的实习体验，也有机会将课堂搬到现场，进行现场教学。将科学理论与科学实践结合起来，让学习者、观摩者来到科学实践一线，让科学家精神能够被看到、听到、感知到，从而潜移默化地影响在场的人。

四、打造科学家精神教育"剧场"

科学家精神教育要取得更多人的认同，首先得让他们感兴趣，去关注

---

[1] 2015年10月7日下午，中央电视台特别节目《超级实验室》走进西南交通大学，来到XNJD3风洞实验室报道该实验室对世界跨度最大的高铁大桥的技术研究和安全测试，实验室负责人廖海黎教授带领央视摄制组参观了风洞实验室。据悉该实验室为亚洲最大的风洞实验室，近几年来分别完成了南京长江四桥，马来西亚宾城二桥，上海陆家嘴环球金融中心的风环境等几十项国内外大型试验，取得丰富的成效。

[2] 国家轨道交通电气化与自动化工程技术研究中心于2008年列入国家工程技术研究中心组建项目计划，2009年获得科技部正式批复，2012年以优秀（第一名）成绩通过科技部验收，2015年获得科技部批复成立香港分中心（依托单位香港理工大学），2016年顺利完成科技部第五次运行评估阶段性工作，并先后设立丹阳分中心和华南基地，形成"一干多支，三区协同"的发展格局，目前是我国轨道交通电气化与自动化领域唯一的国家级研发平台。

[3] 陆地交通地质灾害防治技术国家工程研究中心是国家发展改革委和交通运输部联合建设的"公路、水路交通领域创新能力建设"专项平台。中心由抗震技术试验及研究平台（含抗震工程研究所和抗震工程试验中心）、风工程试验及研发平台（含风工程研究所和风工程试验中心）、山地灾害防治技术试验及研发平台（含山地灾害防治工程研究所和山地灾害试验中心）组成。

[4] 李群湛是我国著名的牵引供电专家、四川省学术和技术带头人，长期从事相关领域的教学与科研工作，拥有授权专利151项、授权国际发明12项，其主持完成的"新一代轨道交通牵引供电系统关键技术与应用"被业内评价为"填补世界空白，到达国际领先水平"。2021年，李群湛的创新工作室被授予"全国示范性劳模和工匠人才创新工作室"称号。

与了解。为了增加科学家精神的吸引力和关注度，西南交通大学倾力打造一系列科学家精神新型小剧场，以在校师生自创、自演、自传播的沉浸式互动演出新形态，结合互联网+新媒体等现代科技手段，整合高校师生及相关企业、社会组织参与小剧场文创产品研发、生产和剧场演播。

联合党委学生工作部、校团委、西南交通大学微笑话剧团、各学院学生会等有艺术创作特长的团队和个人，精心设计与导演"科学家精神"小剧场，创作《茅以升》《曹建猷》《交大五老》等科学家话剧，由马克思主义学院组织制作《科学家精神》微电影，进行校内、校外巡回演出。大力弘扬以爱国、创新、求实、奉献、协同、育人为内核的科学家精神，面向社会公众特别是青少年讲好科学家爱国创新奋斗的故事。

在"爱国篇"中，讲述詹天佑等知名校友的爱国事迹。1919年詹天佑在得知巴黎和会上英美法等国提出的国际共管中国铁路的主张时，致巴黎和会中国专使电坚决反对。茅以升也是如此，他炸桥是爱国，修桥也是爱国。在《钱塘回忆》里，他讲述了他建桥、炸桥、修桥的爱国故事。2021年6月26日，材料学院学生张佳豪录制的《榜样·交大青年说》——党史故事讲述系列视频之陈能宽在西南交通大学bilibili平台官方账号发布。视频中，张佳豪用简练的语言概述了材料学院"两弹一星"元勋陈能宽先生的生平事迹，讲述了陈能宽从国内求学、远赴西方留学到毅然回国参加"两弹一星"研发的经历，刻画了陈能宽"许身为国最难忘"的朴素爱国情怀，彰显了对"科学家精神"育人的高度重视。

打造科学家精神"剧场模式"，能够让科学家精神见人见事见物、可敬可感可熏陶。栩栩如生地再现科学家的生平事例，通过身临其境的"共情"，能够实现科学家精神教育的"共鸣"。同时，学生不仅在观看剧场演出时会受到熏陶，参与前期创作也是一种积极融入。科学家精神剧场的创作，需要在价值共创的情境中，合理利用教师资源指导学生积极参与，实现双方互动、共创体验，构建学子的自我演绎、自我参与、自我体验与自我表达。

科学家精神的剧场与数字化紧密结合，通过5G、VR、AI、云计算、动作捕捉等现代科学技术，尤其是互动式、沉浸式的展示，强化了景观与

"剧场感"①。通过打破传统单一物理空间的剧场模式，实现物理空间与数字空间的融合，提供沉浸式体验氛围。在数字化剧场平台上，为了让用户拥有更好的观看体验，可以设置弹幕机制以及讨论模块等互动方式，让用户真正获得沉浸、交互的观剧体验。让观看者发挥其作为主体的主观能动性，随着剧情发展引发共鸣，通过记录、点赞、转发和分享等方式，在互联网上传递自身情绪，进而从信息接收者转变为信息创造者与传播者，进入参与式传播的过程中②。

五、打造科学家精神教育"气场"

科学家精神教育不仅要面向广大的科技工作者，还要瞄准广大的青年学生、未来的科技工作者，争取培养代代传承的优秀科学家。这就需要打造"科学家精神"教育基地的品牌效应，最大范围地吸纳人气，增加气场，从而形成良性循环，以强大的气场吸引更多的青年前来参观、学习、体验。

为加强大学生爱国主义与科学精神教育，培养有社会责任感、创新精神和实践能力的新时代青年，西南交通大学与坚永公司于2018年2月启动共建立德树人教育发展中心，设立感恩中国近现代科学家奖助学金，面向西部地区27所"双一流"高校开展评选。评选范围包括全日制在读本科生，感恩中国近现代科学家奖学金每人一次性奖励20 000元，感恩中国近现代科学家助学金每人一次性资助10 000元。经过连续四届多的评选，无数优秀学子参与评选，其中的获奖者通过会议及网络等各种途径分享了自己对中国近现代科学家事迹的感想，不仅鼓励了自己积极投身于科学，也感染了周围的同学。

2021年11月12日，西南交通大学牵引动力国家重点实验室成功举办"接力精神火炬，做新时代追梦人"弘扬科学家精神线上专题分享会，旨在弘扬科学家精神，激励和引导学生们追求真理、潜心科研、勇攀高峰。2021

---

① 何桂彦：《"剧场化"与数字化——展览的观看模式与形态边界》，《美术观察》2012年第12期，第19-20页。
② 胡若涵、姚琛：《校园小剧场模式下传统服饰年轻态传播与推广》，《设计艺术研究》2021年第2期，第44-46页。

级班主任魏来老师介绍了实验室沈志云院士的事迹,讲述了沈院士参与、推动和见证了中国高铁技术从无到有的发展历程,被誉为"高速轮轨之父"的成长历程。随后,2021级学生王佳月同学分享了科学家赵忠尧先生赴美留学,学成后毅然回国,突破重重阻力将研制静电加速器的设备及技术带回国内的故事。学生们纷纷表示深受科学家们刻苦勤奋治学、工作锲而不舍的执着精神鼓舞。

科学家精神教育基地作为校团委组织活动的第二课堂、社会实践基地,引导一届又一届的学生参与科学家精神教育基地的参观与建设当中。同时在"请进来"育人的基础上,进一步"走出去",利用研究生宣讲团等宣讲模式扩大科学家精神的校外传播。通过研究生群体的深度参与互动,全面提升"科学家精神"气场,形成交大品牌效应,从而进一步端正研究生学习科学家精神的态度,形成积极主动学习科学家精神的良好氛围。

科学家精神教育基地通过积极筹备全国性论坛来提升基地的影响力。2022年5月,西南交通大学借助全国博士后学术论坛这个平台,以"新时代传承和弘扬科学家精神"为主题组织论坛。学术论坛由开幕式、主论坛、分论坛三部分组成,以"线上+线下"的方式开展。出席论坛的领导和专家有中国人才研究会会长、国家人力资源和社会保障部原副部长何宪,国家人力资源和社会保障部专业技术人员管理司二级巡视员薛万里,四川省人力资源和社会保障厅二级巡视员黄学宁,西南交通大学原党委书记王顺洪,中共中央组织部人才局原巡视员兼副局长李志刚,重庆市人力资源和社会保障局副局长谢辛以及相关领域专家、优秀青年学者、博士后研究人员等[1]。不仅论坛本身参与者广泛,而且论坛还得到了光明网、中国科技网、中国社会科学网等众多媒体的宣传与报道,更大范围地传播了科学家精神。

科学家精神教育基地还在重要的时间节点组织特色主题活动。比如在新生入学时,组织科学家精神教育的"开学第一课"。与区域中小学校、高校和科研院所、科技社团及企事业单位建立合作关系,提供多种科学家精

---

[1]《西南交大举办全国博士后论坛研讨"新时代传承和弘扬科学家精神"》,载西南交通大学新闻网 2022 年 6 月 26 日,https://news.swjtu.edu.cn/shownews-24568.shtml。

神教育服务，比如开展"科学家精神教育宣传周"，组织成都市大中小学生在专题展场进行现场教学，开展大中小学生"同上一堂课"，打造大中小一体化的科学家精神教育知名品牌。

六、探索科学家精神传播"一基四场"的新范式

西南交通大学尝试探索科学家精神教育"一基四场"的模式，旨在让抽象的科学家精神变得形象具体。通过将抽象的科学家精神转化为具象化的生动场景，引导学生进行入情入景的体验式学习，引起学生"共鸣"，从而让科学家精神教育更接地气，起到事倍功半的教育效果。

在这种模式中，"一个基地"与"四个场域"是互为一体，相互赋权的关系（见图 1）。"一个基地"通过展场、剧场、现场、气场"四个场域"得以具体体现和运作，展场、剧场、现场、气场"四个场域"依托科学家精神教育基地而得以生发；二者相辅相成，"四个场域"做好了，"基地"得以品牌化；"基地"壮大了，"四个场域"又可以得到不断提升与发展。两个方面的良性互动与相互促进，有助于推动在学校和全社会形成尊重知识、崇尚创新、尊重人才、热爱科学、献身科学的浓厚氛围，从而推动研究生的科学家精神教育得到实质性提升。

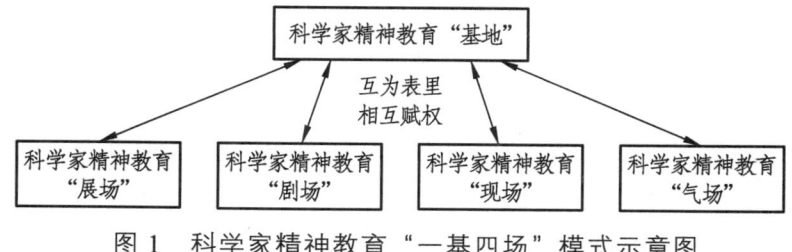

图 1　科学家精神教育"一基四场"模式示意图

伟大创造精神如何融入研究生学习

李雨婷①

西南交通大学马克思主义学院

【摘　要】　中国精神是凝心聚力的兴国之魂、强国之魂。伟大创造精神源于中国古代，并在推动中国特色社会主义事业发展的过程中不断得到充实。在"两个大局"的时代背景下，作为选拔高层次专门人才和拔尖创新人才重要途径的研究生教育，如何将伟大创造精神融入研究生学习成为一个关键问题，通过营造伟大创造精神融入研究生学习的校园环境、设计伟大创造精神融入研究生学习的课堂教学、实现伟大创造精神融入研究生学习的本质要求，有效提升研究生科学研究水平，培养研究生创新思维，使研究生成为社会所需的优秀的时代新人。

【关键词】　伟大创造精神；中国精神；研究生教育

中国精神是民族精神和时代精神的有机统一。在十三届全国人大一次会议闭幕会上，以中华民族发展历程为土壤培育而成的中国精神的重要内容得到详细阐述，包括伟大创造精神、伟大奋斗精神、伟大团结精神、伟大梦想精神。习近平总书记强调："有这样伟大的人民，有这样伟大的民族，有这样伟大民族精神，是我们的骄傲，是我们坚定中国特色社会主义道路自信、理论自信、制度自信、文化自信的底气，也是我们风雨无阻、高歌行进的根本力量。"②

---

① 李雨婷，西南交通大学马克思主义2021级硕士研究生。
② 习近平：《在第十三届全国人民代表大会第一次会议上的讲话》，《人民日报》2018年3月21日，第2版。

研究生教育与创新人才的培养密切相关。研究生教育体系需注重创新人才的培养。①把握伟大创造精神的基本内涵，将其与研究生培养方案相结合，融入研究生的日常学习，有利于强化研究生学习动机、培养其创新能力，使其成为社会主义事业合格建设者和可靠接班人。

一、伟大创造精神的主要体现

伟大的民族孕育伟大的民族精神，伟大的民族精神激励伟大的创造。伟大创造精神即中华民族在创造物质财富和精神财富的过程中所展现出来的辛勤劳作、精益求精、大胆创新的精神品质。

中国以大国姿态屹立于世界东方，并非历史偶然。造纸术、指南针、火药、活字印刷术对古代中国的政治、经济和文化发展作出了重要贡献，这些发明通过各种途径传到西方，对世界文明史也产生了深远的影响。当然，中国古代的创造不止于此。天文与数理方面如天干地支、二十四节气、十进位制等，中医学的各种疗法，农业技术如灌溉系统、土地改良等都属于中国古代的发明和创造，体现了中华民族善于总结经验、辛勤劳作、勇于创新的特质和智慧。

虽然中国近代经历了许多变革和挑战，但也取得了许多成就。科技方面，以国防为主的尖端科技取得突破性进展，打破帝国主义的核垄断，成功研制"两弹一星"；利用杂种优势提高农作物产量和品质，实现水稻育种的历史性突破，成功培育和推广杂交水稻。理论知识方面，继承和发展中国古代数学的传统，数学机械化方法给中国传统数学注入活力；陆相生油理论让中国人发现了自己脚下的油气。医疗方面，中国科学家在世界上首次使用人工方法结晶牛胰岛素，标志着人类在认识生命和探索生命奥秘的道路上又向前迈进了一大步。

着眼于中国式现代化的发展历程，中国创造层出不穷。如：习近平新时代中国特色社会主义思想的提出是对马克思主义的创新和发展；修建高

---

① 杨柳：《我国研究生创新人才培养机制改革研究》，《研究生教育研究》2017 年第 6 期，第 13-17、22 页。

铁的五大核心技术让中国成为高铁技术世界第一强国；突破多项深空探测关键技术，成功研发嫦娥四号探测器；港珠澳大桥的建成通车标志着中国基建技术的发展与突破。

中华民族在历史长河中的发明创造，无一不是源于对美好生活的向往、对国家发展的期望，伟大创造精神流淌在中华民族的血液之中，激励着一代代中华儿女为推进实现国家的伟大事业贡献自己的力量。

二、伟大创造精神的历史价值

上下五千年，中华文明是世界四大文明古国中唯一没有经历过文化断层并持续发展到今天的文明，中华民族所具备的伟大创造精神是保证中华文明长期发展的关键。一方面，这种创造精神要求人在不断变化的客观世界中充分发挥主观能动性，保证自身的主体地位；另一方面，它强调人们创造性活动的规律性。

俄国十月革命的胜利，为处于水深火热的中国提供了指路的明灯。1921年中国共产党成立，中国人民从此有了坚强的领导核心、可靠的组织者和领导者。以毛泽东同志为主要代表的中国共产党人打破本本主义，将马克思列宁主义与中国具体实际相结合，推动马克思主义中国化，创立了毛泽东思想，取得了新民主主义革命的胜利，建立了中华人民共和国，实现了民族独立、人民解放，中国人民从此站起来了。

党的十一届三中全会彻底否定了"两个凡是"的错误方针，重新确立了实事求是的思想路线，决定将党的工作重点转移到社会主义现代化建设上来，提出了改革开放的任务。

党的十八大以来，以习近平同志为核心的党中央，以锐利的战略目光审视国内外发展形势，进行了意义非凡的理论探索，创立了习近平新时代中国特色社会主义思想，丰富和发展了马克思主义，是马克思主义中国化时代化的最新成果。

纵观马克思主义中国化的发展历程，马克思主义中国化的每次历史性飞跃都是中国共产党人将马克思主义基本原理与中国具体实际有机结合的理论创造，无不凸显着中华民族伟大的创造力。

三、将伟大创造精神融入研究生学习的途径

研究生教育是国家选拔高层次专业人才和拔尖创新人才的重要途径，是支撑我国人才强国梦的重要支柱。研究生教育是培养学生问题意识、训练思辨能力的过程，是不断拓展学生对客观世界及其自身的认识深度，进而培养创新能力的重要途径。我国研究生教育是中国大学教育的最高阶段，是实施科教兴国战略和人才强国战略的重要保障，是提升综合国力和国际竞争力的重要支撑力量，是综合国力的直接体现。[①]由此可见，研究生教育的核心在于培养研究生的创新能力。

（一）营造伟大创造精神融入研究生学习的校园环境

社会环境是指环绕并影响人们的思想、行为的各种社会因素的总和，校园环境则是特指在学校范围内，影响莘莘学子思想、行为的各类因素的总和。营造伟大创造精神融入研究生学习的校园环境，推动伟大创造精神与校园物质文化、精神文化方面的融合，有利于发挥校园文化的教育作用。首先，伟大创造精神与校园物质文化融合即将伟大创造精神相关元素融入校园的物质环境建设中，通过摆放认知度高的代表人物的雕像，用伟大创造精神相关元素给教学楼、道路命名，在日常生活场所播放名人事迹等方式，在现实空间宣扬伟大创造精神代表人物的卓越贡献，宣传他们的思想观点、坚定信仰，使伟大创造精神具象化，让伟大创造精神相关元素潜移默化地影响研究生，引起情感共鸣，为研究生主动了解相关人物奠定情感基础。其次，伟大创造精神与校园精神文化融合即从精神层面将伟大创造精神内化为研究生自身的精神品质，潜移默化地影响研究生的价值取向。学校可以选择开展相关文化艺术活动，借用微视频、话剧等多种艺术形式，讲好代表人物的故事，让研究生在准备活动的过程中切身感受代表人物的奉献精神、团结意识，也可以推出相关具有纪念意义的文化产品；注重校

---

① 程斯辉、周叶中：《浅谈我国研究生教育发展的历史定位》，《学位与研究生教育》2006年第6期，第31-34页。

园宣传，通过宣讲等形式充分发挥先进典型代表人物的榜样作用，激励更多学子主动学习，积极思考。

（二）设计伟大创造精神融入研究生学习的课堂教学

创新能力训练应贯穿渗透于研究生的整个培养环节，而研究生课程教学是创新能力培养的切入点和关键环节。①设计伟大创造精神融入研究生学习的课堂教学，从教学形式、教育理念两方面搭建伟大创造精神融入研究生学习的平台。首先，"与本科生相比研究生教育更注重培养学生的研究问题和分析问题的能力，特别是该学科科研教学的能力"②。目前研究生课程教学对于理论知识的讲授比重过高，实践教学部分占比不大，实践教学未能充分得到开展，学生缺少将理论与实际相联系的机会。在这种情况下培养出的研究生虽具备一定专业知识，但知识面较窄，只停留于对书面知识的理解，缺乏综合运用知识解决实际问题的能力。实践出真知，加强实践教学是课程建设的关键一步。转变传统课堂形式，将伟大创造精神代表人物的经历带入课堂，让学生亲身体验，直观感受，才能懂得实践是检验真理的唯一标准的科学性，感悟实践的不可替代性，感受实践的魅力。其次，研究生课程依旧需要教师主导开展，但与大学课堂不同的是，研究生课程更注重开发学生的自主学习能力。这就要求教师队伍转变教育理念，秉承授人以鱼不如授人以渔的原则，调整授课形式，坚持以教师为主导，学生为主体，注重与学生的思想交流与互动，不断启发学生积极思考。教师可以组织学生参与案例教学资料的编写和实践教学方案的设计，提高学生课堂参与度，充分发挥学生的主观能动性；可以借助案例教学法，结合案例中的人和事，引导学生反复思考，同时在教师的引导下，激发学生的学习兴趣，将学生的分析、综合、表达等能力发挥到极致。

---

① 蔡苇、高荣礼、董季玲等：《以创新能力培养为目标的研究生课程混合式教学模式改革》，《产业与科技论坛》2020年第11期，第199-200页。
② 王鑫：《拔尖创新人才培养视角下研究生党员创新培养研究》，《当代教研论丛》2023年第3期，第94-98页。

（三）明确伟大创造精神融入研究生学习的本质要求

唯物辩证法认为，外因是变化的条件，内因是变化的根据，外因通过内因而起作用。要想实现伟大创造精神融入研究生学习，营造伟大创造精神融入研究生学习的校园环境、设计伟大创造精神融入研究生学习的课堂教学都是外在条件，最本质的要求在于学生自身的学习动机。

学习动机是引起和维持个体的学习行为，使学习活动趋向于教师设定的目标，以满足学习需要的内在心理过程，是促进学生学习的内在动力。目前考研的热潮席卷本科生，不少本科生在入学后就决定考研，但大多是盲目跟风，只有极少数本科生有清晰明确的目标，因此在研究生入学后，不少学生对于研究生生活是迷茫、不知所措的。任何行为的发生都有其内在的动机，动机与行为虽然不是一一对应的，但动机影响行为。通过入学教育、教育讲座、经验分享交流会等方式，学生可以明确自己的角色定位、意识到自己的社会责任、树立个人价值的追求，产生学习动机，主动规划自己的学习生活。教师可以在教学过程中为学生提供展示自身才能的平台，从学生的表现中发掘他们的优点和闪光点，并及时予以表扬和鼓励，和学生建立和谐、亲密的师生关系，缩小师生距离，使教与学无缝对接，了解学生内心深处的想法，作出正确的反馈和指引，引导学生积极进取。研究生教育是创新人才的主要输出地，肩负着"高端人才供给"和"科学技术创新"的使命。在世界百年未有之大变局的深刻背景下，在中华民族伟大复兴的战略全局下，研究生必须增强自身专业本领、提高自身创新能力，承担起时代新人的重任，发扬伟大创造精神，推动中国特色社会主义事业不断向前发展。

匠心、匠技、匠魂：工匠精神融入研究生应用型人才培养的三重境界①

刘　莹② 黄世平③

西南交通大学马克思主义学院

【摘　要】　研究生应用型人才的培养是实现科技自立自强的重要保障，是解决关键技术领域"卡脖子"难题的对症之方。研究生层次的应用型人才培养注重实践能力和创新能力的提升，以培育德才兼备的高技能人才和大国工匠为目标。工匠精神是新时代研究生应用型人才培养的重要精神资源，从职业情感、职业态度和职业追求三个层面对大国工匠的素质提出了要求。研究生应用型人才的培养要用课程育人凝聚匠心，用实践育人锤炼匠技，用项目育人注入匠魂。

【关键词】　工匠精神；研究生；应用型人才培养

劳动者素质对一个国家、一个民族发展至关重要，当今世界综合国力竞争归根结底是人才的竞争、劳动者素质的竞争。党的十八大以来，以习近平同志为核心的党中央始终关心劳模和劳模工作，倡导大力弘扬劳模精神、劳动精神和工匠精神。随着我国经济由高速增长转向高质量发展阶段，中国制造、中国建造、中国创造共同发力，不断改变着中国的面貌。实现经济的高质量发展离不开高素质人才队伍建设，"研究生教育在培养创新人才、提高创新能力、服务经济社会发展、推进国家治理体系和治理能力现代化方面具有重要作用"④。

---

① 本文系"四川省哲学社会科学重点研究基地""四川省高校人文社会科学重点研究基地"：四川大学生思想政治教育研究中心项目（CSZ19044）的研究成果。
② 刘莹，法学博士，西南交通大学马克思主义学院副教授。
③ 黄世平，西南交通大学马克思主义学院2022级硕士研究生。
④ 《习近平对研究生教育工作作出重要指示强调 适应党和国家事业发展需要 培养造就大批德才兼备的高层次人才》，《人民日报》2020年7月30日，第1版。

研究生应用型人才培养（以专业学位研究生培养为代表）是以实践应用为导向，职业需求为目标，重视综合素养和应用能力的高层次专业型人才培养方式。身处中华民族伟大复兴的战略全局和百年未有之大变局，研究生应用型人才更要面向世界科技前沿、面向经济主战场、面向国家重大需求、面向人民生命健康，为加快突破关键核心技术，努力抢占科技制高点，尽快实现高水平科技自立自强贡献自己的力量。研究生应用型人才培养离不开精神的滋养，工匠精神是宝贵的精神财富，是中国共产党人精神谱系的重要组成部分，更是新时代研究生应用型人才培养的精神动力和智力资源。

一、工匠精神的内在意蕴

习近平总书记强调要"激励更多劳动者特别是青年一代走技能成才、技能报国之路，培养更多高技能人才和大国工匠"[①]。高技术技能人才、能工巧匠是国家发展的重要人才支撑和人才保障，在建设世界科技强国，坚持创新驱动发展战略的背景下，在研究生这一高层次人才培养中着力弘扬和传承工匠精神尤为重要。2020年11月，在全国劳动模范和先进工作者表彰大会上，习近平总书记对工匠精神的内涵进行了全面概括：执着专注、精益求精、一丝不苟、追求卓越。[②]从匠心、匠技、匠魂三个层次，以业、品、质、行四个维度诠释了工匠精神的核心要义。

执着专注着眼于"业"，表现为对所从事职业的坚守和投入，是从业者职业情感的彰显。执着在行动中表现为一直坚持、孜孜以求，而从心理层面看这种坚持的动力往往源自内心的热爱，能让人坚守并矢志不渝的力量永远是内心的笃定；专注则表现为一种状态，是指从业者全情投入、全神贯注的态度。专注是从业者敬业精神的体现，"敬"是一种敬畏

---

① 《大力弘扬劳模精神劳动精神工匠精神 培养更多高技能人才和大国工匠》，《人民日报》2020年12月11日，第1版。
② 习近平：《在全国劳动模范和先进工作者表彰大会上的讲话》，北京：人民出版社，第4页。

感,是对自己所从事职业的尊崇。明晰做"事"与做"事业"之间的区别,才会有边界感和底线意识,从而坚持有所为有所不为。在这时,匠人与职业之间就不再只是简单的因"业"而生的关系,匠人也因为对职业注入了感情而铸就了"匠心",匠心既成方能推动匠人心甘情愿为之付出努力并持续用力。

精益求精、一丝不苟各有侧重,精益求精着力于"品",一丝不苟则偏重"质",都是从业者职业态度的集中体现,既表现为对产品质量追求永无止境,争取做到工艺更纯熟,技术更完善,将产品的呈现做到最好状态,又体现了从业者认真严谨,关注细节,力求全方位提升职业技能的态度。习近平总书记在知识分子、劳动模范、青年代表座谈会上指出:"无论从事什么劳动,都要干一行、爱一行、钻一行。在工厂车间,就要弘扬'工匠精神',精心打磨每一个零部件,生产优质的产品。"①产品质量的提升需要有技艺超群的匠人,需要大国工匠们破除传统制造产品追求"短、平、快"的观念,积极"钻研",发挥"耐得住性子"的沉稳工作作风,强化专业技能的淬炼和提升。"匠技"是工匠们安身立命之本,但欲速则不达,技能的成熟需要时间的检验,需要点滴付出,循序渐进。

追求卓越着手于"行",是从业者职业追求的最终呈现,是技术创新的动力来源。卓越是指超出一般的才能,从职业发展来看卓越一定是行业杰出的代表,但如果想要占领行业制高点,按部就班是不行的,因循守旧更是不可能的,必须实现技术的突破和技艺的超越。追求卓越是一种职业目标,也是一种精神,既包括敢为人先,致力于突破的精神,也体现为勇于创新,有胆识有魄力的行动。因为创新力量的注入,匠人与其所从事职业之间生发出了世代相传的纽带,"匠魂"是一种源于内心的力量,工匠们的强知、强技都不再只是为了职业,而是为了做更好的自己,这把来自心灵的刻刀不断地打磨自己,使自己顺应社会,适应世界,通过扎实的积累而在某个节点上产生"薄发"的巨大能量。

---

① 习近平:《在知识分子、劳动模范、青年代表座谈会上的讲话》,《人民日报》2016年4月30日,第2版。

二、工匠精神的价值意蕴

研究生教育处于国民教育体系的顶端，研究生应用型人才的培养目标是培养具有比较扎实的理论基础，并适应特定行业或职业实际工作需要的应用型高层次专门人才。研究生应用型人才在培养目标、培养环节以及培养方式上有其自身的独特性，在其培养过程中更应注重精神力量的引领，为研究生创新型人才培养积蓄力量。工匠精神在培养研究生应用型人才的过程中发挥着重要的作用，一方面工匠精神为研究生应用型人才培养指明了方向，另一方面工匠精神中所体现的理论智慧和实践智慧也为研究生应用型人才培养提供了重要的教学资源。

工匠精神蕴藏着正确对待"国家"和"职业"的逻辑思路。研究生教育是要培养"德才兼备"的高层次人才。"才者，德之资也；德者，才之帅也"，正确处理好德与才之间的关系是新时代人才强国战略实现的重要保障。研究生应用型人才培养以造就一大批面向社会需要和国家发展战略的"高、精、尖"专门人才为目标，如果只求精于"业"，那培养的人只能是善技之人，新时代的大国工匠不仅要有技能成才之力，而且要树立技能报国之心。工匠精神形成过程中的匠心即主动适应当今科技革命和产业变革的需要，为推动高质量发展、实施制造强国战略、全面建设社会主义现代化国家贡献智慧和力量，同时，匠心的培养也是积极提升专业素养，增强行业敬畏感和行业认同感的应有之义。

工匠精神蕴含着严谨对待"出品"的职业态度。产品的品质是匠技高低最直接的反馈，随着我国经济社会发展，解决技术领域中的"卡脖子"问题需要高层次人才"扎根"在中国的大地上，把论文写在祖国的大地上，把科技成果应用在实现现代化的伟大事业中。研究生应用型人才培养更应将工匠精神融入培育的全过程，不断形成精益、严谨的内在品质，为自己的产品打上"高品""高质"的烙印，为重新定义"中国制造"赋能，为打造具有国际竞争力的制造业、实现制造强国的战略目标贡献自己的智慧和才能。

工匠精神蕴蓄着精准定位"自己"的理想追求。匠人们不甘平庸、敢于开拓、勇于创新就是将自身发展和行业前景有机结合起来。职业理想是灯，能指引职业方向，照亮前行的道路。此外，追求卓越还需要新时代的大国工匠们积极提升创新能力，既具备独立思考的能力，又能与他人交流合作；既能大胆质疑，又能小心求证；既不迷信权威，又充分尊重前人的成果。

从以上的论述中不难看出，中国的工匠精神形成于古往今来工匠们不断雕琢自己的产品，不断改善自己的工艺，享受产品在双手升华的过程。工匠精神是社会文明进步的重要尺度，是中国制造前行的精神源泉。新时代工匠精神为企业竞争发展打造了品牌，也成了员工个人成长的道德指引。在研究生应用型人才的培养过程中，工匠精神也发挥着积极而重要的作用。

三、工匠精神融入研究生应用型人才培养的实现路径

习近平总书记在中央人才工作会议上强调："国家发展靠人才，民族振兴靠人才。"[1]党和国家都十分重视对人才的培养，高等院校更应将人才培养作为工作的重点内容，研究生应用型人才的培养应从知识、技能、平台三个层面发挥课程、实践和项目育人合力，为新时代高技能人才和大国工匠的培养奠定基础。

（一）课程育人："匠心"营造的重要途径

研究生应用型人才是兼具专业知识素养和技能素养的高层次人才，在其知识素养的培育过程中，在校课程的作用必不可少，其中"现阶段研究生思政课在价值引领、方法论指导、思维训练和行为导向方面为创新型人才培养提供助力并取得了丰硕的成果"[2]，通过思政课教师的课程指导，能更好地将工匠精神融入研究生应用型人才培养。研究生思想政治理论课（以下简称思政课）的内容主要是根据思政课教师对社会热点的关注以及学

---

[1] 《习近平在中央人才工作会议上强调 深入实施新时代人才强国战略 加快建设世界重要人才中心和创新高地》，《人民日报》2021年9月29日，第1版。
[2] 刘莹：《创新型人才培养背景下的研究生思想政治理论课改革——时代意蕴、现状分析与路径选择》，《思想教育研究》2021年第7期，第117-121页。

生"点菜式"的要求进行构建，因而思政课教师应以工匠精神为主题进行专题教学，深入挖掘新时代体现工匠精神的一线技术人员精益求精、追求卓越的故事，通过讲故事的方式潜移默化地影响研究生的思想、观念、行为，进而为应用型研究生的培养提供重要的方向指引和价值引领。

专业课教师中很多人本身就是能工巧匠，在自己的本职工作中取得了重要的成就，他们身体力行提供了可以参照的标准，起到了模范带头作用，这种模范带头作用的有效发挥有助于更好地将工匠精神融入研究生应用型人才培养中。专业课教师在一线工作实践教学和专业课课程教学方面有着丰富的实践经验，他们在对待职业的态度、对待产品的态度以及对职业发展的规划等诸多环节中的个人表现都将会对研究生产生影响。这种影响主要表现在以下几个方面：研究生跟随专业课教师一起参与一线工作，在调研和实践中专业课教师对职业的认知及其行为的表现都会潜移默化地影响研究生对未来所从事职业的情感；专业课教师是研究生职业生涯的重要引路人，在专业课教学中，专业课教师带领研究生开展研究，他们能不能沉浸其中并且追求卓越也将在很大程度上影响着研究生，因为研究生会在自己的实践过程中通过学习、模仿来获取经验，这时他们就会自觉以专业课老师为榜样，不断钻研所学。

（二）实践育人："匠技"锤炼的重要环节

研究生应用型人才的培养需要在实训中进行自我锻炼，将理论付诸实践，因此专业化实习在培养研究生应用型人才过程中具有十分重要的作用，这客观上要求加强产学研用"一条龙"的实践环节，在实践中促进研究生将工匠精神内化于心，外化于行，并着力增强践行能力。实践出真知，生产、学习、科学研究、实践运用环环相扣，在生产一线中探索运用理论解决问题的方法，在方法的运用过程中发现问题，通过及时询问一线技术人员或自行思考的方式找到解决"真问题"的"真方法"，探寻解决"真问题"的"真答案"，才能在实践中专注于自己所选择的研究领域并为之不断深入研究，在不断超越自我的实践中内化工匠精神，在持续精益求精的过程中提升践行的能力。

此外，研究生应用型人才的培养还应强化创新创业社会实践，注重提升创新能力。社会是各种资源的汇集地，而在社会实践中，研究生可将各种资源重新排列并进行组合，在此基础上进行创造性探索，生产出新产品或创造出新样态，尤其是应用性极强的学科门类应着眼于国家战略发展所需的领域和关键核心技术"卡脖子"领域。在创新创业社会实践中，研究生亲身实践，会在与一线工人的接触、交流的过程中切身感受到"工匠"们致力于创新的内在品质和追求卓越的职业精神，并在这一过程中耳濡目染，形成示范效应和正向影响。

（三）项目育人："匠魂"塑造的保障机制

研究生应用型人才培养多采取高校研究生培养单位与行业、企业的联合培养机制，其中高校肩负着为党和国家培养人才的重担，采取高校研究生培养单位与行业、企业协作培养机制的优势在于能在最大程度上实现"聚力"，一方面，高校在培养的过程中以行业、企业实际所需的能力、品质作为培养应用型研究生的目标，技能性培养的环节增加，所培养的人才更具有行业针对性和市场竞争力。另一方面，企业为应用型研究生提供必要的实训基地，使应用型研究生在校期间就有平台或项目进行历练，这样的培养机制让应用型研究生享有了更多的实践机会，而采取高校、企业的协同培育方式也能让研究生更好地利用自身所学服务国家和社会，在实践锻炼中培养工匠精神。

另外，加强和完善校外导师、实践导师制度，也为工匠精神融入研究生应用型人才培养提供了制度支持。双导师制是培养研究生应用型人才的重要制度，即校内导师主要负责理论知识的传授，校外导师（实践导师）主要负责技能技术培养和实践过程指导的研究生培养制度。众所周知，应用型人才的培养需要进行系统的理论知识学习，更需要在实践中验证理论、提炼方法、总结经验和找寻答案，由此可见，实训基地的作用不容小觑。校外导师除了能够提供一定的实训指导以外，还能有效地引导研究生在实践中学思践悟。校外导师身体力行的示范也深刻地影响着研究生对所从事职业的情感、态度和追求。

基于中国共产党人精神谱系的脉络透视
"坚持人民至上"历史经验及其传承

高 培①

西南交通大学马克思主义学院

【摘　要】2021年11月11日，党的十九届六中全会审议通过了中国共产党历史上的第三个历史决议——《中共中央关于党的百年奋斗重大成就和历史经验的决议》，将"坚持人民至上"作为党百年奋斗的十大宝贵历史经验之一。追溯中国共产党人精神谱系的发展史，发现其内在价值在各个历史时期都受到"坚持人民至上"历史经验的指引。因此，基于中国共产党人精神谱系的脉络透视"坚持人民至上"历史经验，能为新的历史阶段更好地传承中国共产党人精神谱系提供灵感支持，即立足人民、依靠人民、回归人民。

【关键词】坚持人民至上；中国共产党；精神谱系；历史经验

习近平总书记在庆祝中国共产党成立100周年大会上指出："一百年来，中国共产党弘扬伟大建党精神，在长期奋斗中构建起中国共产党人的精神谱系，锤炼出鲜明的政治品格。"②正是这股强大的精神力量在一百年跌宕起伏的岁月中激励着共产党人始终坚守初心使命，为民谋利、为民造福。透过这波澜壮阔的一百年，我们会发现"坚持人民至上"的历史经验镶嵌在了不同时代、不同形式的宝贵精神之中，彰显了党始终秉持的立党为公、执政为民的执政理念。

---

① 高培，西南交通大学马克思主义学院2021级硕士研究生。
② 习近平：《在庆祝中国共产党成立100周年大会上的讲话》，《人民日报》2021年07月2日，第2版。

一、"坚持人民至上"的内涵追溯

追溯中国共产党人精神谱系的发展史，在各个历史阶段，其内在价值都受到"坚持人民至上"历史经验的指引。"坚持人民至上"这一历史经验有其深厚的内涵底蕴，是对马克思主义群众观的积极践行，是对中华优秀传统文化的传承、发展和弘扬，是对党百年奋斗历程的宝贵经验总结。

（一）"坚持人民至上"的理论基础

马克思主义群众观是历史唯物主义的核心内容，首次肯定了人民群众作为历史创造者的重要意义，指出其在认识世界和改造世界的过程中，积极发挥主观能动性创造了丰富的物质财富和精神财富，同时更是引领社会变革的决定性力量。人是历史活动的推动者，失去了"人"，历史也将不复存在。在《德意志意识形态》中，马克思、恩格斯更进一步提出："全部人类历史的第一个前提无疑是有生命的个人的存在。"[①]马克思、恩格斯一系列的阐释为"人民群众"这一主体摆正了位置、作了"正名"，将其推到新的历史高度。静态上对于人民群众的解释显然是不够的。在动态上，马克思主义提到每个人自由而全面的发展将是全人类解放的条件，并将这一标准作为实现共产主义的最高命题。

在继承和发展马克思主义的基础上，列宁指出："对群众利益的关注状况，直接影响着群众对国家的态度，影响着群众的现实活动方向。"[②]如果马克思主义对人民群众的关注是从宏观视角出发的，那么列宁就是对群众观的具体落地，他真正意识到了群众切身利益与国家的关系。十月革命的胜利、苏维埃政权的建立使"人民群众力量"的重要意义不再仅仅停留在理论层面，实现了向行动层面的突破。"一个国家的力量在于群众的觉悟。只有当群众知道一切，能判断一切，并自觉地从事一切的时候，国家才有力量。"[③]由于历史条件的限制，尽管马克思、恩格斯以及

---

① 马克思、恩格斯：《马克思恩格斯选集》第一卷，北京：人民出版社，2012年，第146页。
② 孟宪平：《马列主义群众观论析》，《中国特色社会主义研究》2013年第5期，第43-49页。
③ 列宁：《列宁全集》第三十三卷，北京：人民出版社，1985年，第16页。

列宁并没有具体阐述"坚持人民至上"的观点,但他们的部分理论实际上体现了这一观点。

(二)"坚持人民至上"的优秀政治文化传统

李洪峰谈道:"民本观念是中国古代倡导的根本从政价值理念。"①民本思想作为中华传统文化的重要组成部分为历代君王所运用,朝代更迭的历史规律道出了"重民"对执政者的重要价值。夏朝《五子之歌》中的"民惟邦本,本固邦宁"是对民本思想的最早阐释。春秋战国时期,孔子诞生了以"仁"为圆心的儒家民本思想。孟子在继承孔子的基础上,使其民本思想的观点更加鲜明,最为著名的即民贵君轻论一说,并且主张听政于民,与民同乐。之后封建社会对于民本思想的发展绝大部分都是对孔孟主张的补充和转化,使其一度成为封建王朝的官方统治思想,例如:魏徵引用古语规劝唐太宗,细致地刻画了君和民的关系,即"君,舟也;人,水也。水能载舟,亦能覆舟"②;明清两朝君主专制的程度上升到顶点,但同时也刺激了一批先进思想的衍生:"天下为主,君为客""盖天下之治乱,不在一姓之兴亡,而在万民之忧乐"③等,当时先进人物向皇权挑战,试图重新论述"重民"的社会价值以及"新民本"思想。中华民族的历史源远流长,"坚持人民至上"的影子投射在每个朝代辉煌的史诗长卷之上。

二、"坚持人民至上"贯穿中国共产党人精神谱系始终

中国共产党的历史是一部践行"不忘初心,牢记使命"的奋斗史,在这部奋斗史中,"坚持人民至上"的基因血脉赓续不息。党带领人民在革命、建设和改革的征程中形成了中国共产党人精神谱系,一个个具体的精神虽名字各异、内容不一,"坚持人民至上"的密码却贯穿始终。

---

① 李洪峰:《中国古代的民本思想——李洪峰谈古代廉政思想之一》,《思想政治工作研究》2014 年第 8 期,第 60-61 页。
②(唐)吴兢:《贞观政要》,骈宇骞、骈骅译,北京:中华书局,2009 年,第 14 页。
③(明)黄宗羲:《明夷待访录》,段志强译注,北京:中华书局,2011 年,第 8 页,第 16 页。

（一）伟大建党精神的"不负人民"

"一百年前,中国共产党的先驱们创建了中国共产党,形成了坚持真理、坚守理想,践行初心、担当使命,不怕牺牲、英勇斗争,对党忠诚、不负人民的伟大建党精神,这是中国共产党的精神之源。"①如果将伟大建党精神的四个方面喻为接力赛,那么将"对党忠诚、不负人民"作为最后一棒足以看出其重要意义:中国共产党根基在人民,血脉在人民,力量在人民。中国共产党从建党的那一刻开始就与人民紧紧"捆"在了一起:共辟一条路、共掌一艘船、"随时准备为党和人民牺牲一切,永不叛党"②是每一个中国共产党人奋斗一生的目标,更是对每一个中国人民的庄严承诺。人民的根本利益始终牵动着中国共产党的心,人民之所愿就是中国共产党奋斗之所向,人民之所需就是中国共产党之所行。党和人民始终一道,让人民在见证中国稳健发展的过程中体会到的福利是实际的:是看得见的粮食多起来,是摸得到的腰包鼓起来,是看得见的生活好起来……党在最大限度上满足人民对美好生活的期待,"不负人民"的承诺中国共产党没有违背,人民也为中国共产党踏上新的赶考之路时刻准备着添砖加瓦。在百余年的奋斗历程中,九千多万党员在为民谋幸福的同一战线上凝成一股无坚不摧的力量,将盛世华夏这幅宏大画卷展现在每一个中国人面前。如今"任何想把中国共产党同中国人民分割开来、对立起来的企图,都是绝不会得逞"③的底气是中国共产党的魄力和实力给的,是中国人民的永远追随、永远信任给的,只有党不负人民,人民才会紧紧拥护,共筑中华民族伟大复兴的中国梦。

（二）新民主主义革命时期：延安精神的"全心全意为人民服务的根本宗旨"

延安地处黄土高原腹地,深居中国内陆西北地区,地理位置偏僻,但

---

① 习近平：《在庆祝中国共产党成立 100 周年大会上的讲话》，《人民日报》2021年7月2日，第2版。
②《中国共产党章程》，北京：人民出版社，2017年，第28-29页。
③ 习近平：《在庆祝中国共产党成立 100 周年大会上的讲话》，《人民日报》2021年7月2日，第2版。

延安却是中国革命新征程的起点。一声"到延安去",使延安成了那个革命年代里每一个先进青年共同奔赴、追逐理想的红色圣地。这个地方见证了抗日战争、解放战争;见证了《论持久战》的诞生、党的七大的召开;见证了延安精神的孕育和成熟。为人民服务是延安精神的核心内容,也是我们党一以贯之的根本宗旨。在延安时期,毛泽东同志为追悼张思德同志发表了"为人民服务"的重要讲话,讲话中他提出:"我们这个队伍完全是为着解放人民的,是彻底地为人民的利益工作的。"①边区的党员干部本着为人民服务的宗旨,深入群众生活,了解百姓疾苦,从田间地头到千里家万户,总能看到共产党人的身影。正是本着一切为了人民的态度,中国共产党才获得了人民群众的拥护和支持,周恩来后来讲道:"是延安人民用小米养育了我们,没有延安就没有新中国。"②这一期间,全心全意为人民服务的宗旨更是在政治生活方面得到了生动体现,"选举"成为当时延安政权建设中最为人称赞的一大"热门",中国共产党教人民举胳膊、投豆子,生动活泼地为一辈子长在田里的人讲解"竞选"的含义,群众第一次体会到作为集体一员的参与感,从此"咱们边区"不仅在人们的口口相传里,更在人们的行动里。中国共产党人始终站在人民的立场上,全心全意为人民服务,让人民做自己的主人。新民主主义革命时期,党和人民群众惺惺相惜、同甘共苦,正是本着时时、事事"全心全意为人民服务的根本宗旨"动员了最强大的人民力量,最终赢得了新民主主义革命的胜利。

(三)社会主义革命和建设时期:焦裕禄精神的"亲民爱民"

"百姓谁不爱好官?把泪焦桐成雨。生也沙丘,死也沙丘,父老生死系。"一首《念奴娇·追思焦裕禄》寄托了时任福州市委书记的习近平对人民好

---

① 毛泽东:《毛泽东选集》第三卷,北京:人民出版社,1991年,第1004页。
② 湖南省延安精神研究会:《延安精神永放光芒》,长沙:湖南人民出版社,2018年,第264页。

干部的追思。穿过历史的阻碍，尽管焦裕禄已经离开了将近60年，但相信每个兰考人的心中都给他留有一个专属的位置，时间不会忘记、人民更不会忘记那个忙碌穿梭在兰考沙丘上的身影。现如今人民依旧能把焦裕禄记心上，正是因为当年焦裕禄把人民真正揣心里，人心换人心是焦裕禄打入人民群众的所谓"捷径"。"亲民爱民"是焦裕禄精神的出发点和落脚点。[①]兰考地区条件艰苦，他不怕苦却生怕百姓受苦，将自己的米全部分给吃不惯馒头的南方大学生；忍受肝病的疼痛奔走在兰考每家每户，调查民情了解情况，他深知作为党员的责任，更明白作为人民干部的意义。为民付出是他的工作初心，依靠群众是他的工作方法，"坚持人民至上"渗透在了他日常工作、生活的点点滴滴里。焦裕禄实地考察过兰考县多个大队，用双脚丈量兰考每一方土地，总结人民真正所需所求以此为摆脱穷困寻求"真"办法。他因地制宜地开展工作，迅速得到了人民群众的认可，激发了老百姓共同建设兰考的热情、摆脱贫困的斗志。焦裕禄一生致力于兰考建设，逝世前最放心不下的依旧是兰考人民。如今，兰考早已旧貌换了新颜：沙丘不见，泡桐林茂盛；贫苦已过，每个兰考人脸上洋溢着幸福的笑容；2017年兰考县脱贫"摘帽"，向着更加美好的小康生活迈进。亲民爱民的焦裕禄的愿望已经实现，焦裕禄精神也将继续发扬下去。

（四）改革开放和社会主义现代化建设新时期：抗震救灾精神的"以人为本"

抗震救灾精神中最深层体现的是一种中国传统儒家的"民本思想"，"'以人为本'时代精神的核心内容是关注人的生存，重视人的发展"[②]。"以人为本"打通了抗震救灾以及震后重建的全过程。地震发生后不到3个小时，温家宝总理就赶赴到四川灾区。在随后的88个小时里，当时已经66岁的他，奔走在各个灾区查看情况、安抚受伤的群众、手拿扩音器指挥部

---

① 康凤云、朱秀菁：《焦裕禄精神：党的群众路线的彰显及当代价值》，《中南民族大学学报》（人文社会科学版）2018年第6期，第81-84页。
② 陈秋月、龚平：《刍议抗震救灾中的人文精神》，《西南民族大学学报》（人文社会科学版）2011年第9期，第206-210页。

署救灾工作……国家领导人对灾情的重视就是对人民群众生命的重视,与灾区人民群众同甘共苦,温暖了每一个灾区人民的心,也温暖了每一个中国人民的心。党始终将群众安危放在首要考虑的位置,形成了"人的生命重于一切"的救灾原则。地震发生一周后连续三天为遇难者降半旗表示哀悼,承载了全国人民对逝去生命的深切悼念。救灾过程中"从废墟中抢救生还者 83 988 人,紧急转移受灾群众 1 190 万人,救治伤病员 400 万人次,其中 1 万多名重伤员转送至全国 20 个省区市 370 余家医院;仅 3 个多月就解决了 530 万户、1 200 万人的过渡住所问题"①。一个个庞大的数字彰显了党中央对人民生命的重视。紧随其后的灾后重建工作也迅速铺开,党中央强调必须要贯彻"民生优先"原则,国家牵头、各方力量支援形成了一张源源不断输往四川的"资源网""人力网""政策网"。党的十八大以来,灾后重建已经转化为灾区振兴,向更高质量建设方向发展。每个四川老百姓心中都知道中国共产党永远是人民群众的坚强后盾,在自然灾害面前,中国共产党人冲锋在前为人民群众开辟了一条"新"的生存之路。中国共产党始终站在人民的立场上,替民想、为民做,将"以人为本"的救灾精神贯穿始终。

(五)中国特色社会主义新时代:伟大抗疫精神的"生命至上"

在抗击新冠病毒感染疫情的伟大斗争中,中国共产党始终坚定不移地将人民群众的生命安全和身体健康作为制定、实施政策方案的出发点和落脚点,习近平总书记多次强调:"人民至上、生命至上,保护人民生命安全和身体健康可以不惜一切代价。"②面对经济效益与人民生命,对于中国共产党来说这不是一个二者择其一的选择题,而是只有一个答案的必选题——人民生命高于一切。下至刚出生婴儿,上至 100 多岁的老人,真正诠释了

---

① 《不能忘怀的"汶川"——纪念 2008 年"5·12"汶川 8.0 级特大地震 12 周》,载四川地震局官网 2020 年 5 月 12 日,http://www.scdzj.gov.cn/xwzx/zyzt/znjl_200422/ywbo_20200422/202005/t20200512_46993.html。
② 《习近平在参加内蒙古代表团审议时强调:坚持人民至上 不断造福人民 把以人民为中心发展思想落实到各项决策部署和实际工作之中》,《人民日报》2020 年 5 月 23 日,第 1 版。

党和国家不会放弃任何一个人民的承诺，举全国之力共同进行这场生命大救援。"生命至上"精神的诠释不仅只针对国人，面对全世界疫情的严峻形势，中国秉持人类卫生健康共同体的理念，携手各国共同抗击新冠病毒感染疫情，彰显了任何时刻都敬畏生命的大国担当，这同样得益于党中央的科学决策和正确领导。正是因为坚持了"生命至上"，在人民群众的共同努力下我们才可以在最短的时间内使疫情得到有效控制。全民免费接种新冠疫苗的举措为人民的生命安全再次撑起了一道护佑屏障，也在党和人民之间架起了一座共情的桥梁。始终把人民的利益放在首位是我们党与其他政党的最大区别。越是在重大的挑战面前越能检验党的初心和使命，很显然中国共产党经受住了考验。

总之，坚持人民至上的历史经验犹如一根无形的线贯穿于中国共产党人精神谱系的始终。从新民主主义革命时期到如今的中国特色社会主义新时代，中国共产党人不断回答着"我是谁、为了谁、依靠谁"的历史考题。除了伟大建党精神、延安精神，还有苏区精神、长征精神、抗战精神……诠释着中国共产党为了民族独立和人民解放的不懈斗争，正如《东方红》里唱道，"共产党像太阳，照到哪里哪里亮，哪里有了共产党，哪里人民得解放"，一句句的歌词是人民的心声，中国共产党一切为民的拳拳之心在群众中也得到了回应。雷锋精神、红旗渠精神、大庆精神等诞生于中华人民共和国艰难建设的岁月里，为了人民吃饱穿暖，无数中国共产党人奋斗在油田里、自己的岗位上。改革开放精神、载人航天精神等精神诠释着中国共产党人惊天动地的改革豪情。脱贫攻坚精神、科学家精神等彰显了中国共产党人不变的初心和使命。新的时期面对着新的挑战，复杂的国际形势以及国内人民群众对幸福生活的追求使得中国共产党人继续在探索的道路上行进。回顾过往，众多的宝贵精神财富虽然诞生在不同的历史时期，但都有着坚持人民至上历史经验的闪现，都是中国共产党人践行初心、担当使命的具体展现。

三、在传承中国共产党人精神谱系中把握"坚持人民至上"历史经验

新时代新征程上,中国共产党人精神谱系是赓续红色血脉的原动力,百年精神锤炼中彰显的"坚持人民至上"更是在其中发挥了"穿针引线"的作用。因此,在传承中国共产党人精神谱系中要牢牢把握住"坚持人民至上"这根线,不可松手,更不可放手。

(一)中国共产党人精神谱系内涵要立足人民

每一个具体的中国共产党人精神在概括上只有短短几个词,因此也就要求其必须具有高度凝练性、高度代表性,不仅在内涵上要体现人民更要来源于人民。人民立场是中国共产党的根本政治立场,在形成系统、科学的精神内涵过程中要积极征询各领域意见,总结人民群众生产生活经验,做到人民接受、人民满意、人民践行的统一,切勿只是将其静态置于教材上、文章中,而是要动态地浸润于人民群众之中,实现内涵总结源于人民又要回归人民的良性循环。因此,党员干部要定期下基层,与人民群众建立起良好的关系,真正了解人民所思所想所盼,要运用好从群众中来到群众中去的工作方法,深入人民群众中总结精神内涵。只有"做经常的、细致的工作,做人的工作"[1],才能形成中国共产党人精神谱系内核最纯粹的细胞。

(二)中国共产党人精神谱系弘扬要依靠人民

在弘扬中国共产党人精神谱系的过程中要尊重和发挥人民群众的首创精神,运用人民群众的力量横向扩大弘扬传播面、纵向挖掘弘扬深度。第一,人民群众是中国共产党人精神谱系传递的最佳载体和最优媒介,中国共产党人精神谱系不只存在于人与人之间的口口相传中,更体现在行动的

---

[1] 邓小平:《邓小平文选》第一卷,北京:人民出版社,1994年,第288页。

潜移默化中，要通过生产生活的各类实践活动真正将其内化于心。第二，每一个个体都有对于中国共产党人精神谱系的独特理解，要鼓励人民发表见解，集民智、汇民力、聚民心。总之，积极发挥人民群众的主人翁精神，每一个群众对中国共产党人精神谱系的继承与发展都承有一份责任。当今时代，新媒体迅速发展，其触角已经深入到人民群众的日常生活中。借助微博话题、抖音短视频、公众号创作等多种方式将弘扬传播中国共产党人精神谱系的渠道打通拓宽，尤其是借助关键时间节点发起宣传活动，让人民群众做一个个宝贵精神的代言人，最后在全社会形成中国共产党人精神谱系人人传播的氛围。

（三）中国共产党人精神谱系践行要回归人民

中国共产党人的精神谱系并不是空中楼阁，其来源于人民，依靠人民，其从始至终都与人民群众紧紧联系在一起，因此其更应该再回到人民群众之中，让基层人民真正理解之、践行之、发展之。"理解之"是用朴实的语言、人民群众喜闻乐见的方式将中国共产党人精神谱系的内核传递到基层老百姓的生产生活中，为党和人民架起沟通的桥梁。"践行之"是倡导人民群众在深入理解中国共产党人精神谱系的基础上，将中国共产党人精神谱系外化于行，做践行者、宣传者、弘扬者。例如采取"以老带小"的践行方式，老一辈所经历的种种是年轻一代无法切身体会的，因此老一辈对过往岁月的追忆也能激励下一代。老一辈讲述自己的故事，传承的意义将在此过程中不断彰显。"发展之"是力争将中国共产党人的精神谱系引向更高的层次。社会是发展的，中国共产党人精神谱系也不例外，在其发展的过程中，人民群众作为创造者、作为参与者、作为弘扬者理应根据时代变化不断发展、完善中国共产党人精神谱系。